城市生产要素下乡带动乡村振兴研究

王文龙　著

ZHEJIANG UNIVERSITY PRESS
浙江大学出版社
·杭州·

图书在版编目（CIP）数据

城市生产要素下乡带动乡村振兴研究 ／王文龙著. — 杭州：浙江大学出版社，2022.7
ISBN 978-7-308-22730-8

Ⅰ．①城… Ⅱ．①王… Ⅲ．①城市－生产要素－影响－农村－社会主义建设－研究－中国 Ⅳ．①F320.3

中国版本图书馆CIP数据核字(2022)第101504号

城市生产要素下乡带动乡村振兴研究
王文龙　著

责任编辑	傅百荣
责任校对	许艺涛
封面设计	周　灵
出版发行	浙江大学出版社
	（杭州市天目山路148号　邮政编码310007）
	（网址：http://www.zjupress.com）
排　　版	杭州兴邦电子印务有限公司
印　　刷	广东虎彩云印刷有限公司绍兴分公司
开　　本	710mm × 1000mm　1/16
印　　张	15.25
字　　数	250千
版 印 次	2022年7月第1版　2022年7月第1次印刷
书　　号	ISBN 978-7-308-22730-8
定　　价	68.00元

目　录

第一章　城市生产要素下乡的理论基础、意义与演变趋势

本章主要阐述城市生产要素下乡的理论基础、时代背景与意义，回顾城市生产要素下乡的演化历程，并对城市生产要素下乡的发展趋势进行预测。

第一节　城市生产要素下乡带动乡村振兴的理论基础

理论是行动的指南，城市生产要素下乡带动乡村振兴作为中央政府的一项重要决策，也必然有其理论基础，具有现实的合理性。

一、二元经济结构理论与城市生产要素下乡

1. 二元经济结构理论

二元经济结构理论是美国经济学家阿瑟·刘易斯于1954年在《劳动力无限供给条件下的经济发展》一文中提出的。他认为，发展中国家经济主要由传统农业部门与现代工业部门两部分组成。传统农业部门的特点是劳动生产率很低，劳动力严重过剩，许多劳动力边际生产率为零，导致人均收入很低，长期处于低水平发展状态；而现代工业部门主要由城市工商业部门组成，技术进步比较快，劳动生产率比较高，人均工资也高于传统农业部门，生产剩余比较多，可以作为资本再投资，以扩大再生产。大多数发展中国家

存在这样的二元经济结构，并严重地影响了经济的正常发展。故此，发展中国家要实现现代化，改造与升级经济转型，改变二元经济结构，将传统农业部门剩余劳动力与资金尽量转移到现代工业部门，逐步消解二元经济结构，实现城乡协调发展。刘易斯二元经济结构理论虽然有效地阐释了大多数发展中国家的经济现状，但其理论过度强调工业化、城市化，忽视了农业与农村自身的发展，也容易导致经济失衡。针对刘易斯理论的缺陷，拉尼斯与费景汉对其进行了改进，着重强调了提高农业生产率的重要性，认为提高农业生产率是农业剩余劳动力流入工业部门的先决条件，并认为只有增加农业投入，提高农业生产率，实现农业的现代化，才能为工业部门发展提供足够的农业剩余。乔根森用新古典主义分析方法进一步强调了农业现代化与农业剩余的重要性，对二元经济结构理论再次进行了完善。他认为农业剩余劳动力转移的前提条件是农业剩余，当农业剩余等于零时不存在农村剩余劳动力转移的情况，只有当农业剩余大于零时才有可能形成农村剩余劳动力转移，农业剩余的规模决定着工业部门的发展和农业剩余劳动力的转移规模。乔根森模型强调了农业现代化的重要意义，认为农业现代化是国家现代化的前提。

然而，与刘易斯、拉尼斯-费景汉模型不同，乔根森模型假设失业主要存在于传统农业部门，而实际上发展中国家越来越多的失业人群主要集中在城市。这一方面导致乡村劳动力不足，衰败严重；另一方面导致城市失业人口过多，人力资源浪费严重，威胁社会稳定。这种人力资源的畸形配置不利于国民经济健康发展。针对发展中国家城乡人力资源配置失调的严重状况，美国经济学家迈克尔·托达罗提出了新的人口流动模型，认为政府政策扭曲导致城乡居民预期收入差距越来越大。这些政策包括城乡基础设施建设和公共服务投资差距过大，对城市人口补贴过多、福利保障过好、最低工资标准和最低生活保障标准过高，使城乡居民收入、就业机会、生活质量等方面差距越来越大，导致乡村人口过度流失，而城市失业人口却居高不下。要减少城乡人口过度流动，就必须减少农村的推力与城市的拉力。对农村做"加法"，发展乡村经济，提高农民收入，改善农民生产生活环境，完善农村社会保障与公共服务，缩小城乡差距。对城市则要做"减法"，减少政府对就业市场的过度干预，包括最低工资标准、失业保障、最低生活保障等，减少对城市基础设施与公共服务的过度投入。只有这样，才能减小城乡居民预期收入差距，实现人力资源城乡之间的合理配置，促进国民经济的健康发展。

2. 二元经济结构变化与中国城市生产要素下乡

众所周知，二元经济结构理论对中国的工业化、城市化、现代化影响颇大。在新中国成立初期，中国工业化基本政策一定程度上与刘易斯二元经济结构理论不谋而合，两者都认为现代化必须依赖于现代工业的不断扩张，逐步将传统农业部门剩余劳动力转移至工业部门，最终实现城乡一体化。为了提供工业化所需的庞大资金，在缺乏外部投资和殖民掠夺的情况下，政府一方面通过统购统销与工农业剪刀差提取大量农业剩余，另一方面又实现低工资来提高工业利润率，并实现城乡二元户籍制度以巩固其政策成果，减少甚至限制人口流动。工农业剪刀差与城乡二元户籍体制导致城乡居民收入差距逐步扩大，农民积极性下降。在相当长的历史时期，过度重视工业化而忽视农业发展使粮食产量增长难以跟上城市人口增长，而"大跃进"又使城市人口数量急剧膨胀，粮食增长与城市人口增长比例更加失调，最终导致粮食供应严重不足，出现大范围的饥荒，使工业化受挫，大量工人又被迫回流农村。农业生产受到忽视产生的严重后果使中央政府认识到农业发展对中国工业化顺利进行的重要意义，提出了"以粮为纲"的口号，强调增加农业剩余对于中国工业化发展的重要意义。为提高粮食产量，限制城市粮食需求过快增长，政府在大力发展农业科技，大范围推广杂交水稻，加大化肥、农药的使用，增加农业基础设施建设投入，扩大耕地面积，加快三江平原、新疆农垦建设的同时，不断强化城乡二元户籍体制，严控城市人口过快增长。中国农业危机的出现，农业政策的调整正与拉尼斯-费景汉以及乔根森模型一致，忽视农业发展将会影响粮食安全，最终制约工业化发展，只有增加农业投入，同时推动农业现代化与工业化，才能实现城乡平衡发展。

改革开放后，联产承包责任制的推行，人民公社体制的废除，统购统销的逐步取消，调动了亿万农民的积极性，解放了农业生产力，使农民收入大幅提高，农业剩余大量增加，而城乡户籍体制的逐步放松，也为农民的城乡流动打开了缺口，使工业化、城市化发展获得充足的劳动力支持，城乡之间开始出现良性互动。然而，人多地少的现实国情使人均耕地过少，国家对农村投入又存在严重不足，加上工农业剪刀差依然广泛存在，导致农民收入增长依然缓慢，农民税费负担过重，城乡差距又有所扩大，进一步城市化困难重重。二元经济结构依然存在，农村社会不安，农民收入不稳，农业基础不牢，工业化与现代化将无从谈起。城乡差距过大导致的乡村人口过度流失而形成的城市劳动力过剩与农村劳动力短缺并存问题，严重威胁国家粮食安全与社会稳定。正是基于此，中央政府通过农业税费减免、义务教育免费、农村合作医疗体系建设、农村基本养老金制度建设，减轻农民负担，通过提高农产品价格、实施粮食最低保护价、给予农业补贴，增加农民收入，希望以此缩小城乡收入差距，留住中坚农民。同时，还要缩小公共服务的城乡巨大差距，防止乡村空心化问题进一步恶化。中央政府在大力推进新农村建设与乡村振兴战略的同时，加紧进行土地制度改革，也为新型农业经营主体发展创造条件。然而，生产要素向城市的长期单向流动已经导致乡村发展资源严重匮乏，缺乏内生发展能力，只有积极引进城市生产要素下乡才能补充乡村发展资源的缺口，加快新型农业经营主体发展及农业现代化转型，延缓小农经济、老人农业衰落，提高农业生产力，维护国家粮食安全与社会稳定。

二、推拉理论与城市生产要素下乡

1. 推拉理论

推拉理论最初是一个人口迁移理论，用来解释人口流动的原因。首先提出这一理论的是博格，他认为人口流动的目的是改善生活条件，流入地那些有利于改善生活条件的因素就成为拉力，流出地那些不利于提高生活质量的因素就成为推力，两股力量共同导致了人口流动。在博格之后，迈德尔、索瓦尼、贝斯等做了修正，国际劳工局也在一些报告中验证了推拉理论。美国地理学家李对博格的推拉理论进行了完善，认为流入地与流出地既有推力也有拉力，要善于利用推与拉两方面的作用力。此外，影响人口流动还有中间障碍因素，包括距离远近、物质障碍、语言文化的差异以及移民本人对于以上这些因素的价值判断。人口流动是推力、拉力与中间障碍这三个因素综合作用的结果。

由于推拉理论具有较强逻辑解释力，能有效解释生产要素跨区域转移的原因，逐步被广泛应用到其他方面，包括资本跨国流动、农民工的跨地区流动、跨地区婚姻的形成、游客旅游目的地选择、高校异地办学选择、异地养老选择、高校高层次人才的流动、产业转移目的地选择等。

原始推拉理论解释了客观因素导致的要素流动，但在现实生活中，人们可以通过主观努力改变推力、拉力的大小与方向，减少或增加中间障碍的影响，促进要素的流动或减少要素的流动，实现社会预期目标。如为减少非法移民，发达国家提高了对流入人口的语言、财富、教育等要求，并对年龄给予一定的限制，增大了移民障碍。发展中国家为减少高端人才流失，也通过各种人才政策，提高高端人才的待遇，改善其工作与生活条件与环境，减少了推力。

2. 推拉理论与中国城市生产要素下乡

对于中国来说，当前的城市生产要素下乡也是城市与乡村客观推力与拉力以及政府政策共同作用的结果，并受中间障碍因素的影响。

首先，对于城市生产要素来说，城市的推力不断增大。

对于城市资本来说，由于资本不断积累，边际收益递减，利润率越来越低，出现严重过剩，需要寻找新的投资渠道。对于城市工商企业来说，竞争越来越激烈，利润率越来越低。随着经济新常态的到来，供给侧结构性改革也使工商企业转型的压力越来越大。对于城市人力资源来说，高校扩招使大学毕业生人数不断增加，就业竞争压力越来越大，而经济新常态的到来，潜在经济增长率的不断下降，自动化水平的不断提高，资本深化对劳动的替代，都导致人力资源需求下降，供求关系恶化，薪资增长困难，就业机会减少，生活压力增大，"社畜""蚁族""月光族""房奴"群体不断壮大，想逃离城市的人不断增多。对于农业科研人员来说，技术转化率直接决定其存在的价值，在城市他们往往无用武之地，而乡村则是他们的广阔天地、用武之地。对于互联网企业来说，一方面城市已经是红海市场，竞争非常激烈，利润率越来越低，投资风险越来越大，城市的激烈竞争导致其生存压力越来越大，推力越来越大；另一方面城市基础设施、公共服务完善，居民素质较高，工作、生活环境较好，就业机会多，营商环境好，拉力也很大。不同类型、不同产业的城市生产要素由于面临的发展环境不一样，个体条件不一样，感受到的推力与拉力、逃离城市的意愿也不一样，那些感到城市推力更大的城市生产要素就成为下乡主力。

其次，对于城市生产要素来说，农村的拉力不断增大。

（1）作为重要的生产要素，土地由于其稀缺性而价值不断提升，通过参与土地综合整治，利用城乡建设用地增减挂钩政策改变土地用途则能大幅提高土地价值，获得超额利润。随着土地制度改革的不断深入，土地确权促进了土地流转，降低了交易成本与经营风险，扩大了规模经营，实现了规模经济。

（2）通过投资于农业产业化，发展订单农业、农产品加工业、农业生产社会化服务业，打造农业品牌，延长农业价值链，能增加农业附加值，获得规模经济，提高农业利润率。农业多功能开发，休闲农业、乡村旅游业的发展，农业三产融合为资本下乡提供了更多投资机会。

（3）新农村建设与乡村振兴战略的推进，使乡村基础设施与公共服务不断完善，农村生产与生活条件不断改善，有利于城市生产要素下乡创业。

（4）政府不断改善营商环境，提供投资补贴，减免农业税费，制定各类优惠政策，有利于城市生产要素下乡。

（5）乡村投资机会的增多，投资利润的提高，投资环境的改善，投资政策的优化，都对城市生产要素下乡形成拉力。但城乡之间收入、基础设施、公共服务差距依然很大，乡村工作、生活环境相对较差，就业机会少，营商环境依然有待改善，村民综合素质较差，排外思想较浓，也对城市生产要素下乡形成推力。但在不同地区、不同产业、不同价值链条上，推力与拉力不一样；个体由于境况不同感受到的推力与拉力也不一样，那些感到乡村拉力更大的城市生产要素下乡意愿更为强烈。

因此，要促进城市生产要素下乡，政府应积极消除城市生产要素下乡的障碍，增大农村对城市生产要素下乡的拉力，减少农村对城市生产要素下乡的推力。

三、规模经济理论与城市生产要素下乡

1. 规模经济理论

规模经济是指单纯通过扩大生产规模而引起的经济效益增加的现象，规模经济反映了生产要素的集中程度同劳动生产率的关系，在一定规模下，随着产量的增加长期平均总成本不断下降。规模经济产生的原因主要有六点：（1）劳动分工。分工导致专业化，由于长期关注于某道工序，提高了每个工

人的劳动技巧和熟练程度，分工也减少了因频繁变换工作导致的时间浪费，提高了生产效率。（2）分工导致工序简单化，有利于机器的发明与应用，提高生产效率。（3）较大规模可以分担研发费用、管理成本、信息成本、设计成本等固定成本开支，提高设备利用效率，降低生产成本。（4）较大规模可以提高与供应商的谈判能力，降低生产资料与物流成本。（5）较大规模可以提高与销售商的谈判能力，增强市场影响力，提高售价，增加利润。（6）较大规模可以分担品牌打造、市场营销的费用，降低单位产品分摊成本。

这种基于单个厂商生产规模扩大而导致成本下降的规模经济叫作内部规模经济。另外一种规模经济与单个厂商无关，而与整个产业规模有关，叫作外部规模经济。产业规模越大，单个厂商的成本越低，越具有竞争力。这主要是因为产业集中于某一优势区位能够分担基础设施建设成本，提高公共设施利用率，增强与生产服务商的谈判能力，降低原材料、中间品、生产服务、物流的成本。产业规模越大，企业之间的分工与合作越多，内部竞争越激烈，技术进步越快。企业一般可以通过横向一体化与纵向一体化实现规模经济。横向一体化主要是实现内部规模经济，纵向一体化主要是实现外部规模经济。企业通过节约不同生产环节的交易成本，降低交易风险，加强内部分工与合作，提高整体生产效率。

产业聚集则是外部规模经济的重要表现形式。产业聚集是指在产业发展过程中，处于一个特定产业内相关的企业或机构，由于相互之间的共性和互补而紧密联系在一起，形成一组在地理上相互联系、相互支撑的产业群的现象。这些产业基本处于同一产业链条上，相互之间既竞争也合作，通过纵向与横向分工，共享各类发展资源，实现规模经济，提高产业群竞争力。产业聚集的规模经济主要表现在八个方面：（1）企业在小范围空间的紧密聚集，使信息对称，有利于减少上下游企业的搜寻成本，减少交易成本，距离较近能节约物流成本，使产品生产成本显著降低。（2）产业聚集使集群内部产业分工更加细化，专业化水平进一步提高，有助于推动集群内部生产率的提高。（3）产业聚集使外部规模经济更加明显，资源共享水平更高，基础设施利用更加充分，提高资源利用效率。（4）产业聚集使产业链齐全，厂商能够更稳定，更有效率地得到供应商的服务，比较容易获得配套的产品和服务，提高生产效率。（5）产业聚集能够形成规模，提高与供应商、服务商的谈判能力，能够以较低价格获得产品与服务。（6）产业聚集能够提供充足的就业机会与发展机会，对人才形成磁场效应。而大量专业技术人才的聚集也有利于企业灵活地进行人力资源配置，获得充足的人力资源支持，降低人力成本。（7）产业聚集有利于打造区域公共品牌，形成品牌效应，吸引外部投资。（8）产业聚集导致信息交流频繁，思想碰撞激烈，有利于技术创新。

产业聚集也有利于新技术、新知识的快速传播，形成知识溢出效应。产业集群内部激烈的竞争也对企业形成巨大的创新压力，推动企业创新。因此，产业集群促进了技术创新与扩散，使集群竞争力越来越强。

2. 规模经济理论对城市生产要素下乡的影响

规模经济是当前中国政府鼓励城市生产要素下乡的重要原因。中国传统的小农经济由于经营规模过小，缺乏规模经济效应，导致农民缺乏基础设施建设的积极性，也不愿意购买先进的农业生产工具、设备，引进先进的农业技术。规模过小也使农民缺乏与农资供应商、服务商、收购商的议价能力，使农业生产成本居高不下，售价偏低。规模过小、资金匮乏、管理能力不高、见识有限也导致小农生产标准化水平低，缺乏品牌意识和营销观念，也没有能力进行产业链延伸，实现产业融合发展。

小农经济的规模不经济导致成本高而收益低，农民收入增长缓慢，远低于农民工工资上涨速度，造成乡村青壮年人口过度流失，耕地抛荒，弃耕面积不断扩大，大量乡村空心化。这不仅严重威胁国家粮食安全，也影响农村社会稳定。政府的新农村建设与乡村振兴战略虽然有效地减轻了农民负担，增加了农民收入，改善了乡村生产生活条件，一定程度上遏制了乡村空心化势头，但要彻底扭转小农经济的根本问题，只有积极鼓励城市生产要素下乡，加速耕地流转，大力培育新型农业经营主体实现规模经济，才能提高农业生产效率与农民收入，缩小城乡收入差距，化解国家粮食安全危机，复兴乡村社区。

城市生产要素下乡建立的家庭农场、农民合作社、农业龙头企业可以通过耕地流转将耕地集中起来，形成较大的规模，实现规模经济。通过将土地集中起来进行综合整治，完善基础设施，可以有效增加耕种面积，提高耕地生产力与机械化水平。土地规模经营激励新型农业经营主体购买先进的农业生产工具与机械设备，采用先进的农业生产技术和管理模式，购买优质的生产资料，提高农业生产效率。较大的经营规模也鼓励农业经营主体采用标准化生产模式，打造品牌，延长产业链，发展农产品加工业与休闲农业，实现"六次产业"融合，增加农业收入。较大的经营规模还可以提高农业经营者市场地位，降低农业生产资料与农业服务的购买成本，提高农产品销售价格，增加农民收入。单个的农业家庭经营规模有限，政府应该积极鼓励农民合作社、农业龙头企业发展，通过横向一体化与纵向一体化扩大经营规模，实现规模经济效应。相对于分散的农业经营主体培育，以产业分工细化与全产业链融合为特点的特色农产品产业集群更应该是政府的重点培育对象，因为产业聚集的规模经济效应更明显，技术与管理创新速度更快，不仅存在较强的内部规模经济，也存在较强的外部规模经济，有利于区域公共品牌的打造与产业竞争力的提升。

四、人力资本理论与城市生产要素下乡

1. 人力资本理论

人力资本理论随着第三次工业革命的发展逐步得以完善，并成为经济学的重要理论。在农业社会，技术进步缓慢，资本积累很少，劳动力与土地是最重要的生产资料。在工业社会，土地逐步在经济增长中处于次要地位，而资本成为最重要的生产资料，但在后工业社会，科技则成为第一生产力。美国经济学家舒尔茨和贝克尔在20世纪60年代提出了人力资本理论。该理论认为，人力资本是体现在人身上的资本，即对生产者进行教育、职业培训等支出及其在接受教育时的机会成本等的总和，表现为蕴含于人身上的各种生产知识、劳动与管理技能以及健康素质的存量总和。按照这种观点，人类在经济活动中，一方面创造出各种机械等实物生产工具，另一方面通过教育、培训等方式将科技知识传递给下一代，提高人类的综合素质与创新能力，二者结合起来实现生产力的传承与进步。该观点将人所拥有的以抽象知识形式存在的无形生产力、创新能力与以实物形式存在的有形生产力并列起来，提倡将人拥有的无形生产能力作为一种单独的经济增长要素，即人力资本。

与传统经济理论强调土地、资本等有形物质资本在经济增长中的重要性不同，人力资本理论认为无形的人力资本是最重要的生产力，是一切资源

中最重要、最关键的资源，其对经济增长的作用远大于有形的物质资本，因此，各个国家应该重视人力资本的开发，通过人力资本投资实现高质量的经济增长。人力资本的核心是提高人口素质，教育投资是人力资本投资的主要方式。人力资本管理包括对人力资源量的管理与质的提升两个方面内容，目标是实现人力资源的最佳组合。

2. 人力资本理论与城市生产要素下乡

人力资本理论强调了人力资源合理配置及其素质提高的重要性，这对于城市生产要素下乡具有重要意义。当前，国家整体经济快速崛起，不少城市获得突飞猛进的发展，我国农村整体显得衰落，大量乡村空心化的蔓延导致耕地被大量抛荒，资源浪费严重，严重威胁国家经济和社会安全，乡村振兴战略预期目标也难以实现。而城市则由于人口过度聚集，也会产生严重的城市病。人力资源配置不合理导致城乡发展失衡，资源浪费严重，只有对其进行合理调整，才能提高人力资源利用效率，实现城乡和谐发展。在这种背景下，政府积极鼓励城市人力资本下乡就是对人力资源的优化配置，一方面可以解决乡村人力资源不足问题，培育大量新型农业经营主体，使土地资源得到有效利用，增加粮食产量，保障国家粮食安全，另一方面可以提高城市人力资源利用效率，使城市人力资源能获得更大发展空间，大大减轻城市病。

但要进一步提高农业生产效率与竞争力，政府还必须提高农村人力资源综合素质，尤其是农业职业技术培训与教育增加农村人力资本，满足现代农业发展的需要。城市下乡人员也应强化农业职业技术教育，提高自身的农业生产技能与综合素质，有效地经营现代农业。总之，要加强农民和下乡人员的职业技术教育，积极推动产学研合作，增强农技推广能力，不断提高农村的人力资本水平。

五、农业多功能理论与城市生产要素下乡

1. 农业多功能理论

在人类文明发展的绝大部分时期，由于科技进步缓慢，生产力低下，农业成为主要的物质生产部门，手工业、商业生产规模很小，市场需求少，处于附属地位。农业生产的主要目标是满足不断增长的人口的农产品需求。农

民往往长期挣扎在温饱线上。直到工业革命后，农业的经济重要性才逐步被工业取代，然后被第三产业取代。当前，在西方发达国家，农业产值普遍只占国民生产总值的1%～2%，虽然中国是农业大国，但农业人口只占总人口40%以上，但农业总产值占国民生产总值却不到7%，预计这个比例还会进一步降低。农业经济总产值的下降导致很多国家对农业发展的关注度下降，投资减少，使城乡发展差距不断扩大，乡村人口过度流出，乡村出现衰败。事实上，农业受到忽视不仅会影响这些国家的粮食安全，也会导致大量乡村劳动力人口失业，失去生活来源后流入城市形成规模庞大的城市贫民阶层，这无疑将严重影响这些国家城市化、工业化进程，同时也可能会激化社会矛盾，影响政治稳定。

在全面检讨各国农业政策失误的基础上，欧盟与日本先后提出了"农业多功能"理论，指出农业除具有经济功能外，还具有社会、文化与生态诸多功能，这些非经济功能具有同样重要的地位，只重视农业的生产功能而忽视其他功能必然会导致农业政策失误。农业的多元功能包括：（1）经济功能。作为一个古老产业，经过现代科技改造的农业依然具有较高生产率，为国民经济发展贡献力量，美国、法国、加拿大、澳大利亚等国农业每年都为国家创造不少出口收入。（2）政治功能。民以食为天，充足的农产品供应是国家稳定的基本保证，粮食安全是一个重大的政治问题。（3）社会功能。农业及其附属产业能够提供大量的就业机会，为农民提供社会保障，维护农村社区的稳定。农业的急剧衰落会导致大规模失业、农村社区瓦解、城市流民增多，威胁社会稳定。（4）文化功能。文化是由长久以来的历史积淀而成，农业与乡村是文化的根，农业与乡村的衰败会导致文化断裂，出现价值观紊乱，影响社会整合。（5）生态功能。农业对于涵养水源、减少水土流失、保护生物多样性、净化空气、保持生态平衡具有重要意义。只有充分认识农业功能的多样性，全面统筹农业发展，才能实现可持续发展。

2. 农业多功能理论与城市生产要素下乡

农业多功能理论为中国农业开发开拓了新领域。新中国成立后，屈辱的近代史使中国政府长期将工业化放在首要地位，农业生产的目标一是满足国民基本农产品需求，维护社会稳定，二是为工业化提供原始资本积累。改革开放后，随着城市化水平、工业化水平的不断提高，以及农业产值占比的不断下降、城乡收入差距的不断扩大、"三农"问题的不断恶化，农业的经济功能逐步下降，但其政治与社会功能却不断被强化，维护国家粮食安全与社会稳定成为农业的首要功能。2005年以后，为鼓励粮食生产、提高农民收入、维护农村稳定，中央政府采取了一系列措施以减轻农民负担，增加农民收入。但城乡二元经济社会依然存在，我国农业缺乏规模经济，农民收入增长缓慢，农民继续过度流出，乡村空心化问题在一定程度上更加严重。在这种背景下，为提高粮食生产能力，防止乡村进一步衰败，政府逐步放松城市生产要素下乡的限制，鼓励工商资本下乡建立农业龙头企业、农民合作社、家庭农场、农业生产社会化服务组织，促进农业的规模化发展，以提高农业生产力与农民收入，维护乡村稳定。与此同时，居民消费结构的不断升级，生态文明理念的全球传播，也使农业的生态功能不断凸显，生态农业、有机农业、循环农业等发展如火如荼。但这些都需要较大的投入、较高的技术及管理能力，非小农可以承担，需要积极引进城市生产要素下乡才能充分发展。城市化的快速发展、城乡人口的大规模流动也导致文化断裂，因此，传统文化重新受到重视，对古村落、农业文化遗产及传统手工业技术的保护力度不断加大。这些也需要引进城市生产要素下乡才能有效实现。依托于生态农业发展与农业遗产保护，各地乡村旅游业、田园综合体建设、民宿建设、农事体验游蓬勃开展，实现了"六次产业"融合发展。农业产业发展越高端，产业融合水平越高，对资金、技术、管理、人力资本的要求越高，对城市生产要素下乡的依赖就越强。随着中国经济的发展，农业规模化、产业化水平必将不断提高，农业的非物质生产功能会更受重视，三产融合水平也会更高，这些都要求有更多的城市生产要素下乡。

第二节　城市生产要素下乡带动乡村振兴的背景与意义

　　长期的城市中心论与不断扩大的城乡发展差距导致乡村生产要素单向流出，使乡村缺乏内生发展能力，只有积极引进城市生产要素下乡，才能有效补充乡村发展资源缺口，从而实现乡村振兴目标。

一、城市生产要素下乡带动乡村振兴的背景

1. 乡村已经缺乏内生发展能力

长期的城市中心论与工业化优先发展战略使中国农业长期受到忽视，农村处于依附地位，农民承受沉重税费，导致城乡生产要素长期单向流动，乡村已丧失内生的发展能力。改革开放前，国家实行的是重化工业优先发展战略，工农业剪刀差导致大量农业剩余被城市抽取成为中国工业化原始资本积累的来源。政府基础设施与公共服务、社会保障投资也基本集中于城市，导致城乡收入差距不断扩大，到1978年中国城乡收入比已达2.57，考虑到城乡二元户籍体制，城乡实际福利差距可能更大。改革开放后，联产承包责任制的推行激发了农民生产积极性，我国粮食产量大幅增长，加上粮食价格的大幅提高，统购农产品种类减少，使农民收入快速增长，城乡收入差距缩小，到1984年城乡收入比一度缩小到1.82。但随着1984年城市经济体制改革的启动，国有企业承包制改革的推行，沿港、沿江、沿边城市的全面开放，各类经济技术开发区的兴建，城市经济增长速度加快。乡村则由于联产承包责任制制度红利的逐步销蚀，粮食储存、流通体制改革滞后导致卖粮难，使农民收入增长趋缓，乡村发展速度远慢于城市，城乡收入差距又开始扩大，而20世纪90年代中期乡镇企业的大规模倒闭与改制使城乡发展差距进一步扩大，到2002年城乡收入比又扩大到2.89。如果再考虑到城乡基础设施、公共服务诸多方面差距，城乡差距可能更大。

城乡收入、基础设施、公共服务差距的不断扩大，沿海地区工业化的飞速发展，二元户籍体制的逐步松动，农民流动自由的扩大，都导致乡村人口向沿海地区、中心城市大规模流动。而农业税费负担的加重，工农业产品价格剪刀差的继续存在，也对农民形成推力，使大量青壮年农民逃离农村，留守妇女、留守儿童、留守老人问题不断恶化。乡村人口的持续大规模流出导致小农经济逐步衰落，乡村空心化问题开始恶化，老人农业蔓延，耕地抛荒，弃耕面积扩大，复种指数下降，粗放经营严重，粮食产量出现连续5年下降，从1998年的51229.5万吨下降到2003年的43069.5万吨，下降了16%。

考虑到粮食需求弹性很低和中国庞大的人口规模，粮食产量的持续大幅度下降必然严重威胁国家粮食安全与社会稳定。中国城乡二元户籍体制的残留，低工资与高房价也催生了一个规模庞大的半城市化人口群体，他们既不愿意留在乡村继续务农，也难以融入城市，只能在城乡间像候鸟一样地来回迁徙。

长期的城市中心论导致乡村资源过度流出，城乡差距不断扩大，造成青壮年农民大规模流出，使乡村空心化严重。而二元户籍体制残留与高房价也催生规模庞大的半城市化人口，既威胁社会稳定，又加剧留守问题。同时，政府对农村投资的严重不足也导致农民税费负担过重，更激化农村社会矛盾，进而影响社会稳定。故此，如果没有外部资源输入补充乡村发展资源不足，乡村衰败趋势将难以逆转。

2. 政府的新农村建设政策效果有限

正是认识到城乡差距过大严重威胁国家粮食安全与社会稳定，政府对乡村发展进行了积极干预，减少了对乡村资源的汲取，增加了对乡村资源的输入，以期减轻农民负担，增加农民收入，改善乡村发展环境，缩小城乡发展差距，维护国家粮食安全与社会稳定。其具体措施包括三类：（1）减轻农民负担。负担过重是农民逃离农村的重要原因，因此，要留住农民，减少耕地抛荒、弃耕，缓解老人农业危机，就必须尽快减轻农民负担。为实现这个目标，从2006年1月1日开始，中国开始全面取消农业税，有效减轻了农民负担，同时，政府加快了行政体制改革，增加财政转移支付，承担了基层政府运转经费，并对乡村机构进行了精简合并，节省了大量行政开支，切实保障农民的利益。从2006年开始，西部地区农村义务教育阶段中小学生全部免除学杂费，从2007年开始，中部地区与东部地区农村义务教育阶段中小学全部免除学杂费，义务教育阶段学杂费的全部免除减轻了农民教育负担。从2003年开始，中央政府开始在农村地区试点农村合作医疗，到2004年，农村合作医疗覆盖率已经达到72.6%，随后，政府不断增加对农村合作医疗的补助力度，提高农民合作医疗的报销比例，扩大报销范围，并探索异地报销，有效降低了农民医疗负担。从2004年开始，政府还先后推出农资综合直接补贴、良种补贴、农机具购置补贴、草原生态奖励补贴、政策性农业保险保费补贴等十几种补贴，有效减轻了农民生产成本负担。（2）增加农民收入。收入过低也是农民逃离农村的重要原因，因此，要留住中坚农民，缓解粮食安全危机，就必须增加农民收入，缩小城乡收入差距。为实现这个目标，从2003年开始，政府逐步提高了粮食的价格。国家统计局数据显示，2003年9月鲜菜、油脂、肉禽及其制品价格分别上涨了12%、7.7%、5.1%，食用油价格上涨了25.3%。此后，中国粮食价格接连几年保持上涨态势，有效增加了务农农民收入，提高了他们的种粮积极性。为防止谷贱伤农，保证农民获得稳定收益，2004年，中国政府还出台了最低收购价政策，并且随着市场变化，不断提高最低收购价格，以有效维护农民利益，保证农民获得稳定收入。为增加农民收入，2002年，中国开始探索对东北地区的高油大豆实行良种补贴，2003年，部分地区探索将过去的粮食间接补贴改为对农民的直接补贴，2004年，农民直接补贴全面推开。为增加老龄农民收入，自2009年开始中国政府开始建立新型农村社会养老保险制度，提供农民基础养老金，并不断提高基础养老金支付水平。（3）改善农村生产、生活条件。新农村建设通过财政转移支付、项目制、农业补贴等方式，对农村道路交通、耕地整理、农田水利设施、农业机械购置、生态农业发展、农业标准化体系建设、可追溯体系建设、农民合作社、农民职业教育、农业保险与疾病防疫等提供支持，有效改善了农业生产条件。新农村建设通过对村容村貌的维护、农厕的改造、农村环境污染的治理、生态环境的保护、村庄环境的美化、道路的硬化、水电路网设施的完善，改善了农村的人居环境；通过合村并居，中心村、中心镇建设，实现公共服务与基础设施的规模经济，复兴了农村社区，丰富了农民生活，有效改善了农民生活条件。

新农村建设扭转了城乡差距不断扩大的趋势，使城乡收入比从最高点2009年的3.33逐步下降到2016年的2.72，新农村建设也扭转了中国粮食连续5年下降的局面，使中国粮食产量保持了16连增，基本保障了国家粮食安全。然而，由于中国城市化与工业化的快速发展，乡村过剩农业人口已经逐步转移完毕，刘易斯拐点在中国到来，导致农民工工资快速上涨，从2003—2011年，农民工工资增长幅度达到年均10.2%，远高于务农农民收入的增长。城乡收入差距缩小的最大因素不是农业收入的增长，也不是加大政府的农业转移支付，而是农民工的工资性收入的增长，实际上在扣除农民工工资增长后，务农农民收入与城市居民收入差距基本没有缩小。如果再考虑到农业税费免除，基层政府的财力出现匮乏，没有能力承担农村基础设施建设与公共服务投入，导致乡村基础设施水平与城市差距不断扩大，乡村教育经过撤点并校元气大伤，教育质量与城市差距越来越大，导致陪读普遍化，加重了农民教育负担。乡村人口数量不断减少，导致公共服务缺乏规模经济，村医大批流失，生活服务撤出，使农民就医等基本生活服务更加困难。城乡基础设施与公共服务差距的不断扩大导致乡村人口进一步流失，空心村问题更加严重。早在2015年，西南财经大学甘犁教授就通过大范围样本调查得出中国耕地抛荒、弃耕比例达到15%左右。老人农业由于体力、精力原因，在农业生产社会化服务短缺、缺乏规模经济的情况下，粗放经营严重，复种指数降低。小农经济衰落与老人农业蔓延导致土地资源利用效率下降，粮食安全问题恶化。数据显示，自2015年中国粮食产量达到66060万吨以来，到2020年，中国粮食产量为66949万吨，6年内粮食产量才增加889万吨，产量增长基本停滞。另一方面，中国的粮食进口量从2015年的12477万吨增长到2020年的14262万吨，增长1785万吨，几乎相当于中国粮食产量增加值的2倍，进口粮食已经占国内产量的21%。对于中国这样的人口大国来说，这样的粮食自给率不足以保障国家粮食安全。如果不尽快提高农业生产力，中国的粮食安全问题将进一步恶化。在乡村发展资源匮乏、政府作用有限的情况下，要实现乡村产业振兴，提高农民收入，扭转乡村衰败趋势，增加农业产量，就必须鼓励城市生产要素下乡。只有城市生产要素下乡，才能有效补充乡村发展资源缺口，推动农业现代化转型。也只有城市生产要素下乡，才能充分利用乡村资源，实现乡村产业振兴，提高农民收入，增加农民就业，复兴乡村社区，吸引半城市化人口回流，促进乡村稳定。

3. 城市生产要素下乡的条件已经成熟

经过改革开放40多年，我国取得了惊人的发展奇迹，社会也从短缺逐步转向过剩，尤其是城市生产要素严重过剩。相对应的，乡村生产要素还存在严重不足。新农村建设与乡村振兴战略使乡村发展环境改善，城乡差距逐渐缩小，导致城市生产要素下乡的条件逐渐成熟。这主要体现在三个方面。

（1）城市资本下乡的推力。长期以来，城市资本长期处于短缺状态，导致乡村资本向城市单向流动，在推动城市工业化发展的同时，也导致乡村发展长期面临资本短缺的困扰。改革开放前，为实现重化工业优先发展战略，政府通过计划经济体制将农业剩余强制性地转移到城市工业领域。改革开放后，城市工商业具有规模经济优势，加上人口、国际贸易、技术红利以及交通优势，导致农村资本主动向城市聚集，即使乡镇企业也由于区位劣势，规模不经济而处于不利竞争地位，最后也转移到工业园区或城市。然而，随着中国工业化水平的不断提高、农村剩余劳动力的逐渐枯竭、国际贸易保护主义的抬头、中国工业化技术红利与人口红利的逐步消失、比较优势的递减，中国工业竞争力开始下降，增长趋缓。而随着工人工资、原材料价格等的不断上涨，企业生产成本不断提高；另外，生产过剩、消费不足、贸易条件恶化也导致企业利润不断降低。随着产业的不断成熟，技术进入平台期，各产业内部竞争越来越激烈，利润越来越微薄，加上电子商务冲击，很多企业出现亏损，大量资本沉淀在金融机构，导致资本浪费严重。人们急需寻找新的投资机会，提高资本利润率。此外，2008年为对冲次贷危机所推出的4万亿投资也造成严重的后遗症，使低端产业产能过度扩张，重复建设严重，大部分工业产品供过于求，库存压力大。以钢铁产业为例，2012—2014年3年，中国粗钢产能分别为10亿吨、10.4亿吨、12.5亿吨，粗钢产量分别为7.2亿吨、7.79亿吨、8.23亿吨，产能利用率分别为72%、74.9%、65.8%，设备闲置极其严重。2014年，国内钢材需求为7.02亿吨，供给也严重过剩。供给过剩导致钢材价格不断下跌，2014年，钢材综合价格指数从99.14点下跌到83.09点，到2015年6月，钢材综合价格指数又从83.09点下跌到66.69点。钢材价格的大幅下跌导致中钢协的钢铁企业2015年上半年主营业务亏损216.8亿元，比2014年增亏167.68亿元。只有尽快进行供给侧结构性改革，减少对供给严重过剩产业的投资，增加对供给不足产业如农业领域的投资，才能提高资本利用效率。

（2）城市人力资本下乡的推力。乡村空心化的不断加剧，城乡收入、基础设施、公共服务、社会保障、生活质量差距的不断扩大，城乡就业机会的不均等，新生代农民工平均受教育水平的提高，都导致乡村人口向城市的过度流动。由于中国工业主要集中于中低端产业，在技术与人口红利巨大、全球化市场不断扩张、社会保障体系不健全、土地价格便宜、环境保护意识较低的情况下，生产成本较低，具有较大竞争优势，因此扩张很快，能够吸纳大量农村剩余劳动力。然而，随着刘易斯拐点的到来、人口与技术红利的逐步消失、国际贸易主义的抬头、市场竞争者的增加，中国工业竞争优势越来越小。而工人工资的快速上涨、最低工资水平的不断提高、土地价格和厂房租金的暴涨、环境保护门槛的不断提升，都大幅增加了生产成本，使中国工业利润微薄，发展乏力。为维持企业的竞争力，在技术进步遭遇瓶颈的情况下，越来越多的企业会理性地选择转移到其他生产成本更低的发展中国家进行生产，或增加资本投入引进更多自动化生产设备，配置工业机器人替代劳动力。无论是产业转移还是资本替代，都会减少对低端劳动力的需求。大量低端劳动力从第二产业涌入第三产业，又使低端服务业从业人员供给过剩。而电子商务的迅速崛起更对低端服务业形成强烈冲击，导致餐饮、零售、超市、卖场等都出现严重过剩迹象，因竞争激烈而出现倒闭潮，很多从业人员处于长期的间歇性失业中，劳动力利用效率低。与蓝领由于产业转移与资本替代导致的失业压力相比，城市白领的压力则显得更大。中国产业结构的低端化决定了对高级管理人才、技术人才、高端服务业的需求有限，但中国高校的大规模扩招使大学毕业生数量急剧增加，严重超过社会需求。2000年中国高校毕业生才94.98万人，到2010年已达575.4万人，2020年更高达874万人，20年间总量增长9倍多，远超过社会需求增长，导致大学生就业困难，职场竞争激烈。在公务员考试中，一些岗位报考比例达到几千比一，而原来只要求本科学历的岗位有博士竞聘，甚至学校保安岗位也要求有硕士以上学历，深圳、上海、北京等一线城市的中学以及杭州、武汉等新一线城市的重点中学，招聘的新教师中毕业于清华、北大以及硕、博竟也比比皆是。人力资源结构性过剩造成人力资源的严重浪费。

就业竞争过于激烈必然导致薪资增长缓慢。低端制造业要保持竞争力，就必须控制劳动力成本，工资不能增长过快。低端服务业劳动力过剩，利润降低，也不可能大幅提高薪资。大学毕业生数量增长过快超过市场需求，就业竞争激烈，收入也难以较快增长。相关资料显示，2016年农民工工资增长6.6%，2017年增长6.4%，2018年增长6.8%，2019年增长6.5%，基本接近GDP增长率，已经进入中低速增长阶段。与农民工刚需不同，大学生就业挤压更加严重，专业分化更为明显，一些长线专业起薪甚至都不如农民工工资高，根据智联的招聘信息，2016年、2017年大学毕业生起薪连续两年下降，2017年下降16%到4014元。近几年随着大学毕业生数量的不断增加，国内外经济大环境变差，加上新冠肺炎疫情影响，每一年都成为最难就业季。2018

年大学毕业生平均起薪只有4317元，与薪资低速增长甚至下降相比，城市生活成本却在不断上涨，如城市购房、租房、通行成本涨幅过大，教育、医疗与其他生活消费等成本都在不断上涨，压缩了城市农民工与普通白领的生存空间。就业竞争的激烈，结构性失业、隐性失业、摩擦性失业的增加，生存压力的增大，导致越来越多的农民工、都市白领沦为"蚁族""工蜂""房奴""月光族"，生活质量下降，找不到存在感、价值感、归属感，逃离城市到农村创业的意愿比较强烈，却又担忧更大的创业压力。

（3）城市其他生产要素下乡的推力。技术进步是农业现代化的最大推动力，但由于长期以来科研机构与农业生产部门相互割裂，产学研之间缺乏连接，导致大量科研成果被束之高阁，造成科研资源的严重浪费，农业技术进步缓慢。虽然政府建立了全国性的农技推广体系，但由于长期官僚习气的惯性，加之激励机制不足，政府拨款较少，导致网破、线断、人散问题比较严重，农技推广效率不高，难以为农业现代化转型提供有效的技术支持。但随着市场化的推进，高校和科研院所也面临着创收与科研成果有效转化的问题。社会服务压力的加大必然促进其农技推广的积极性。而新型农业经营主体由于规模比较大，在标准化生产、新产品引进、质量控制、品牌打造等方面积极性都比较高，也愿意积极引进农业新技术。农业生产社会化服务企业的服务直接涉及技术指导，可通过服务进行农技推广。地方政府为提高农业竞争力，夯实乡村振兴产业基础，也愿意引进先进的农业生产技术，提高本地农业竞争力。市场经济的深入发展与乡村振兴战略的实施都十分有利于城市科技下乡。

信息技术是高科技的重要组成部分，毫无疑义是第一生产力。鉴于信息技术对社会发展的重大影响，当今社会被称为信息社会。在中国，信息技术对经济的最大影响应该是电子商务的出现，它有效地缩小了时空距离，降低了营商门槛，进行了产业链重构，实现了成本节约。通过长尾效应形成新的规模经济，扩大了市场规模，改变了各地的相对营商成本，形成新的产业布局，增加了消费者福利。经过20多年发展，城市电子商务已经走向成熟，价值链、产业链重构已经基本完成，市场竞争也越来越激烈，利润却越来越微薄。但农村由于交通、通信、网络基础设施建设落后，人口分布分散，整体文化水平较低，思想比较保守，故电子商务的发展还比较滞后，特别是广大的中西部地区，电子商务对乡村经济的影响还比较小。考虑到乡村地区占全中国40%的人口，这个规模庞大的蓝海市场对电子商务企业的吸引力无疑会很大，淘宝、京东、拼多多、苏宁易购等电商企业纷纷进驻农村市场，积极推动工业品下行和农产品上行，在提高企业市场份额、增加企业利润的同时也助力了乡村的振兴。

教育是人力资本形成的重要手段，乡村要发展，农技要推广，电子商务与工商资本要下乡，新型农业经营主体要提高农业技术与管理水平，都离不开农业职业技术教育。但乡村教育资源匮乏，教育层次低，难以满足乡村农业职业技术教育的需求，更难以满足高端农业技术与管理教育的需求。而城市则由于高等教育的快速扩张而处于饱和状态，需要寻找新的教育市场，高等教育的市场化也鼓励产学研一体化发展，通过知识服务实现知识价值。因此，对于乡村巨大的教育需求，城市教育机构有较大的下乡动力，这对于双方是一个双赢选择。

（4）城市生产要素下乡的拉力。中国城乡居民食品消费结构的变化、"六次产业"的融合发展、乡村振兴战略的推进、耕地资源的大量闲置与低效利用，对城市生产要素下乡形成越来越大的拉力。随着中国国民收入水平不断提高，居民食品消费结构发生了很大变化，食品结构正经历由植物纤维为主向兼重动物脂肪及高蛋白的转变。动物类副食品（鱼、肉、蛋、奶）的消费量逐年上升，特别是奶及奶制品的消费迅速攀升，而粮食消费则相对显著地下降。随着国民收入水平的继续提高，消费者会追求更高的消费品质，不仅要吃得饱，更要吃得好。事实上，中国传统的粮食、肉食、菜的消费比例已从8∶1∶1转向4∶3∶3，食用植物油、肉类、蛋及其制品、瓜果和奶制品的全国人均消费水平上升空间很大，农产品需求结构变化将为我国农业发展带来新机遇。一些农副产品，如新鲜蔬菜、水果生产相对于主粮种植规模经济更加明显，投资较大，风险较高，对管理与技术要求也较高，一般不适合小农或老农经营，却更适合城市生产要素下乡经营。国民消费结构的变化、生态文明理念的传播，促进了绿色循环农业、有机农业、社区支持农业的发展，这些都需要较大的投资、较高的管理水平与技术支持，也适合城市生产要素下乡经营。国民收入的提高促进了休闲农业与乡村旅游业的发展，包括民俗风情游、观光采摘游、垂钓鲜食游、农业科普教育游、田园综合体、乡村民宿、市民农园、农家乐、休闲康养产业等，到2019年，中国乡村旅游已经接待33亿人次，营业收入超过8500亿元，例如江西的婺源、浙江的莫干山、陕西的袁家村、湖北的苏马荡都成为乡村旅游热门景点。乡村"六次产业"融合发展规模经济明显，潜力巨大，利润丰厚，但投资也大，对经营者素质要求也更高，城市生产要素下乡经营也许更具优势。因此，对于高附加值农业、土地规模化经营来说，乡村留守小农、老农、兼业农既缺乏资本，也缺乏管理与技术能力，需要借助城市生产要素下乡才能补充农业现代化发展的资源缺口，而现代农业的丰厚利润也吸引了城市生产要素下乡。此外，城乡建设用地增减挂钩政策导致的大规模土地整治，乡村振兴战略实施导致的大量基础设施建设工程、民生工程、产业发展项目都为城市生产要素下乡提供了大量的获利机会。

新农村建设也有效改善了乡村生产与生活条件，吸引了城市生产要素下乡。新农村建设对乡村公路体系进行了完善与提升，实现了村村通公路目标，对农田水利基础设施进行了完善，使农田灌溉与排水问题得到有效解决；对农村电力设施进行了改造升级，使农村电力供应充足、稳定；对农村电信设施进行了改造，铺设了宽带，使农村通信信号稳定，成本下降，网络畅通，缩小了城乡信息差距。新农村建设也通过耕地整理，使耕地平整集中，适合机械化耕作；新农村建设也通过不断的土地制度改革，为土地的规模化流转创造更好条件；新农村建设通过合理规划村庄布局，清理废弃宅基地，拆除破旧民房，扩宽、硬化村道，清洁水体，改造乡村旱厕，集中清运垃圾，集中供水、供电、排污，连接互联网，修建乡村文化礼堂、图书室、村民活动中心、老年人活动中心、幼儿园、养老院、村医室，完善了乡村基础设施与公共服务，改善了乡村人居环境。在人口比较集中、交通比较方便的地方建设中心村、中心镇，并集中资源加以投入，基本实现基础设施与公共服务的规模经济，然后以中心村、中心镇为核心，不断将周边空心村村民吸引过来，实现集中式居住。如此，中心村建设实现了熟人社会的再造、社会资本的重建，有利于投资的规模经济效益和农民生活质量的提高。总之乡村生产、生活条件的改善有利于城市生产要素下乡，两者互助互利互赢。

4. 国际环境恶化要求城市生产要素下乡

随着中国综合国力的不断提高，中国的崛起引起了西方发达国家的警惕与猜忌。中国"一带一路"倡议的提出、资本与技术的大规模输出、以华为为代表的高新技术产业的崛起，直接触动到某些西方发达国家的利益，各类"中国威胁论"甚嚣尘上，导致西方发达国家与中国之间的关系不断恶化。特别是美国总统特朗普上台以后，由于意识形态不一与中美国家利益冲突的叠加，加上美国对我国香港与台湾地区核心问题等的干涉，中国与以美国为首的西方发达国家的冲突也正加剧，国际政治环境趋于恶化。西方发达国家不仅在高新技术领域对中国进行封锁，打压中国高新技术产业的发展，而且逐步收紧中西方人文、学术、人才的交流。尽管中国综合实力逐渐强大，有能力化解西方一时的技术封锁，但农业是中国的阿喀琉斯之踵，还没有能力充分保障粮食安全。小农经济瓦解与老人农业后继乏人导致中国粮食安全问题恶化，早在2017年，中国粮食自给率就已经降到82.3%，近两年粮食进口量更是逐年增长。考虑到粮食的战略地位，其关系国家安全与政治稳定甚至国家独立，提高中国粮食自给率势在必行。而要夯实粮食安全基础，就必须加快耕地流转与集中，形成规模化经营，培育大量新型农业经营主体，实现农业现代化转型。鉴于乡村农业发展资源严重匮乏，难以承担农业现代化重任，必须依赖工商资本下乡才能实现农业现代化转型目标。

在国际政治环境恶化的同时，中国的国际经济环境也急剧恶化。中国的出口规模庞大，2020年已达到17.93万亿元，占世界出口市场的14.2%，但出口产品主要集中于中低端制造业产品，利润较低，竞争激烈，出口继续增长困难，需要依靠国内消费市场消费过剩产能。中国的出口集中度比较高，2020年，中国前五位的贸易伙伴分别是东盟、欧盟、美国、日本、韩国，除东盟外，其他四个都是西方发达资本主义国家。长期以来，中国对美国贸易顺差较大，已引起美国严重不满，加上美国国内产业空心化导致大量白领工人失业，常常引发社会危机。国际贸易失衡与产业空心化担忧导致美国政府操起贸易制裁大棒，要求所谓平衡贸易，强迫他国主要是中国开放更多市场。美国的国际贸易态度其实也反映了西方发达国家的基本想法，估计在将来较长时期内，西方发达国家与中国的贸易战会越来越激烈，贸易壁垒会越来越多，中国的出口环境会继续恶化。在出口增长有限且形势严峻，投资出现边际效率加速递减的情况下，中国经济增长的主要突破点应该放在扩大内需上。2018年中国居民消费率仅为39%，同期世界平均水平为58%，美国、英国为68%和66%，连巴西和印度都达到了64%和59%，中国居民消费率太低必将严重影响经济发展，但也说明潜力巨大。中国居民消费率低的原因一个是社会贫富差距过大，一个是城乡差距过大，因此要扩大消费，一方面就必须改革分配制度，缩小社会贫富差距；另一方面就必须振兴乡村，缩小城乡差距。要振兴乡村，缩小城乡差距，扩大内需，政府就必须鼓励城市生产要素下乡，以补充农村发展资源的不足，加快实现农业现代化转型。

二、城市生产要素下乡带动乡村振兴的意义

凡存在就有其现实合理性。当前城市生产要素下乡受到地方、中央、农民、学者的普遍欢迎，也必然有其现实合理性。

1. 城市生产要素下乡有利于维护国家粮食安全

在对城市生产要素下乡设置严格的准入限制，加强对城市生产要素下乡的监管，防止城市生产要素下乡可能出现的非粮化、非农化问题后，政府就可以兴利除弊，利用城市生产要素下乡夯实国家粮食安全基础。第一，城市生产要素下乡参与城乡建设用地增减挂钩，能够对耕地进行有效整理，对废弃宅基地进行复耕，增加耕地有效使用面积，完善耕地基础设施，使耕地集中连片，适合机械化、规模化耕作，提高耕地资源利用效率。这在沿海地区效果非常明显。如浙江省通过城乡建设用地增减挂钩，打造了基础设施完备的粮食生产功能区与现代农业产业园区，在城市化和工业化用地、现代农业用地不断增加的情况下，通过提高粮食生产功能区的粮食单产，保证了粮食生产基本稳定。2020年浙江粮食生产面积和总产量创5年来新高，其中，粮食总产量121亿斤（605.7万吨），增幅2.4%，全省粮食亩产406.5公斤，比全国平均亩产高出24.5公斤。城市生产要素下乡提高耕地资源利用效率，实现了城市化、工业化与农业现代化的多赢，维护了沿海地区粮食生产的稳定。第二，城市生产要素下乡有利于抛荒、弃耕耕地资源的重新有效利用。当前，中国抛荒、弃耕耕地面积占耕地资源总面积的15%以上，这些耕地利用难度大，地块破碎，面积小，基础设施不完善，水利年久失修，不利于机械化耕作，靠天吃饭，平均产量低，属于边际耕地，耕种的机会成本太高，农民只能弃耕、抛荒。但如果对这些耕地进行整理、平整，使耕地集

中连片，基础设施完善，水利设施完备，适合机械化耕作，就可以重新利用来进行粮食生产。考虑到小农没有能力进行大规模的耕地整理，必须鼓励工商资本下乡才能实现抛荒、弃耕耕地的复垦。因此，城市生产要素下乡有利于抛荒、弃耕土地的重新利用，增加粮食产量。第三，城市生产要素下乡可以实现耕地的规模化经营，提高耕地资源利用效率。由于单个农户承包土地面积过小，规模不经济，导致农业机械使用少，缺乏技术进步的积极性，粗放经营普遍，土地资源利用效率低。城市生产要素下乡流转土地可以实现规模经济，通过耕地整理增加耕地有效利用面积，提高耕地生产力。耕地规模化可以充分发挥机械效率，因此机械化水平高。规模化经营也有利于技术进步、标准化生产、品牌打造，也有利于提高产品销售价格，降低农资购买价格。因此，城市生产要素下乡有利于耕地资源的更充分利用，长期看有利于提高粮食生产效率。第四，城市生产要素下乡能够增加农业生产的社会化服务，提高兼业农业与老人农业生产效率，增加粮食产量。由于农业比较收益低，兼业农业与老人农业普遍，粗放经营严重，而城市生产要素下乡可以为兼业农业与老人农业提供产前、产中、产后的社会化服务，深化农业分工，实现规模经济，提高农业生产效率。第五，城市技术下乡、教育下乡与信息下乡极大有利于粮食生产。农业技术下乡可以提高农业生产率，提高农产品品质，加快农业产业结构调整。城市教育下乡可以提高农民素质，有利于农业科技的推广与转化，提高农业生产效率。信息下乡有利于农产品上行，农业产业聚集，促进农业发展。

因此，从总体看，城市生产要素下乡能够扩大耕地有效利用面积，提高耕地生产效率，有利于增加粮食总产量，维护国家粮食安全。

2. 城市生产要素下乡有利于乡村产业发展

乡村振兴的基础是产业振兴。只有产业振兴，才能为农民提供充足的就业机会，使他们获得满意的收入，留住中坚农民；也只有产业振兴，才能缩小城乡差距，逐步实现城乡平衡发展。而要实现乡村产业振兴，就必须积极鼓励城市生产要素下乡。首先，城市生产要素下乡丰富了农业业态。随着居民食品消费结构的变化，农业产业结构也发生了很大变化，粮食产业比重逐渐下降，畜牧、养殖、蔬菜、瓜果、花卉产业的比重不断提高。由于这些产业投资比较大，技术管理要求比较高，非普通小农可以承担，需要城市下乡生产要素的参与。比较大的农业龙头企业如温氏股份，2019年上市肉猪1851.66万头，上市肉鸡9.25亿只，销售收入731.20亿元，通过规模优势提高了生产效率，加快了技术进步，取得竞争优势，带动了大批农民就业，增加了农民收入。城市下乡生产要素也凭借自己在资本、技术、管理上的优势，积极发展生态循环农业、有机农业、设施农业，通过深化分工与专业化实现规模经济，提高了农业生产效率与质量。其次，城市生产要素下乡通过产业链延伸与分工细化，丰富了农业业态。城市生产要素下乡延长了农业产业链，通过对农产品进行精细加工，提高了农产品附加值，增加了农民收入。城市生产要素下乡深化了农业分工，通过为农民提供产前、产中、产后服务，增加了新的农业业态，如测土配方、机耕、除虫打药、农田基本管理、农机收割、储存、农技推广、农业职业技术培训等环节，都可以独立出来形成新的产业，丰富了农业业态。再次，城市生产要素下乡形成了新的产业，壮大了旧产业，促进了乡村产业振兴。电子商务的规模经济导致相对成本的变化，形成新的产业集群，如宿迁沙集镇的简式家居产业集群、广东揭阳军埔村的服装产业集群。电子商务的长尾效应使沿海地区乡镇产业复兴，如温州、台州、泉州等乡镇产业集群的复兴。电子商务也导致农村手工业的复兴，如景德镇的工艺陶瓷、洛阳的牡丹花画、大理新华村的银器等。电子商务也巩固了传统农产品产业集群，开发了新的农产品产业集群，前者如苏州阳澄湖的大闸蟹产业，后者如临安白牛村的山核桃产业。最后，城市生产要素下乡实现了"六次产业"融合。随着国民消费结构的变化，三次产业结构也会逐渐发生变化，第二产业、第三产业比重会不断提高，在农业内部也是如此。产业层次越高，利润率越高，对生产要素的要求就越高，城市生产要素下乡的积极性也就越高。以湖州莫干山为例，大量高端城市生产要素下乡打造了莫干山民宿集群，提高了农民收入，实现了"六次产业"融合发展。如果没有城市生产要素下乡，就没有莫干山民宿集群的今天。婺源篁岭景区也是城市生产要素下乡的杰作，实现了"六次产业"的有效融合，如果没有城市生产要素下乡，篁岭村开发就很困难。因此，从总体看，城市生产要素下乡丰富了农业产业业态，延长了农业产业链，促进了农村新产业发展，实现了"六次产业"融合，有利于农村产业振兴。

3. 城市生产要素下乡有利于城乡融合发展

长期以来，重化工业优先发展与城市中心战略使城乡收入、生活质量差距不断扩大，导致乡村人口过度流出，城乡差距固化。城市生产要素下乡能够有效缩小城乡收入与生活质量差距，促进城乡生产要素的合理流动，有利于城乡和谐发展。首先，城市生产要素下乡参与城乡建设用地增减挂钩实践，推动合村并居，参与中心村、中心镇建设，有利于缩小城乡差距。一般来说，合村并居政策，中心村、中心镇建设与城乡建设用地增减挂钩政策会捆绑在一起，一揽子解决。通过城乡建设用地增减挂钩政策农民获得土地增值红利，收入增加，失地农民也能获得相应的社会保障与养老保障。耕地被整理，宅基地被复垦使其适合农业规模化经营，农业生产条件改善，农民因此获得更高租金，或进行规模化经营提高收入。合村并居或中心村建设由于获得土地增值红利支持，建设资金充足，规模经济明显，基础设施建设与公共服务比较完善，人居环境大为改善。因此，城市生产要素下乡参与城乡建设用地增减挂钩提高了农民收入与社会保障水平，改善了农村人居环境，缩小了城乡差距。城市生产要素下乡也促进了农村产业发展，"六次产业"融合，提高了农民收入。如工商资本下乡、技术下乡、教育下乡、电商下乡都提高了农业规模化与产业化水平，增强了农业竞争力，实现了内部规模经济与外部规模经济溢出效应，大大提高了农民收入。城市生产要素下乡延长了农业产业链，增加了农业附加值，提高了农民收入，"六次产业"融合也实现了范围经济，特别是乡村旅游业的发展，不仅提高了农民收入，更改善了农村生活环境，缩小了城乡收入与生活质量差距。城市生产要素下乡也将城市文明、现代思想传入乡村，起到移风易俗的作用，缩小了城乡文化差距。城市生产要素下乡也改变了传统的城乡要素单向流动局面，实现了城乡要素的双向流动，使生产要素在城乡之间更合理配置，缩小了城乡要素差距。因此，从总体看，城市生产要素下乡缩小了城乡收入、生活质量、文化、要素差距，促进了城乡融合发展。

4. 城市生产要素下乡有利于社会稳定

城市生产要素下乡能加快农业现代化转型，延缓小农经济与老人农业衰落，提高农业生产力，维护国家粮食安全与社会稳定。城市生产要素下乡可以使城市过剩资本寻找到合适的出口，减少资源浪费，提高资源利用效率，防止资本泡沫化导致通货膨胀从而增加城乡居民生活成本，有利于社会和谐发展。城市生产要素下乡可以缓解城市白领就业的过度竞争，减轻他们的就业竞争压力，提高他们的收入，减少"蚁族""漂族"的规模，缓和城市社会矛盾。城市生产要素下乡能够实现农村产业振兴，增加农民收入，改善农村生产、生活条件，留住中坚农民，吸引农民工、农村大学生返乡创业，能有效缩小半城市化人口规模，缓解了农村空心化问题，重现乡村活力，有利于乡村的稳定发展。城市生产要素下乡通过"公司＋农户""农业合作社""订单农业"等模式，提高农民组织能力，增加了农村社会资本，使农民能够团结起来维护自己的权益，改善乡村治理，提升乡村内生发展能力，减少农村社会矛盾。城市生产要素下乡提高了农民的契约精神与法治意识，开阔了农民的视野，改造了乡村文化，使农民更有理性，其综合素质得以提高，有利于乡村与社会的和谐和发展。因此，总起来看，城市生产要素下乡既能有效解决城市生产要素过剩导致的社会问题，也能够解决乡村生产要素匮乏导致的社会问题，增加乡村社会资本，复兴乡村社区，缩小半城市化人口规模，保障国家粮食安全，实现城乡均衡发展，维护社会稳定。

第三节　城市生产要素下乡的演变历程与趋势

一、城市生产要素下乡的内涵界定

城市生产要素下乡指将聚集于城市的各类过剩或低效利用的生产要素流动到乡村参与乡村发展的行为，目标是增加乡村生产要素供给，提高乡村生产要素质量，实现生产要素有效利用、城乡平衡发展。城市生产要素下乡是对中国城乡生产要素配置严重失衡的矫正。在发达国家，城乡发展比较均衡，城乡生产要素自由流动，但中国特殊的国情导致乡村生产要素长期单向地向城市流动，导致城市要素过剩、效率较低，农村则由于生产要素过度流失出现资源严重短缺而影响乡村发展，致使城乡发展严重失衡。因此，对于当前的中国来说，尽管城乡生产要素也在双向流动，但重点应该是积极引导城市生产要素下乡，以有效补充乡村发展的资源缺口，实现城乡生产要素的合理配置，进而达到城乡的均衡发展。

城市生产要素包括工商资本、人力资本、金融资本、技术资本、教育资本、信息资本、文化资本等。这些城市生产要素不仅包括城市内生的生产要素，也包括在农村产生但已经转移到城市的生产要素，如已经在城市工作或定居的农村大学生、新乡贤等；不仅包括有形的生产要素，如工商资本、人力资本，也包括无形的生产要素，如技术、金融、文化、教育、信息等资本；不仅包括直接的生产要素，如工商资本、人力资本、金融资本，技术资本等，也包括间接的生产要素，如教育资本、文化资本等。其中文化资本由于难以衡量，且作用比较间接，本书就不做研究；金融资本由于涉及问题较多，在中国农村特殊的土地产权制度下，缺乏有效的抵押物，农村金融创新欠佳，本书也不做重点研究。这样，本书就主要研究工商资本下乡、人力资本下乡、科技下乡、教育下乡、电子商务下乡，外加政府支农资金下乡。尤其是，我国政府对"三农"每年的投资已经超过2万亿元，远超过工商资本下乡规模，是新农村建设与乡村振兴战略资金的主要来源，且自2006年中国农业税费免除后，这些资金主要来源于城市工商业税收，是以工补农、以城补乡的重要渠道，属于广义的城市生产要素下乡，因此，政府支农资金下乡也应该是城市生产要素下乡研究的重要内容。

二、城市生产要素下乡的演变历程

改革开放前，由于全面推行计划经济，二元户籍体制、统购统销制度、人民公社体制的建立阻碍了城乡生产要素的自由流动。在二元经济理论与重化工业优先发展战略指导下，乡村生产要素被迫向城市单向流动，导致城乡发展差距不断扩大，到1978年城乡收入比已达2.57。

改革开放后，人民公社体制逐步解体，统购统销范围缩小，二元户籍体制松动，使城乡生产要素双向流动成为可能。但改革开放初期城市由于知青大量回流，国有企业人浮于事，亏损严重，面临着严重的就业与人员分流压力，对农民入城有较多限制。联产承包责任制在释放农村生产力的同时也使农村大量过剩劳动力显性化，需要寻找新的就业机会。在城市对来自农村的过剩劳动力（"盲流"）态度很不友好的情况下，乡镇企业的崛起有效吸收了农村过剩劳动力，利用了农村积累的过剩资本、廉价的土地资源与原材料，实现了政府希望的"离土不离乡"。由于当时消费市场处于短缺时代，加上乡镇企业体制灵活，社会负担轻，生产成本低，竞争力比较强，企业利润丰厚，这一时期乡镇企业职工收入普遍高于城市职工收入。但随着各地乡镇企业的遍地开花，市场竞争渐趋激烈，普遍面临管理能力、技术能力不足问题。苏南由于是老工业基地，基础雄厚，人力资本充裕，乡镇企业中头脑灵活的经营管理者就到上海与苏南的科研院所、国营企业取经，来往密切后就邀请国营企业退休干部、工程师做企业顾问，并开出高额报酬。乡镇灵活的用工机制与高额的报酬也吸引了苏南与上海城市技术管理人员下乡。这个办法被长三角其他乡镇企业仿效，成为引起国家关注的"星期日工程师"现象。这一时期，乡镇企业作为主体吸引了该地区城市人才、技术、管理、资金等生产要素下乡，实现了乡镇企业的大发展，成为改革开放后城市生产要素下乡的第一波高潮。

20世纪90年代邓小平南方谈话后改革开放进入新阶段，国有企业改革不断深入，沿海、沿江、沿边开放不断扩大，外商投资增加，经济短缺问题逐渐解决。乡镇企业由于存在产权不明晰，政企不分，规模不经济，技术、管理水平低，交通区位较差，污染严重等问题，逐渐被市场淘汰，大规模倒闭或转制。而农村联产承包责任制改革红利也逐渐被释放完毕，小农经济局限明显，农民收入增长缓慢，城乡差距又开始不断扩大，从1984年到2002年，中国城乡收入比从1.82扩大到2.89。大批农民开始离开乡村入城打工，导致城乡人口过度流动，粮食生产开始徘徊，而城市交通、住房、教育、公共卫生设施都不堪重负，社会治安出现恶化。要维护国家粮食安全，减轻城市压力，政府就必须提高农民收入，缩小城乡收入差距。而要提高农民收入，就必须整合小农经济，提高其市场地位，延长农业产业链，增加农业附加值。农业龙头企业由于能够有效整合农业资源，通过订单生产将小农组织起来，实现规模经济，提升小农市场地位，降低小农生产成本，提高农产品销售价格。通过统一管理，标准化生产提高农产品质量，增强农产品竞争力，实现优质优价；通过延长农业产业链，打造品牌，提高农业附加值，增加农民收入和地方税收。因此，工商资本下乡得到各地政府的大力支持，发展迅速。

东南亚金融危机后，国家以农村投资拉动内需的政策与城市愿意下乡的产业资本相契合，资本下乡更获得了空前的政策支持。1998年的"农业产业化"政策，2000年"鼓励公司带动农户的农业产业化经营"，2001年"引导工商企业、投资企业从事产前产后和'四荒'资源开发，有序流转农村土地"政策不断拓宽了资本下乡路径，实现了工商资本对农业生产全流程介入，掀起了改革开放后城市生产要素下乡的第二波高潮。

对粮食安全的担心使中国制定了严格的土地保护政策，即18亿亩耕地红线与15.6亿亩基本农田保护。严厉的土地保护政策与僵化的城市建设用地指标政策导致许多省份城市化、工业化用地紧缺，制约了这些地方的发展。为解决这个问题，从20世纪90年代后期开始，一些地方相继采取建设用地置换、周转和土地整理折抵等办法，盘活城乡存量建设用地，解决城镇和工业园区建设用地不足。为了引导城乡建设集中、集约用地，解决小城镇发展用地指标问题，2000年6月中共中央国务院《关于促进小城镇健康发展的若干意见》（中发〔2000〕11号）提出，"对以迁村并点和土地整理等方式进行小城镇建设的，可在建设用地计划中予以适当支持"。根据中央政府精神，各地为获得新增城市建设用地，进行了各种模式的城乡建设用地增减挂钩实践，其中比较著名的有浙江土地发展权交易、成都与重庆的地票制度、嘉兴的两分两换制度、天津的宅基地换房制度。尽管具体操作方式与范围有差别，但基本内涵一致，即依据土地利用总体规划，将若干拟整理复垦为耕地的农村建设用地地块（即拆旧地块）和拟用于城镇建设的地块（即建新地块）等面积共同组成建新拆旧项目区（以下简称项目区），通过建新拆旧和土地整理复垦等措施，在保证项目区内各类土地面积平衡的基础上，最终实现建设用地总量不增加，耕地面积不减少，质量不降低，城乡用地布局更合理的目标。城乡建设用地增减挂钩政策一般与合村并居政策，中心村、中心镇建设整合在一起打包实施，主要包括旧村拆迁、土地整治、宅基地复垦、中心村建设、补充耕地整理等内容。这些工程项目需要大量资本投入，政府资源有限，急需寻找财力雄厚的合作者。土地用途的改变使农地价值暴涨，利润丰厚，工商资本参与意愿强烈。这样，地方政府与工商资本合作推动了城乡建设用地增减挂钩政策的全面实施，在推动这些地区工业化、城市化快速发展，农业现代化快速转型的同时，实现了美丽乡村建设，提高了农民收入，缩小了城乡差距、地区差距。为突破城市建设用地指标限制而实施的城乡建设用地增减挂钩政策推动了改革开放后城市生产要素下乡的第三波浪潮。

然而，城乡建设用地增减挂钩政策实施范围有限，对乡村发展影响有限，并且副作用比较大，容易出现强拆、农民"被上楼"、利益受损、耕地占优补劣、占多补少、占而不补、破坏生态等问题，因此自2009年后国土资源部收紧该项政策。农业龙头企业下乡对农民增收作用有限，且副作用却不少，如农地非农化问题突出，严重威胁国家粮食安全；对农民就业形成挤出效应，影响社会稳定；转嫁经营风险，损害农民利益；套取政府补贴，浪费耕地资源等，导致中央政府对资本下乡态度逐渐谨慎，对农业龙头企业的发展限制越来越多。随着城乡差距继续扩大，乡村人口继续流出，乡村空心化问题恶化，老人农业蔓延，半城市化人口规模不断膨胀，粮食总产量自1998年后连续5年下降，城乡发展失衡严重威胁国家粮食安全与社会稳定。在这种背景下，中央政府开始调整"三农"政策，通过农业税费减免、义务教育的铺开、农村合作医疗体制的建设，减轻农民负担，通过提高粮食收购价格、设立最低保护价，对农民种地提高各种补贴，建立农民基本养老金制度提高农民收入。同时，中央政府从2006年开始推出了新农村建设，在之后的10年里国家向农村进行了平均每年1万亿元的财政转移支付，中国98%的行政村实现了"路通、电通、水通、网络通、电话通"。政府通过大量财政转移支付对农村基础设施与公共服务进行了投资，改善了农村生产、生活条件，缩小了城乡基础设施与公共服务差距，吸引了城市生产要素下乡。鉴于农业龙头企业负面影响较多，农民合作社由于能够通过合作实现规模经济，通过一人一票原则防止大资本对合作经济决策权的控制，通过对资本报酬的严格限制防止大资本对经济利润的过度攫取，通过坚持按惠顾额分配原则使交易产生的经济利润充分内部化，保护社员利益，既具有农业龙头企业的优点又规避了其缺点，逐步取代农业龙头企业成为中国政府重点培育对象，发展迅速。到2015年中国农民合作社数量已达147.9万家，入社农户9997万户，覆盖全国41.7%的农户，实现了跨越式发展。但由于小农经营规模过小，既缺乏合作的能力也缺乏合作的动力，因此，农民合作社实际上绝大部分依然由下乡工商资本控制，成为城市生产要素下乡的载体。新农村建设对乡村基础设施的完善，也推动了电子商务下乡，催生了大批淘宝村的出现，带动了农村工业化，复兴了农村手工业，加快了农产品上行，节约了流通成本，增加了农民收入，提高了农民生活质量，缩小了城乡差距。新农村建设的巨大投资，也带动了工商资本下乡积极投身农村基础设施与公共服务建设。而乡村生产、生活条件的改善也吸引城市人力资本下乡发展现代农业，参与乡村治理，出现新农人群体，新乡贤群体。城市人力资本下乡，农民工、农村大学生返乡又吸引了城市教育资源下乡进行职业农民培训。新型农业经营主体的发展，农业现代化转型的加快也吸引了城市科技机构下乡进行农技推广。新农村建设对乡村的大规模资源反哺激活了各类城市生产要素下乡，全方位地参与乡村建设，并形成互补关系，使乡村发展进入良性循环，维护了国家粮食安全，缩小了城乡差距，缓解了社会危机。为逆转城乡差距不断扩大趋势而进行的新农村建设促进了城市生产要素全面下乡，掀起了城市生产要素下乡的第四次高潮。

尽管新农村建设有效扭转了城乡差距不断扩大的趋势，到2015年，城乡收入比已经从2009年的3.33下降到2.89，维护了国家粮食安全，到2015年，中国粮食产量从2003年43069.5万吨增长到62144万吨。但城乡差距依然在高位固化，乡村人口依然过度流出，粮食进口不断增加，粮食自给率不断降低。老人农业恶化使农业面临后继无人的窘境，只有进一步引进城市生产要素下乡，加速农业现代化转型，才能提高农业生产率，确保国家粮食安全。但要实现城市生产要素下乡目标，一方面应该对城市生产要素特别是工商资本下乡进行准入限制，加强监管，以防止其非粮化，非农化对粮食安全的影响，保障小农利益。另一方面应该为城市生产要素下乡创造更好的生产、生活条件，吸引工商资本下乡。因此从总体上，中央政府积极鼓励城市生产要素特别是工商资本下乡，自2013年中央一号文件首提"鼓励和引导城市工商资本到农村发展适合企业化经营的种养业"后，此后连续八年的中央一号文件都明确提及鼓励工商资本下乡，从起初鼓励投资种养业到党的十九大后提出鼓励投资农业"全产业链"，促进"三产融合"发展。但对于工商资本投资领域、投资资质、投资过程进行全方位监管，以尽量减轻其负面作用；同时，对于工商资本投资农业方式更倾向于家庭农场模式。由于中国现实国情，小农经济依然居于绝对主导地位，缺乏合作动力与能力，导致农民合作社建设发展过于超前，基础不牢，依靠政府强力推动的农民合作社大跃进必然导致形式化严重，资源大量浪费，存在严重的假合作、空壳化、大农吃小农问题。适度规模的家庭农场适合农业自身特点效率较高，既可以缓解老人农业压力，维护粮食供应安全，又可以保障农民就业机会，增加农民收入，为农民合作社的发展创造条件，比较适合中国国情，因此中国政府于2013年提出大力发展家庭农场的决定。然而，由于土地制度改革滞后，加上耕地缺乏整理，城乡收入、基础设施、公共服务差距依然比较大，导致家庭农场发展缓慢，到2015年末，中国县级以上农业部门登记的家庭农场数量才34万户，并且很多是以套取国家补贴为目的的挂牌农场或翻牌农场，相对于1亿多的小农，这个比例太低，难以实现政府现代农业发展目标。新型农业经营主体发展缓慢，老人农业逐步衰落，导致粮食安全问题恶化，为维护粮食安全，中央政府积极鼓励农业生产社会化服务体系发展，鼓励工商资本投资农业生产社会化服务业，以提高小农经济、兼业农业、老人农业生产效率。因此，在这一阶段，粮食总产量增长缓慢，进口规模不断扩大，粮食安全问题更加严峻。体制改革滞后与过于保守的农业发展政策导致城市生产要素下乡遭遇瓶颈，进入低速增长阶段。

改革开放后，城市生产要素下乡经历了四个高潮。随着时间推移，城市生产要素下乡的规模也必将越来越大，领域越来越多，政府对城市生产要素下乡的态度越来越支持，城乡要素的双向流动越来越频繁。但近几年来，农地制度改革滞后，农业经济体制改革的保守化已严重影响城市生产要素下乡，不利于国家的粮食安全与社会稳定。只有加快农地制度改革，继续改善农村生产、生活条件，消除城乡生产要素自由流动的障碍，才能加快农业现代化转型，缩小城乡差距，实现乡村振兴目标。

三、城市生产要素下乡的主要类型与形式

城市生产要素下乡主要从政府支农资金、工商资本、人力资本、科技与教育、电子商务等五方面展开。

1. 政府支农资金下乡的主要形式

由于"三农"问题关系到国家粮食安全与社会稳定，中国现代化赶超战略的成败，因此乡村振兴成为国家基本战略。在乡村内生发展动力严重不

足，城市非政府生产要素下乡条件较差的情况下，政府的支农资金转移支付对于提高乡村内生发展能力，改善城市非政府生产要素下乡条件就具有重要意义。本书之所以将政府支农资金看作城市生产要素下乡的一种主要形式，主要考虑到自2006年农业税费全面免除后，农业税收入基本没有，乡村工商业税费收入也非常有限，如果不考虑消费税问题，政府支农资金的主要收入来源于城市工商业税收，是以工补农、以城补乡的主要形式，属于城市生产要素间接下乡的重要渠道。从2004年到2018年，政府的支农资金转移支付规模从2337.63亿元增长到20781.56亿元，增长了近8.9倍，成为乡村发展的最重要资源。政府支农资金转移支付的不断增加有效提高了农民收入，缩小了城乡差距，改善了乡村生产、生活条件，吸引力城市生产要素下乡，增强了乡村内生发展能力。

政府支农资金下乡一般有三种方式：（1）经常项目方式。这类支农资金下乡主要通过政府间财政转移支付进行，具有常规性、非竞争性特点。包括对基层政府办公经费的常规支出，以保证基层政府工作人员基本工资、福利的正常发放，办公经费的开支，部门的正常运转；也包括教育、医疗、社会保障等公共服务开支，以保障基本社会公共服务的提供；还包括对农业的各项常规补贴，包括种粮直补、农资综合补、最低粮食收购价等普惠式农业补贴。（2）竞争性项目方式。这类支农资金下乡也主要依靠政府间财政转移支付进行，具有非常规性、竞争性、非连续性特点，部分需要地方配套资金。包括新农村建设，乡村振兴战略推出的各类基础设施建设项目，公共服务建设项目；也包括城乡建设用地指标政策推动的耕地整理、宅基地复垦、中心村、中心镇建设项目、各村并居项目、精准扶贫项目等。这是国家项目制政策的主要内容。（3）政策性项目方式。这类支农资金下乡也主要依靠各部委财政转移支付资金进行，具有非常规性、经常性、有限竞争特点。获得这些财政转移支付资金需要满足一定条件，如农业龙头企业补贴、农民合作社补贴、家庭农场补贴。还有一些专项补贴，为一定目标设定，也有限定条件，如良种补贴、农机补贴、目标价格补贴、生态保护补贴、农业保险补贴、职业农民培训补贴、高新技术推广补贴、小额贷款补贴等。

2. 工商资本下乡的主要形式

工商资本指工业资本和商业资本，换言之，即从事工商业所赚取的资本。工业资本指广义的产业资本，包括所有从事第二产业的资本，商业资本指广义的服务业资本，包括所有从事第三产业的资本，而不仅仅指流通业资本。工商资本是最重要的城市生产要素，工商资本下乡是生产要素的综合性下乡，一般来说，工商资本下乡包括工商资本的所有人及与工商资本连接在一起的其他人力资本、物质资本以及与工商资本联系在一起的管理能力、技术能力、文化资本的下乡。因此，工商资本下乡不仅仅是资本下乡，还包括其他要素下乡，它们是皮与毛的关系，相互制约，相互依存，没有其他要素协同下乡，工商资本下乡作用有限，没有工商资本下乡，其他要素则缺乏下乡的载体。

工商资本下乡主要通过直接投资的方式下乡：一种是独立下乡。它不依赖于其他利益主体的协作，独立经营，自负盈亏，包括独立的家庭农场、农业企业、农业公司、农业生产社会化服务企业。一种是合作下乡。它是农业生产依赖于其他利益主体的协作，合作经营，盈亏共担。合作主体可以是政府部门、农民合作社、家庭农场、小农，也可以是政府成立的第三方机构、农业科研院所。合作方式多样，可以是公司＋农户，公司＋基地＋农户，也可以是公司＋科研院所＋农户，公司＋农民合作社＋农户，公司＋基地＋合作社＋农户等。也有部分工商资本下乡通过非直接投资的方式下乡，如通过合资，购买农业公司股票参股等方式下乡。工商资本投资农业主要有四个领域：一是农村基础设施建设。包括城乡建设用地增减挂钩政策，新农村建设，乡村振兴战略的各项农业基础设施建设工程与民生工程、中心村与中心镇建设、合村并居项目与耕地整理等。

二是农业生产领域。包括粮食生产，新型农业经营主体培育，各类农副产品生产，农产品加工，乡村旅游业以及六次产业融合等，这些都涉及最终产品产出。三是农业生产社会化服务业。随着农业分工细化，专业化越来越强，规模经济越来越明显，农业的产前、产中、产后服务逐步独立出来，形成农业生产社会化服务产业，成为工商资本投资热门领域，包括农资销售、农业病虫害防治、防疫免疫、机械化耕种、收割、粮食烘干、耕地托管等服务。四是农村公共服务领域。在教育、医疗、养老等领域，政府资源有限使农村公共服务供给严重不足，效率低下，工商资本可以补充政府缺口，有偿提供部分公共服务，或通过政府招标以公有民营方式提供服务。

3. 人力资本下乡的主要形式

人是最重要的生产力，是生产的主体，具有能动性，人的综合素质越高，生产能力也越高。当前中国农村的衰败主要原因不是人力资源的短缺，因为低素质劳动力支持的小农经济生产效率低迟早会衰落，而是人力资本的短缺，即缺乏高素质的劳动力，导致农业现代化转型缓慢，粮食安全问题恶化。要增加农村人力资本，一是可以对留守农民进行教育、培训，提高他们的综合素质，这也是很多农经学者的看法，但这种看法明显脱离中国实际。由于长期的精英外流，农村青壮年基本流失殆尽，"386199部队"占主导地位，很多地方务农农民平均年龄已经超过60岁，务农农民平均年龄过大不利于接受新事物，也不太愿意接受新事物，农业职业技术教育的意义有限。即使留守农村的专业大户，也普遍文化水平较低，管理能力有限，与外部接触有限，眼界有限，社会资本匮乏，不仅数量少，年龄也偏大，难以承担农业现代化重任。另一种是积极引进城市人力资本下乡，补充农村人力资本缺口，在比较优势的基础上逐步实现城乡人力资源自由流动。这种做法比较符合实际，未来的农业是现代农业，规模化、集约化、产业化水平较高，分工细化，对资本、技术、管理能力要求比较高，传统农民往往难以胜任，新型知识型农民才能承担，必须从城市引进高素质的人力资本才能补充农村人力资本缺口，传统农民比较适合城市普通劳务和简单流水线工作，城乡人力资源双向自由流动可以发挥各自比较优势，实现人力资源的优化配置。

城市人力资本下乡应该包括工商资本家下乡、入城农村大学生返乡、城市白领与精英下乡、新乡贤下乡。工商资本家资本雄厚，社会关系广，管理能力与资源整合能力强，是农业龙头企业、农民合作社、农业生产社会化服务企业的主要经营者。入城农村大学生知识层次比较高，见识比较广，与外界联系比较多，能接受新思想、新技术、新方法，但资本普遍比较匮乏，社会关系不广，他们比较青睐规模不大，但附加值较高的特色农业、养殖业、农产品流通业，是家庭农场与农村电商的重要经营者。城市白领与精英普遍文化水平比较高，管理能力、专业能力都比较强，具有一定的经济实力，社会关系较广，懂得城市消费者心理，是创意农业、休闲农业、乡村旅游业的主要经营者。新乡贤是离乡创业成功的各领域精英，拥有较多的物质资本、人力资本、技术资本、社会资本、文化资本，新乡贤下乡对乡村自治完善、经济发展、文化传承、社会整合、慈善事业都具有重要意义。人力资本下乡包括户籍、家庭社会关系全部迁移到农村的刚性下乡，也包括户籍、家庭、社会关系依然保留在城市，但主要工作地点在农村的柔性下乡。

4. 科技与教育下乡的主要形式

科学技术是第一生产力，是农业现代化的基础，教育是科学技术的孵化器，也是人力资本提升的基本手段，因此，科技与教育下乡对于农民素质的提高，农业现代化的转型具有重要意义。科学技术下乡主要通过农技推广实现，教育下乡主要通过对农民进行职业技术教育实现。

农技推广主要有四种方式：一是基层政府组建的农技推广体系，是最重要的农技推广方式，主要依靠政府财政拨款维持，基本覆盖所有乡镇，满足农业基本的技术需求，但由于管理体制不顺，功能定位不清，投入不足，导致基层农技推广体系既缺乏农技推广的能力也缺乏农技推广的动力，效率较低。二是市场化的农技推广体系，主要由市场经营主体提供，包括农业龙头企业、农业专业合作社、农资销售企业、农业生产社会服务化企业、农业专业技术协会，由于与技术推广有切身利益关系，它们既有农技推广的能力也有农技推广的动力，效率较高。三是半市场化的农技推广体系，包括各类农业科研院所、高等教育机构，这些事业单位有产学研、农科教一体化的动力与压力，有将知识产权市场化获得报酬的动力，因此对农技推广有一定积极性，但需要激励，引导它们走出舒适区，积极参与农技推广。四是社会力量进行的农技推广，它们由社会公益力量组织，如长兴蜜蜂研究所由个人组建，免费向全国养蜂爱好者提供养蜂技术，安吉白茶协会免费向贵州等省份提供白茶种植、采制技术，进行异地扶贫。教育下乡既包括政府公办的教育机构送教下乡，也包括私立教育机构送教下乡；既包括国民教育下乡，也包括职业技术教育下乡；既包括全日制学历教育下乡，也包括非全日制非学历教育下乡。

5. 电子商务下乡的主要形式

电子商务是以信息网络技术为手段，以商品交换为中心的商务活动，是传统商业活动各环节的电子化、网络化、信息化。电子商务可以实现海量信息的瞬时对接，提高匹配效率，节省搜寻成本，减少流通渠道，节约流通成本，通过长尾效应实现更多的规模经济，降低生产成本。由于电子商务创业成本低，可以大幅降低交易成本、物流成本、生产成本，减少信息不对称，帮助消费者节省开支，生产者增加收入，因此获得快速发展。乡村基础设施的不断完善，利于电子商务下乡。电子商务下乡有效提高了农民消费水平，节省了农民消费支出，扩大了农产品销售市场，增加了农民收入，实现了部分农村地区的工业化，激活了沿海农村产业集群，复兴了当地乡村手工业。

当前电子商务下乡主要有三种形式：一是工业品下行。由于工业品规模经济明显，标准化水平高，易于包装、运输、储藏，不易腐烂贬值，因此下乡比较顺利，成为农村电子商务最主要业务。二是农村工业品上行。电子商务导致区域相对生产成本发生变化，在城市边缘地区出现新的日用消费品产业集群，也使原有的产业集群获得新的规模经济，焕发出新的生机。同时，一批濒临失传的民间手工艺产品由于电子商务的长尾效应扩大市场规模，重新获得新生。三是农产品上行。农产品上行对于提高农民收入，发展乡村产业，实现乡村振兴意义重大，成为各地政府发展重点。但由于农产品规模化，产业化水平低，导致标准化水平低，质量难以保证，加上价格便宜，容易腐烂变质，不好储藏运输，导致上行困难，增长速度比较慢。对于农产品上行，当前有三种模式，一是自发市场模式，基于产品特色，易于上行，以临安白牛村模式为代表，主要销售山核桃。二是政府主导模式，以丽水遂昌模式为代表，政府主要搭建平台，通过将工业品下行，农产品上行，政府服务渠道融合，实现规模经济。三是服务商辅助模式，以河南孟津模式为代表，主要通过专业电商团队进行电商辅导、孵化，逐步打造传统手工艺产品集群。

四、城市生产要素下乡的现状与发展趋势

自2006年新农村建设战略提出以来，在政府相关政策的支持与引导下，城市生产要素下乡的类型越来越多，形式越来越多样，规模越来越大，有效促进了乡村振兴目标的实现。在政府以工补农，以城带乡政策指引下，国家财政支农投入规模不断增加，从2004年的2337.63亿元增加到2018年的20781.56亿元，增长了近7.9倍，年平均增长速度达到15.68%。此外，还有大量土地出让金被用于"三农"支出，仅仅2013—2018年，土地出让金用于农

业农村支出就达到1.85万亿元。而据农业农村部初步统计，截至2019年，资本下乡主体超过15万家，累计投资额超过2万亿元。考虑到城市资本下乡与人力资本下乡经常紧密结合在一起，新型农业经营主体主要由城市下乡生产要素创立，实际下乡资本数额应该更大。截至2018年，返乡创新创业的农民工，大中专学生，农业科技人员，退伍军人累计达780万人。截至2017年，经过政府职业农民培训，认定的职业农民数量已经达到1500万人。城市下乡人力资本与职业农民培育为新型农业经营主体成长提供了人力资本支持，加上政府的新型农业经营主体培育政策引导，到2020年，全国共有农业企业数量达15万家，有家庭农场60多万家，农民专业合作社220万家，有一半左右的农户成为合作社成员。截至2020年，仅仅淘宝村就覆盖到全国28个省（自治区、直辖市），数量达到5425个，约占全国行政村总数的1%。淘宝镇覆盖到27个省（自治区、直辖市），数量达到1756个，约占全国乡镇总数的5.8%。淘宝村、镇网店年交易额超过1万亿元，活跃网店296万个，创造了828万个就业机会。经过多年探索，全国各地也基本构建了多元化的农技推广体系，有效提高了农业科技的研发与推广效果。

　　城市生产要素下乡有效提高了中国农业生产力，保障了国家粮食安全，提高了农民收入，缩小了城乡差距，改善了乡村生产、生活条件，维护了社会稳定。自2003年以来中国粮食总产量已经增长了55.4%，已经连续6年粮食总产量保持在1.3万亿斤以上，基本维护了国家主粮供应安全。中国农业科技进步贡献率已经超过60%，主要农作物良种基本实现全覆盖，耕种收综合机械化率达到71%，农作物化肥农药施用量连续4年负增长，农业现代化水平稳步提高。农村贫困人口已经全部脱贫，消除了绝对贫困和区域性整体贫困问题。农民收入增速连续11年快于城镇居民，城乡居民收入差距由最高点2009年的3.33：1缩小到2020年的2.56：1。农村基础设施不断完善，到2019年底，具备条件的乡镇和建制村基本实现道路硬化，获得稳定可靠的供电服务，实现通邮，97%的乡镇有了快递网点。到2020年9月，通光纤和4G的农村已达98%以上。高标准农田建设成效显著，已经完成8亿亩旱涝保收、高产稳产的高标准农田建设任务。国家良种生产保障能力显著提升，自主选育品种面积超过95%。农业机械化全面发展，农作物耕种收机械化率超过70%，畜牧养殖和水产养殖机械化率分别达到34%和30%。畜牧水产养殖设施加快升级改造，畜禽养殖规模化率达64.5%，规模养殖场粪污处理设施装备配套率达93%，奶牛规模养殖比重达64%。农村人居环境不断改善，到2020年6月底，80%以上的农村人口喝上了自来水；全国100%建档立卡贫困户均已实现住房安全保障；95%以上的村庄开展了清洁活动，村容村貌明显改善；农村卫生厕所普及率超过65%；生活垃圾收运处置体系覆盖90%以上行政村。城乡差距的不断缩小，乡村生产、生活条件的改善有利于社会稳定。

但中国乡村振兴依然任重道远。自2015年以来，中国的粮食总产量6年才增长1.3%，其中有2年出现负增长，增速缓且很不稳定。自2014年以来，中国的粮食进口量连续7年高于1亿吨，2020年更突破1.4亿吨，粮食自给率已经低于80%。土地制度改革滞后使土地流转缓慢，新型农业经营主体发育迟缓，2012—2014年土地流转面积占家庭经营总面积的比重每年递增4%以上，2016年以后增幅下降至2%以下，近两年土地流转基本停滞，一些新型农业经营主体甚至退还流转土地。根据第三次全国农业普查数据，截至2016年底，在20743万农业经营户中，只有398万规模农业经营户，仅占1.9%，并没有实现规模经营的目标。新型农业经营主体发展受阻必然影响农业生产，不利于粮食安全。自2015年以来，城乡收入差距基本高位固化，远高于世界普遍水平，考虑到精准扶贫已告一段落，经济新常态的到来，农民工工资增长已经进入中低速增长阶段，城乡收入差距继续缩小可能更为困难，如果再考虑到城乡居民财富收入差距，基础设施与公共服务差距，实际的城乡差距可能更大。尽管城乡建设用地增减挂钩政策，新农村建设有效改善了农村生产、生活条件，但由于耕地细碎化，产权不清晰，加上丘陵、山区占比过高，导致农业基础设施建设投资依然不足，耕地抛荒、弃耕面积不断扩大，老人农业面临后继无人窘境。中西部乡村则由于居住过于分散，人口过度流失缺乏规模经济，导致基础设施投资昂贵且效益较差，公共服务难以维持，中小学撤并，村医大量流失，生活服务大量退出，降低农民生活质量，使乡村空心化加剧，形成恶性循环。

因此，要维护国家粮食安全与社会稳定，实现可持续发展，中国就必须进一步加码乡村振兴投入。鉴于中国乡村严重缺乏内生发展能力，只有继续大力引进城市生产要素下乡才能有效补充乡村发展资源缺口，实现乡村振兴目标。因此，未来政府应该继续增加"三农"支出，引入市场竞争机制提高

"三农"支出效率，通过土地整理，合村并居改善乡村基础设施与公共服务，使乡村宜居、宜业，这样才能留住中坚农民，吸引城市生产要素下乡。政府也应该加快农村土地制度改革，降低城市工商资本下乡的交易成本与经营风险，加快新型农业经营主体发展，同时加强对工商资本的准入限制与监管，引导它们向农业生产社会化服务业，农产品加工业，乡村旅游业等适宜领域发展，减少它们的负面作用。政府也应积极创造条件，制定优惠政策鼓励城市诸生产要素下乡，形成协同效应，发展农村产业，提高农民收入，加快中国农业现代化转型。当前部分学者与政府官员过度渲染工商资本下乡的负面作用，夸大小农经济的韧性，对城市生产要素下乡过于谨慎，反对新型农业经营主体发展，主张重新将小农经济作为中国农业现代化的主要载体，有些偏离改革开放后确立的农业现代化轨道。随着刘易斯拐点在中国到来，中国小农经济由于固有缺陷已丧失竞争力，只有继续积极引进城市生产要素下乡，加快土地流转，培育新型农业经营主体，深化农业分工，构建农业生产社会化服务体系，才能有效提高农业生产力，维护国家粮食安全，缩小城乡差距，实现城乡一体化发展目标。

第二章　政府支农资金下乡专题研究

乡村发展资源的长期单向流出导致乡村空心化严重，缺乏内生发展能力，必须依靠政府的财政转移支付才能补充乡村发展资源缺口，提高农民收入，缩小城乡差距，改善乡村生产、生活条件，为其他城市生产要素下乡创造条件。2018年，中国政府"三农"支出已超过2万亿达20789亿元，考虑到2018年中国农业总产值才6.14万亿元的现实，中国政府的"三农"支出已达到农业总产值的1/3左右，远超过工商资本投入规模。因此，政府支农资金下乡对乡村振兴战略的实现具有非常重要的意义。本章主要讨论了三个问题，一是从宏观角度对乡村振兴战略的顶层设计进行了探讨，进一步厘清了乡村振兴的条件、对象、目标与动力，使乡村振兴战略目标更加精准，投资效率更高，效果更好。二是从中观角度对政府支农资金下乡的主要方式项目制进行了探讨，对它的作用，存在的问题与完善对策进行了研究。三是从微观角度对合村并居问题进行了探讨，指出适当的集中居住可以实现基础设施与公共服务的规模经济，提高政府资金利用效率与农民生活质量，复兴农村社区，使乡村振兴战略获得有效载体。

第一节　落实乡村振兴战略应先厘清五大问题

自2017年党的十九大报告提出乡村振兴战略以来，各地政府纷纷响应党的号召掀起了新的乡村建设高潮，有效改善了农民生产与生活条件，加速了农业现代化转型，缩小了城乡差距，初步扭转了乡村衰败趋势。但由于部分地区对乡村振兴的条件、对象、目标、动力缺乏清醒认识，导致乡村振兴对象失准，目标错位，动力不足，政策缺乏协调性，规划滞后，造成乡村振兴资源严重浪费，效果不佳。只有进一步厘清乡村振兴的条件、对象、目标与动力，做好乡村振兴的顶层设计，才能有效提高乡村振兴效果，顺利实现乡村振兴目标。

一、乡村能自己实现振兴目标吗?

在当前的乡村振兴实践中存在着一些错误认识，有些人认为乡村振兴就是要发展乡村，留住乡村人口，扭转乡村衰败趋势；有些人认为只要不断增加农业生产投入，培训职业农民，就能顺利实现乡村振兴目标；还有些人认为应阻止城市生产要素下乡，以避免它们剥削农民，与民争利，乡村应该依靠自身力量实现振兴目标。这些观点都片面地看待乡村发展，认为乡村能自己实现振兴目标，忽视乡村发展对城市化、工业化，政府反哺资源，城市生产要素下乡的依赖，导致这些地区的乡村振兴战略误入歧途，效果不佳。

首先，乡村振兴离不开工业化、城市化的拉动。对于中国这样人均耕地面积过小，乡村人口严重过剩的后发工业化国家，已经没有大规模海外移民机会，只能通过工业化，城市化逐步吸收乡村过剩人口，扩大家均耕地面积，才能提高农民收入，缩小城乡收入差距，这也是二元结构理论的主要观点。因此，对于中国来说，工业化与城市化水平决定了中国乡村发展水平。在2003年以前，由于中国乡村劳动力严重过剩，导致农民工工资长期停滞，城乡收入差距不断扩大，到2003年已达3.23倍，但随着2003年后乡村剩余劳动力的逐渐枯竭，刘易斯拐点的到来，农民工工资从2006年起开始快速上涨，加上新农村建设的实施，农业税费的免除，使城乡收入差距逐步缩小，到2017年下降到2.71倍。要进一步缩小城乡差距，提高农民收入，还必须依靠工业化，城市化水平的继续提高，才能继续减少农民，增加农均耕地面积。当前中国乡村常住人口比例达40.42%，远高于发达国家的2% ～ 6%，也远高于中国农业产值占GDP 7.2%的比例。

乡村人口过多导致中国农户家均耕地面积不到日本的1/2，美国的1/50，严重制约了农民收入的提高。只有继续提高中国工业化和城市化水平，减少乡村人口，才能逐步增加农户家均耕地面积，提高农民收入。因此，对于当前的中国来说，城市化与工业化还是重点，脱离城市化与工业化的乡村振兴战略既不现实也缺乏可行性。

其次，乡村振兴需要政府支持创造基本条件。认为仅仅依靠对农业的大规模投资，对新型职业农民的大力培训就能培育大量新型农业经营主体，实现农业现代化转型与乡村振兴的想法过于理想化。当前，中国乡村人口过度流失、空心化严重的主要原因不仅仅在于城乡收入差距过大，也在于城乡基础设施，公共服务差距过大，耕地缺乏整理导致的机械化、规模化经营困难。在东北三江平原地区，由于地广人稀，农户家均耕地面积普遍在300～500亩，年纯收入在30万～50万元，远高于当地市民人均收入，但由于城乡在教育、医疗、养老等公共服务上差距巨大，再加上城乡生活服务，社会保障差距较大，导致当地大量青年农民流失，老人农业面临后继无人的窘境。在全国城乡差距最小，经济发达，美丽乡村建设搞得比较好的浙北地区，尽管乡镇工业园区提供了充足的兼业机会，乡村旅游、农业产业化搞得也比较好，乡村宜居宜业，但依然难以留住青年农民，主要还是城乡公共服务，生活服务差距太大。而国内面积广大的丘陵、山区，由于耕地缺乏整理，农业基础设施不完善，很难实现机械化，规模化耕作，导致农民大量流失，耕地大量抛荒、弃耕。如果不解决城乡之间巨大的基础设施、公共服务差距，不对面积广大的丘陵、山区耕地进行整理，就无法留住农民，新型职业农民的培训就失去意义。但无论是城乡公共服务的均等化，还是社会保障的一体化，或是大规模的耕地整理，都需要大量投资，乡村集体财务普遍不佳，无力进行投资，只能通过政府大规模的财政转移支付才能实现这些目标。因此，离开政府对乡村基础设施、公共服务建设，耕地整理的财政支持，乡村振兴就缺乏基本条件。

最后，乡村振兴需要城乡生产要素自由流动。政府只能对乡村公共投资提供转移支付，通过产业政策，价格政策对农业生产进行调节，并不能取代农业经营主体的作用，乡村振兴最终还需依靠充满活力的新型农业经营主体来实现。但从当前的乡村现实看，城乡差距过大且固化已经导致乡村精英大批流失，留下的农民大部分是老、弱、病、残，他们即使在乡村也属于生产力较低的群体，既缺乏物质资本、人力资本、社会资本，也缺乏管理能力和学习能力，难以培育成新型农业经营主体。考虑到未来农业是机械化、信息化、生态化、规模化，一、二、三产业融合发展的现代农业，对经营者的资本、技术、管理与学习能力要求较高，非乡村留守农民可以承担，必须引导城市生产要素下乡，让高素质的城市投资者和返乡农民工承担起新型农业发展的重任。只有让城乡生产要素自由流动，发挥各自比较优势，才能实现城乡资源的优化配置，加速新型农业经营主体的培育。但要实现城乡生产要素的自由流动，政府就必须尽快废除城乡二元户籍体制，缩小城乡基础设施、公共服务差距，实现城乡社会保障一体化，并加快土地制度改革，放松城市居民到乡村流转土地、宅基地的限制。

二、是否所有的乡村都值得振兴？

当前中国乡村振兴实践中还存在另一种错误倾向，即不加分别地对所有乡村进行振兴，不考虑中国城市化现状，也不考虑不同乡村的发展趋势，导致大量乡村振兴资源被浪费或被低效利用。中国2018年的城市化率才59.58%，远低于日本的93.02%，韩国的91.04%，也远低于发达国家普遍的80%以上，如果再考虑到中国户籍人口城市化率才40%左右，中国的城市化还有很长一段路要走，在这个过程中将会有大批农民转移到城市，乡村人口将会继续大幅减少，这是经济发展的客观规律，对这些村庄的基础设施、公共服务投入过多无疑会被浪费掉。因此，要提高乡村振兴资源的利用效率，政府就必须对乡村进行分类，放弃那些必然会消失的村庄，振兴那些可持续发展的村庄。那么，哪些村庄具有可持续发展潜力，衡量标准是什么？

一般来说，影响一个村庄发展的因素主要有三：一是区位，包括经济区位和交通区位，经济区位指村庄所在地区的经济发展状况，村庄离地区经济中心的距离。一般来说，村庄所在的地区经济越发达，离地区经济中心越近，村庄工业化越普遍，村民非农就业，兼业机会越多，农业产业化水平越高，乡村社区越完整，基础设施、公共服务越完善，村民内聚力越强，这些乡村可持续发展能力越强，珠三角、长三角、大城市郊区的很多乡村基本属于这种情况。如果村庄所在的地区经济落后，离地区经济中心较远，农民的非农就业与兼业机会就越少，农业产业化水平就越低，农民跨省就业比较普遍，这些地区乡村空心化比较严重，基础设施、公共服务匮乏，农民离心力比较强，村庄可持续发展能力弱，中西部、东北的很多乡村就是这种情况。交通区位指村庄离铁路、公路、航空、水运枢纽的距离，距离越近交通区位越好，越有利于村庄发展，相反，交通区位越差越不利于村庄发展。二是资源，包括有形经济资源与无形经济资源，有形经济资源包括各种具有经济价值的矿产，各种形成产业集群，具有较大经济价值的农、林、牧、副、渔业产品，能够为当地乡村发展提供产业支撑，如安吉的白茶、五常的大米、临安的山核桃等，能够为当地农民提供可持续，较高水平的农业收入。无形经济资源包括自然资源、文化历史资源，这些无形资产具有美学、文化或历史价值，能够吸引人们的关注，可以发展第三产业，为农民提供较高的可持续性收入，如九寨沟、普陀岛、宏村就是典型，在保护自然、文化与历史的同时，为当地村民提供了可观的持续性收入。三是开发限制。有些乡村虽然区位较好，资源丰富，但由于生态保护，或者历史文化保护而被限制开发，如余杭的山沟沟村，属于天目山国家级自然保护区，又在联合国"人与自然"保护区范围内，属于限制开发地区，守着长三角这样的大市场，却无法充分开发乡村旅游业，导致当地经济发展严重受限。而同属于余杭的新港村，则由于地处良渚遗址核心区，由于良渚古城遗址申报为联合国世界文化遗产，周边地区属于限制开发区，导致新港村第二、三产业发展受限，难以享受杭州郊区发展红利。

这样，我们就可以根据区位、资源、发展限制三个影响因素对不同的乡村进行分类，并针对不同类别乡村采取不同乡村振兴战略。首先，对于那些处于经济发达、交通区位好、资源丰富地区的乡村，由于工业化、产业化比较成功，社区比较稳定，外来人口比较多，应该成为乡村振兴的重点对象，政府应该加强基础设施与公共服务建设，改善生态环境与人居环境，使其成为新的人口聚集区，部分产业发达的乡村可以进行小城镇规划。其次，对于那些处于经济发达地区但交通区位优势不明显，或处于经济不发达地区但交通区位优势明显，或虽然处于经济不发达地区，交通优势不明显，但资源非常丰富的乡村，政府应该加强基础设施与公共服务建设，改善农民的生产、生活条件，培育主导产业，维护社区稳定，防止这些乡村空心化。再次，对于那些处于经济不发达地区且交通不方便、资源匮乏的地区，政府应该考虑对这些乡村合村并组，在交通区位相对优越，发展资源比较富集的地方建设中心村、中心镇。对那些生态极端恶劣，发展资源极端匮乏，交通极度不便的乡村，可以考虑整体搬迁，集中安置，乡村振兴投资应该向集中安置点集聚。最后，对于发展受限型乡村，政府应该根据具体情况具体分析，对于因基本农田保护而发展受限的乡村，政府应采取措施鼓励农民城市化，以增加人均耕地面积，提高农民收入。对于因生态保护、历史文化保护而发展受限的乡村，政府应通过发展旅游业，或通过生态补偿、文物保护补偿方式保障农民收入，也可以通过异地搬迁方式解决农民生计。

只有对中国乡村进行合理分类，并针对不同类型乡村采用不同的乡村振兴战略，才能避免盲目地撒胡椒面式的乡村振兴造成的资源浪费，集中有限资源进行精准的乡村振兴，提高乡村振兴的实施效果。

三、乡村振兴有统一的目标吗？

2018年9月中共中央、国务院印发的《乡村振兴战略规划（2018—2022）》提出了产业兴旺、生态宜居、乡风文明、治理有效、生活富裕的乡村振兴总目标。这个总目标是远景目标，在不同的经济社会发展阶段，不同地区，这些目标的实现应该有先后，有侧重。但在一些地区，由于教条主义地执行乡村振兴战略，不考虑本地实际情况，将总目标当成本地乡村振兴目标，不加选择，没有侧重地全面推进，造成欲速不达，事与愿违的后果，不但浪费有限的乡村振兴资源，也破坏了乡村正常的经济发展。鉴于中国乡村区域差异、发展阶段差别很大，因此发展目标也应存在很大差别，不应用统一的乡村振兴目标来要求所有乡村，只能因地因时制宜地根据不同乡村发展状况选择不同的发展目标，才能避免目标错位。

首先，乡村振兴目标的选择应该因地制宜。这包括三个方面，一是根据区域差异选择乡村振兴目标，二是根据区位差异选择乡村振兴目标，三是根据资源禀赋差异选择乡村振兴目标。中国幅员辽阔，各地乡村经济发展水平差异很大，一般我们把乡村从区域上分为东部、中部、西部三个地区，这三个地区的乡村经济发展水平呈梯度递减趋势。东部地区很多乡村比较富裕，社区比较完整，基础设施与公共服务比较完善，人居环境较好，工业化、产

业化水平比较高，面临的主要问题是产业升级问题。中部地区很多乡村基本
达到小康水平，但由于农业产业化水平低，当地工业不发达，农民就业机会
少，导致农民大量流失，村庄虽然建设比较漂亮，但人口空心化严重，基础
设施与公共服务匮乏，影响农民生活质量。当地面临的主要问题是加强基础
设施与公共服务建设，加快支柱产业培育，发展地方工业为农民提供兼业机
会，提高农民生活质量。西部地区大部分乡村处于温饱水平，生态比较恶
劣，人口流失比较多，乡村空心化比较严重，在这些地方，面临的紧迫问题
是中心镇建设与产业培育问题。即使在同一区域，由于区位不同，乡村振兴
的目标也有很大差异，以杭州市余杭区为例，靠近山区的山沟沟村面临的主
要问题是提高农民收入问题，平原地区港西村面临的主要问题是产业升级问
题，城中村的永西村面临的主要问题是社会管理问题。区位不一样导致经济
发展条件与水平不一样，面临的主要问题不一样，因此乡村振兴的重点也不
一样。同样，由于资源禀赋不一样，即使是经济发展水平相近的乡村，面临
的主要问题也可能不一样，例如以白萤石矿开采为主要经济来源的余杭白云
村，面临的主要问题是生态保护问题；以白茶产业为主要收入来源的安吉黄
杜村，面临的主要问题是地理标志品牌保护问题；以乡村旅游收入为主要收
入来源的莫干山镇，面临的主要问题是公平分配问题。

　　其次，乡村振兴目标的选择也应因时制宜。乡村发展有其阶段性，在不
同发展阶段乡村振兴的目标不一样。一般来说，经济基础决定上层建筑，在
上层建筑中，制度的改变又相对于文化的改变容易些，在环境与人的关系
上，相对而言改变环境更容易。因此，对于乡村振兴的五大目标，一般应以
产业兴旺，生活富裕作为最优先目标，这符合唯物史观。然后是生态宜居目
标，这既有相对容易操作的考虑，也符合环境塑造人的社会学观点。再然后
是治理的有效目标，制度改革虽然难度很大，但对于乡村的可持续发展具有
重要意义。最后才是乡风文明目标，这既是前面乡村振兴措施的结果，也与
思想转变难度较大有关。在乡村不同发展阶段，政府乡村振兴的目标侧重点
应有差异，这样才能保证乡村振兴目标与发展阶段相适合，防止乡村发展
目标与发展阶段错位，造成不必要的资源浪费，导致事与愿违的后果。然
而，为政绩需要，有些地方政府不顾当地乡村实际情况，盲目拔高乡村振兴
目标，如有的地方以生态保护为名，对当地采矿业、养殖业一刀切地全面关

停，不留缓冲期，不给经营者整改机会；有些地方不顾本地经济现实，一刀切地对当地低、散、小加工企业关停，也不留缓冲期，不给经营者技术改造与产业升级机会，导致当地农民损失巨大，失业严重，收入下降，其结果必定影响社会稳定。应该说在发达地区，产业升级与生态保护已经成为主要任务，关闭矿山、关停污染养殖业、清理"低散小"企业很有必要，但也要兼顾民生与就业，确定一个缓冲期与窗口期，给经营者以升级、技改的机会。对不发达地区来说，环境容量较大，农民就业机会少，增加农民就业机会，提高农民收入还是主要任务，政府不应一刀切地全部予以关停，而是应以民生为本，合理引导有效监管，鼓励业主增加环境治理的投入，改造生产技术，加快产业升级，然后再逐步提高生态保护要求。否则，超越经济发展阶段过高地设定乡村振兴目标可能会揠苗助长，导致经济基础崩溃，使环境治理、文化与制度建设成为空中楼阁，造成欲速不达、事与愿违的后果。

因此，对于乡村振兴全国并没有统一目标，各地应因地因时制宜地选择合适的乡村振兴目标，使其与本地乡村发展阶段相适合，这样才能减少教条主义的失误，有效提高乡村振兴实践效果。

四、乡村振兴的动力选择是否唯一？

要实现乡村振兴，就必须关注乡村振兴的动力系统，它包括乡村治理主体选择，乡村振兴的内生发展能力；主导产业选择，乡村振兴的产业基础；农业经营主体选择，乡村振兴的实践主体。在乡村治理主体选择上，由于集权体制的路径依赖，一些地方将政府作为唯一的治理主体，不愿意接受其他乡村治理资源的参与，导致乡村治理水平较低，寻租严重，政府反哺资源低效利用，降低了乡村内生发展能力。在主导产业选择上，各地政府纷纷选择了第三产业搞起了乡村旅游。但由于大部分乡村缺乏旅游资源，加上基础设施不完善，服务水平较低，没有发展乡村旅游的条件，导致乡村旅游业普遍亏损严重，无法为乡村振兴提供产业支撑。在农业经营主体选择上，政府先后选择了专业大户、农业龙头企业、农民合作社、家庭农场进行了重点培育，但由于中国国情复杂，政府不考虑地区差异盲目推进导致新型农业经营主体培育效果不佳，进展缓慢，难以承担乡村振兴重任。因此，要增强乡村振兴动力，就必须对当前的乡村治理结构、主导产业结构、农业经营主体结构进行合理调整，以提高乡村振兴的内生发展能力，夯实乡村振兴的产业基础，壮大乡村振兴的实践主体。

首先，政府并不是唯一的也不是最有效的乡村治理主体。随着后税费时代的到来，基层政府逐渐悬浮化，导致部分地区黑恶势力、宗族势力、家族势力乘虚而入，出现恶人治村、强人治村现象。乡村人口的大量流失与空心化，农民的老龄化也导致乡村自治主体缺失，自治流于形式，政府失灵日趋严重。随着中央政府农业反哺力度的增强，乡村政府失灵一方面导致大量反哺资源被寻租，低效利用；另一方面导致反哺政策与农民需求脱节，产生大量形象工程，使政府反哺资金浪费严重。二者都降低了乡村振兴效果，引发农民不满。要改变这种现状就必须完善乡村自治，让农民直接选举自己的领导人，并有权监督、罢免领导人，这样才能有效防止基层官员的寻租，使农民需要与政府反哺政策有效对接，提高乡村振兴资源的利用效率和效果。当然，考虑到乡村空心化严重，村民自治主体严重缺位的现实，可以引进更多乡村治理资源参与乡村自治，以提高乡村自治水平，加强权力监督，提高决策质量。这些乡村治理资源包括新乡贤群体，他们对完善乡村自治，振兴乡村经济，繁荣乡村文化，加强乡村基础设施建设，发展乡村慈善都具有重要作用。也包括经过扬弃的宗教文化、家族文化、乡贤文化，这些文化对于加强社会道德教化，传承优秀的民族精神，弘扬正确的价值观都具有重要意义。还包括一些传统风俗习惯、民族禁忌、地方文化，它们也有一些正面价值，能够增强社会凝聚力，加强生态保护，应该合理扬弃。此外，部分纯公益的社会组织也可以参与乡村治理，为乡村发展献计献策，提供物质精神支持。只有以完善乡村自治为核心，积极整合各类乡村治理资源形成合力，才能有效提高乡村治理水平，增强乡村内生发展能力，加快乡村振兴建设步伐。

其次，第三产业既不是乡村唯一的也不是最有效的主导产业选择。当前中国乡村常住人口占总人口的40.42%，但农业产值已经下降到GDP的7.9%，并呈继续下降趋势，依靠第一产业缩小城乡差距基本不可能，当前农民收入中工资性收入已占到41%，转移性收入占到11.8%，真正经营性收入已不足50%，并呈继续下降趋势。由于第一产业附加值低，需求弹性低，经营风险大，且受耕地总量刚性限制，地方政府发展的积极性不大。第二产业由于受生态与环境约束以及规模经济的限制，不太适合在乡村发展，一般集聚在城市、交通枢纽附近。第三产业随着经济发展比例不断提高，属于朝阳产业，乡村旅游业作为第三产业的重要组成部分具有广阔发展空间，并且乡村旅游业具有生态亲和，不侵占基本农田，附加值比较高，增加就业能力比较强，受地形、地貌限制比较小的优点，因而获得各地政府的普遍青睐，作为乡村振兴的主导产业重点发展。近几年来，各地乡村旅游、休闲农业、农家乐、民宿、特色小镇、田园综合体发展如火如荼，且投资额巨大，但从发展效果看，除少部分毗邻都市圈、大城市，以及旅游资源丰富的景点发展比较好外，大部分乡村旅游景点、特色小镇、田园综合体经营状况往往不佳。即使被美国《纽约时报》评为全球最值得去的45个景点之一，处于长三角核心区，四大避暑胜地的莫干山景区，也面临着民宿过度扩张，床位严重过剩问题，更不要谈其他区位一般，旅游资源一般，缺乏口碑的乡村旅游开发了。从世界范围看，即使乡村旅游发展比较好的欧美，乡村旅游产值也只占农业总产值的5%～10%，过高估计乡村旅游的发展潜力，过度投资于乡村旅游会造成巨大的资源浪费。因此，从中国国情与世界经验看，第一产业与农产品加工业还是中国乡村振兴的主导产业，政府应将发展重点放在发展精品农业，提高中国农产品加工技术，延长农业产业链，打造世界知名农业品牌，提高中国农业竞争力，增加农业附加值上，在条件适合的地方才积极推动一、二、三产业融合发展。

最后，应因地制宜地选择合适的农业经营主体进行发展。乡村振兴最终要靠合适的实践主体实现，但哪种实践主体最合适？虽然中央政府先后选择了专业大户、农业龙头企业、农民合作社、家庭农场这四种新型农业经营主体进行了重点培育，但都不太成功。专业大户力量有限，无法实现农产品的标准化生产，也缺乏资金、技术，抗风险能力比较弱。农业龙头企业资本雄厚，技术、管理能力、抗风险能力都较强，生产标准化水平比较高，但存在与民争利，毁约伤农，提供就业机会少，耕地非农化利用等问题。农民合作社理论上可以实现规模经济，降低农业生产成本，提高农民市场地位，增加农民收入，但由于中国小农主导且兼业化严重，农户家均耕地面积过小，普遍缺乏合作需求与动力，导致假合作社泛滥，难以实现合作目标。家庭农场则由于土地产权过度分散，流转成本过高，经营风险较大，发展缓慢。由于新型农业经营主体培育效果不佳，当前部分学者又开始鼓吹小农经济，这显然矫枉过正，因为小农经济不可能承担农业现代化重任，甚至无法维护国家粮食安全。日本小农经济代价巨大，粮食价格是中国的5～8倍，导致居民恩格尔系数居高不下，2016年为26%，远高于美国的7%，甚至与中国的29.33%差不多，严重降低居民生活质量。高粮食保护价与高补贴使日本城乡收入基本持平，但即使如此，小农经济依然缺乏吸引力，导致日本老人农业蔓延，农民平均年龄超过67岁，耕地弃耕面积不断增多，粮食自给率下降到39%。中国既不可能维持日本一样的高粮价和高农业补贴，也不能承受过高的耕地抛荒率和过低的粮食自给率，只有新型农业主体才能兼顾国家粮食安全与农民增收双重目标，因此，新型农业经营主体才是中国农业未来发展方向，但各地应根据本地实际因地制宜地选择不同农业经营主体重点培育。东北地区家庭农场规模较大，需要积极培育农民合作社，实现规模经济，延长产业链，增加农民收入。黄淮海平原人口密集，人均耕地少，兼业农业，老人农业盛行，应该大力发展农业生产服务业，深化农业生产分工，降低农民劳动强度。沿海地区，大城市周边现代农业发展比较好，对资本、技术、管理要求比较高，应大力发展家庭农场，农民合作社，农业龙头企业等新型农业经营主体。西南地区丘陵广布，耕地缺乏整理，人口大量流失，土地抛荒较多，只有农业龙头企业有能力进行大规模的耕地整理，实现规模化经营，应重点培育。西北地区地广人稀，家均耕地面积较大，农业特产较多，应大力发展农民合作社，鼓励农业龙头企业发展，以实现规模经济，提高农产品质量，打造地理标志品牌，增加农民收入。

只有以村民自治为核心整合乡村治理资源不断提高乡村治理水平，因地制宜地选择合适的主导产业和农业经营主体进行重点发展和培育，才能有效提高乡村振兴资源的利用效率，增强乡村振兴动力。

五、乡村振兴是否需要顶层设计?

中国国情的多样性决定了乡村振兴形式的多样，但在多样的乡村振兴形式中是否有一个明确的发展方向，遵循某些共同的发展原则，也就是说，乡村振兴是否需要顶层设计? 从历史经验看，乡村振兴战略要少走弯路，就必须进行顶层设计，为乡村振兴提供一个明确的方向，制定一些基本的原则。

首先，乡村振兴需要选择合适的乡村治理模式。乡村治理是乡村振兴目标实现的微观制度基础，当前国内对乡村治理模式选择的意见很不统一，部分学者根据中国封建社会的乡绅治理经验提出新乡贤治理模式，政府部门似乎更青睐欧美发达国家的乡村自治＋农民合作社模式，以黄宗智为代表的另一批学者则似乎更倾向于以日本为代表的乡村自治＋综合农协的东亚乡村治理模式。在后工业化时代，乡绅治理已失去存在的社会土壤，新乡贤治理也不能取代村民自治，只能起辅助作用，并且，乡绅治理在权力缺乏制约的情况下会导致严重的寻租，清末民国时期乡绅的普遍劣化应引以为鉴。只有乡村自治才能有效维护农民利益，将农民需求与政府反哺政策有效对接，提高政府反哺资源利用效率。因此，在后工业化时代，乡村自治是提高政府反哺效果的有效制度设计，而农民合作则是提高农民市场地位，实现规模经济，提高农民收入的有效途径，欧美模式与东亚模式对这两点都很认同，但在农民合作方式上却存在较大分歧。欧美模式选择农民自发合作方式，只承担农民经济合作的任务，东亚模式则选择政府指导下的综合农协方式，不仅要承担农民经济合作任务，也要承担为乡村提供公共服务，执行政府农业政策的任务。两种模式都具有各自的合理性，欧美国家家庭农场面积普遍较大，专业化较强，存在较强的合作动力，乡村人口稀少，公共服务集中于周边小城镇，能实现规模经济，因此欧美自发的农民合作社就能满足乡村发展需要。东亚地区则相反，人口密度大，家庭农场面积普遍过小，且二元户籍与老人农业盛行，缺乏自发合作动力，乡村人口较多且居住分散也难以实现公共服务的规模经济，导致公共服务市场供应不足，需要政府支持的综合农协将农民组织起来，实现农民经济合作，并通过内部业务补偿，政府的财政补贴为农民提供公共服务，满足农民的生产、生活需要，维护乡村社会稳定。从二战后的实践看，东亚模式地区在人均耕地面积只有美国1/50的情况下实现了高水平的城乡平衡发展，比较成功。中国国情与东亚模式地区相似，文化与制度相通，应该借鉴乡村自治＋综合农协的东亚乡村治理模式，各地可以根据本地区情进行必要调整。

其次，乡村振兴是一项系统工程，需要系统推进。中国的乡村振兴不仅需要经济反哺，更需要制度改革，为乡村振兴提供持久动力。从当前看，乡村振兴最紧迫的制度改革包括城乡二元户籍体制改革、土地制度改革、乡村自治改革。只有尽快废除城乡二元户籍体制，实现城乡教育、医疗、社会保障一体化，才能为城乡生产要素自由流动创造条件，解除农民耕地流转的后顾之忧，加快农业的现代化转型，缩小城乡差距。作为一种过渡性的土地制度，联产承包责任制为改革初严重过剩的乡村劳动力提供了就业机会，维护了社会稳定。但随着中国城市化接近60%，刘易斯拐点到来，乡村劳动力已经出现短缺，老人农业后继无人，耕地抛荒、弃耕面积越来越大，已经严重威胁国家粮食安全。考虑到农民就业问题已经基本解决，要提高农民收入，保障国家粮食安全，除增加农业补贴，提高农民福利外，关键要改革土地制度，让农民获得更完整，更明晰的土地产权，这样才能有效减少他们的投资风险，鼓励他们长期投资，促进耕地流转，扩大农场规模。当前基层治理的内卷化就在于村民自治形式化，只有赋予农民真正的自治权力，承认农民的选举结果，赋予他们监督与罢免权，才能使乡村自治名实相符，有效减少基层腐败，节约行政成本，提高政府反哺资源利用效率，使乡村振兴政策更符合乡村需要，增强乡村内生发展动力。此外，在乡村振兴实践中，我们既要注重硬件建设也要注重软件建设，既要注重形式更要注重内容。当前一些地方乡村振兴只注重住房、道路、广场、绿化、景观等硬件设施建设，却忽视教育、医疗、社会保障、社会组织、文化等软件建设；只注重村容村貌等外部形式建设，却忽视产业开发，乡村自治完善，新型农业经营主体培育等实质内容建设，导致乡村振兴成效有限，动力不足，难以实现预期目标。

再次，乡村振兴应未雨绸缪，超前规划。乡村发展与工业化、城市化水平紧密相关，日本早在1955年城市化率就已达到56.1%，与中国2015年城市化水平差不多，随着城市化推进，乡村空心化是必然趋势，为提高基础设施与公共服务利用效率，日本后来进行过多次合村并町运动，即使如此，界限村落还是越来越多，可能还需要进一步合村并町。考虑到日本长方形的岛国地形，乡村离城市距离都较近，乡村基础设施、公共服务与社会保障都很完善，城乡差距小，乡村宜居度高，没有户籍限制，乡村空心化、老龄化问题尚且如此严重，中国未来的乡村空心化，老龄化问题可能会更严重。这就要求政府未雨绸缪，超前规划乡村社区建设，在区位较差、交通不便、资源匮乏、人口流出过多的地区重点建设中心村、中心镇，完善基础设施与公共服务，形成新的居民聚居点，并积极采取措施鼓励村民搬迁到这些中心村或中心镇居住，冻结这些村庄的新房建设，以避免不必要的资源浪费。当前，很多空心村继续大搞基建、大建新房，人口却越来越少，造成资源的严重浪费，应引起重视。对于乡村老龄化问题，政府也应尽快拿出方案。由于计划生育，家庭养老在中国已难以维持，乡村地区由于青壮年大量流失，社会保障匮乏，收入较低，家庭养老更难以维持，急需政府超前规划，拿出适合乡村社会实际的社会养老方案并付诸实施。此外，对于代际更替对农业生产的影响，政府也应未雨绸缪，超前规划。新生代农民强烈的城市化倾向，个人主义、消费主义价值观导致老人农业后继乏人，只有积极创造条件，加快新型农业经营主体培育，才能避免乡村空心化，有效维护国家粮食安全。

最后，乡村振兴战略应循序渐进，不能急于求成。乡村振兴是一个长期过程，因为即使早已实现工业化，农业反哺力度世界最大的国家日本，至今依然没有很好地解决乡村振兴问题，对于经历过长期工农业剪刀差，二元户籍体制影响，城乡差距巨大的中国来说，乡村振兴任务更加艰巨，需要的时间可能更长。这就要求中国乡村振兴战略不能急于求成，要循序渐进。从逻辑上来说，乡村振兴目标应该由经济到制度到文化，因此，乡村振兴的第一步目标应是产业兴旺，农民富裕，第二步目标应是生态宜居，第三步目标应是治理有效，第四步目标才是乡风文明，不同地区由于发展条件不一样可能会出现目标的跳跃，但这个发展顺序不能颠倒，否则急于求成会适得其反。从地区讲，乡村振兴应该先从条件较好的发达地区、交通便利地区开始，然后逐步向发展条件较差地区推进。如果先选择发展条件差的乡村进行振兴，不仅成本高，而且由于缺乏产业支撑，农民依然会继续大量流失，造成乡村振兴资源的大量浪费，效果必然不佳。从乡村振兴战略看，应该重点突出，以点带线，由线到面，循序渐进。当前中国工业化、城市化还是最紧迫任务，乡村振兴资源有限，不可能全面推进，这既不现实也不经济，撒胡椒面式的乡村振兴会导致资源稀释，效果不佳。政府应该选择一些条件较好的中心村、中心镇进行重点打造，形成示范效应，然后逐步推进，由点到线，由线到面，最终实现乡村的全面振兴。

只有预先对乡村振兴战略进行顶层设计，才能对乡村振兴的方向，实现路径，基本原则有一个清醒认识，为乡村振兴实践提供有效的理论指导，避免乡村振兴实践误入歧途，加快乡村振兴目标的实现。

第二节 中国合村并居政策的异化及其矫正

自2017年乡村振兴战略提出以来，学者们纷纷从乡村产业发展、基础设施建设、公共服务完善、要素投入、文化复兴、组织建设、人力资本培育等角度提出乡村振兴方案，但所有这些方案都必须通过具体的乡村载体才能落实，在中西部乡村普遍过度空心化的现实下，乡村振兴战略常常缺乏有效载体往往难以落实。为提高乡村振兴效果，合村并居政策在很多地区被重新提起，但由于该政策被长期异化，民间反对声音很大。只有尽快矫正合村并居政策的异化，平息民间社会的反对声音，才能加速推进合村并居政策，为乡村振兴战略提供有效载体，顺利实现乡村振兴目标。

一、国内合村并居政策的研究现状及其不足

"合村并居"在有些地方也被称为"合村并点""撤点并居""村庄合并"，尽管字面意义有些差异，但基本内涵差不多，指为了更集约地利用农村土地，节约行政成本，实现基础设施与公共服务的规模经济，提高农村的生产、生活条件而将几个邻近的自然村合并起来的措施，它包括行政区划重组和居民点集中两个方面内容。自20世纪80年代末开始，中国一些地区就开始进行了合村并居实践，30多年的合村并居实践为国内学者提供了丰富的研究资料，产生了一系列的相关研究成果。

1. 国内合村并居政策的研究现状

国内学者的相关研究散见于合村并居研究、合村并组研究、村庄合并研究、空心村改造研究、中心村建设研究中，主要集中研究了合村并居的必要性、模式、动力、影响等四个方面的内容。

（1）对合村并居必要性的研究。绝大部分学者认为合村并居很有必要，徐锦庚认为乡村规模过小，人口过少会导致管理成本过高，基础设施与公共服务规模不经济，耕地整理困难，土地资源浪费严重，乡村治理水平低，使

乡村既不宜居也不宜业，只有合村并居才能解决这些问题。毕玉建、姜继玉认为合村并居能有效缩小城乡发展差距，提高政府支农惠农资金利用效率，实现资源的集约利用，加快农业现代化。但也有部分学者认为合村并居并没有必要，郑风田认为合村并居会导致乡村自然与人文环境遭到破坏，乡村治理恶化，不利于乡村发展。

（2）对合村并居模式的研究。徐锦庚从德州市合村并居实践中总结出城中村改造型、小城镇吸纳型、强村带动型、产业联结型、企业带动型、相邻村合并型7种模式。高灵芝等从平原县和昌乐县合村并居实践中总结出商业开发型、社企共建型、自拆自建3种模式，并认为应针对城乡接合部，中心镇（村），偏远乡村的不同情况采用不同合村并居政策。张秀吉根据齐河县合村并居实践总结出城中村改造型、区中村改造型、村企联建型、小城镇吸纳型和偏远村整体迁并型等几种模式。党国英指出合村并居政策应综合考虑政治、经济、社会、文化、生态等因素，具体问题具体分析，不宜一刀切。尽管不同学者从不同角度对合村并居模式做出了不同分类，但基本认同因地制宜原则，反对一刀切做法。

（3）对合村并居动力的研究。朱凤凯、张凤荣认为合村并居主要由强村合并、强企合并及城乡建设用地增减挂钩政策推动。王小军认为地方政府为化解空心村问题，减轻村级财政压力，成为合村并居的积极推动者。贺雪峰认为新农村建设的形式主义要求导致基层财政压力过大，使基层政府成为合村并组的积极性推动者。任萌从城乡建设用地增减挂钩政策出发，认为政府与工商资本为合谋农民土地财富成为合村并居政策的积极推动者。不同学者分别从不同视角提出了不同的合村并居动力论，但从总体看，这些研究普遍缺乏系统性，解释力严重不足。

（4）对合村并居影响的评价。绝大部分学者对合村并居的影响持正面评价，方中权认为合村并居提高了支农资金利用效率，加速了农业现代化转型，实现了乡村的宜居与宜业，缓解了乡村空心化与老人农业问题，维护了国家粮食安全。但也有部分人对合村并居的影响持负面评价，刘奇认为合村并居破坏了乡村传统文化，降低了乡村治理水平，唐皇凤、冷笑非认为合村并居造成了强拆问题，农民被上楼问题，新村规划不合理等问题，激化了农村社会矛盾。

2. 国内合村并居政策研究的不足

从总体看，国内对合村并居政策的相关研究比较少，重视度不够。研究内容偏重政策、个案研究，理论性、系统性不足，分析问题往往流于现象层面，深度不够，无法有效指导中国合村并居实践，导致中国合村并居推进缓慢。（1）由于重视度不够，导致中国合村并居进度严重滞后。二战后随着城市化的基本完成，瑞典、英国、德国通过村庄合并，乡村数量分别减少了87.9%，73.4%，64.9%，日本二战后也对乡村进行了昭和大合并与平成大合并，村的数量从1953年的7616个下降到2007年的195个，下降了97%。2017年中国城市化率已达58.52%，但村的数量依然有244.9万个，每个村庄人口才200人左右，远低于基本公共服务要求的最低人口规模。由于整个社会对合村并居政策的必要性与可行性认识不足，重视度不够，导致中国合村并居进度严重滞后，乡村空心化程度不断加重。（2）由于对政策失误解决不力，导致合村并居推进阻力很大。国内对合村并居政策的批评主要集中于两个方面：一是破坏乡村原生态，二是政策失误较多。随着国民文化水平的提高，信息的发达，城乡交流的增多，乡村乌托邦思想的影响逐渐式微，来自第一方面的批评大幅减少。但对第二个方面的批评，由于大部分回应流于现象没有深入本质，导致提出的解决方案往往治标不治本，难以解决问题，使合村并居推进阻力很大，进展缓慢。（3）由于研究系统性不足，导致各地的合村并居实践缺乏有效理论指导。由于已有研究偏重个案、政策研究，系统性与理论性严重不足，导致各地的合村并居实践缺乏有效理论指导，失误较多，形式化严重，效果欠佳。

本书正是针对国内相关研究的不足，试图找出中国合村并居进展缓慢的主要原因，论证当前中国加快推进合村并居的必要性与可行性，并试图提供系统性的解决方案，为中国下一步的合村并居提供理论指导，以尽快化解中国乡村空心化问题，为乡村振兴战略提供有效载体。

二、政策的逐渐异化使中国合村并居进展缓慢

自20世纪80年代末以来，随着中国工业化、城市化的快速发展，乡村的逐步空心化，中国先后出现了三个阶段的合村并居。在这个过程中，乡村逐

步丧失内生发展能力，只能依赖外部力量推动才能继续合村并居。但无论是地方政府还是工商资本推动的合村并居，由于不是以乡村发展为本位，忽视农民主体性，导致合村并居政策逐渐异化，推进阻力越来越大。

第一阶段：20世纪80年代末乡镇企业大发展推动的强村合并，强企并村，异化比较少，促进了乡村的发展。在这一阶段，中国的农村改革走在城市之前，联产承包责任制释放了农村生产力，城市下乡资本、技术与乡村过剩劳动力、土地结合催生了乡镇企业大发展，使小城镇建设如火如荼。长期的城市中心论思想与二元户籍体制的顽固存在使"离土不离乡"成为当时中国政府城市化的基本方针，对小城镇建设形成政策支持。一些强村、强企因为经济发展迅速导致劳动力、建设用地短缺，产生了合村并居冲动，推动了这一阶段的合村并居。比较典型的强村合并型有天津市静海区大邱庄合并了周边22个村庄，江苏省的华西村合并了周边20个村庄成为新兴小城镇。比较典型的强企合并型有山东省荣成市寻山渔业公司等5家强企对罗山寨等7个落后村进行的兼并。这一阶段的合村并居由乡村内生发展动力驱动，具有自发性质，异化比较少，有利于乡村资源的合理配置，兼顾了各方利益。从合村并居发起方来看，合村并居能够提供本村经济发展急需的建设用地资源，快速扩大本村经济规模与影响力，实现资源的优化配置，增强经济竞争力。从合村并居的接受方来看，接受合村并居能够分享发起村经济发展红利，改善生产，生活条件，获得更多的就业机会。对于地方政府来说，强村合并与强企并村都有利于这些强村、企业的做大做强，践行先富带动后富的发展理念，实现共同富裕。因此，这一阶段的合村并居是基于乡镇企业大发展，小城镇建设需要而自发出现，具有内在合理性，实现了多赢目标，有利于乡村发展。但这一阶段的合村并居主要局限于乡镇企业发达的部分沿海乡村，大城市郊区，影响地域有限，对解决中国乡村空心化问题意义不大。并且，随着乡镇企业在20世纪90年代末的急剧衰落，小城镇建设的停滞，合村并居的内生动力逐渐衰竭，乡村逐步丧失内生发展能力。

第二阶段：21世纪初城乡建设用地增减挂钩政策推动的合村并居，异化比较严重，政策初衷与实际效果有所背离，损害了乡村的发展。为有效解决城市建设用地指标短缺与严格的耕地保护制度之间的矛盾，21世纪初各地方政府纷纷进行了城乡建设用地增减挂钩政策实践。该政策通过对乡村建设用地、宅基地、耕地的有效整理释放出新增建设用地指标，然后通过土地发展权交易给予农民失地补偿，将新增建设用地指标转移到城市，以满足城市快速工业化、城市化的用地需要。城乡建设用地增减挂钩政策虽然客观上也推动了乡村的合村并居，促进了乡村耕地整理，中心村建设，改善了乡村基础设施与公共服务，为农业现代化与美丽乡村建设创造了条件。但这一阶段的合村并居政策以加速工业化，城市化，增加地方政府财政收入为主要目标，新农村建设只是附带目标。因此，在这一阶段政府部门与工商资本是合村并居政策的主要推动者，乡村的发展与农民主体性受到忽视，导致合村并居政策异化严重，农民利益受损较多，耕地红线受到威胁。（1）由于政府的土地财政考量，对工商资本下乡缺乏必要管控，导致部分地区对失地农民、拆迁农民的补偿过低，很多农民不愿意拆迁，为加快工程进度，一些地区出现了强拆行为，严重侵犯农民利益，引起社会舆论不满。（2）为节省用地，获得更多的城市建设用地指标，移民新社区与中心村建设普遍密度过大，楼层过高，影响农民生产与生活，并且合村并居后农民生活成本提高，补偿款过少不够新居安置成本，增加农民生活与债务负担。（3）在合村并居过程中，为尽早获得城市建设用地指标，地方政府与开发商往往先拆后建，但由于内地政府财政普遍困难，开发商资金不足，导致回迁房建设资金短缺，交付迟缓，使部分被拆迁农民迟迟难以搬进新居，生活流离失所，陷入困境。（4）合村并居导致乡村熟人社会瓦解，社会秩序紊乱，部分中心村建筑风格非城非乡，失去田园风貌，且基础设施与公共服务配套不足，导致农民生活质量下降。（5）城乡建设用地增减挂钩政策存在严重漏洞，包括占而不补，补而不足，占优补劣，破坏生态等各种问题，冲击中国耕地保护红线，威胁国家的长期粮食供应安全。鉴于城乡建设用地增减挂钩政策存在较大漏洞，导致合村并居政策异化，自2008年起中央政府逐步收紧了该政策，使合村并居外生动力逐渐衰减，陷入停滞。

第三阶段：2005年农业税费减免与新农村建设共同推动的合村并组，但一些在实施过程中，形式主义严重，耽误了乡村的发展。为缓解农村社会矛盾，减轻农民负担，缩小城乡差距，提高农民粮食生产积极性，维护农村社会稳定，中央政府于2005年全面免除农业税费并启动新农村建设。农业税费减免虽减轻了农民负担，但也导致基层政府财政来源枯竭，只能依赖上级政府的财政转移支付，使县级政府财政压力大增。为减轻财政压力，中西部地区普遍实行了合村并组，即通过将几个乡镇合并、村组合并减少行政单位，扩大行政管辖范围，节省行政开支。此外，新农村建设的形式主义化也对合村并组推波助澜，使合村并组政策迅速推广。这一阶段以中西部乡村为主体的合村并组主要目标是精简政府机构与人员，节省行政开支，减轻政府财政负担，减少支农资源浪费，因此其形式远大于内容，属于半截子的合村并居，并没有从实质上改变乡村空心化问题和乡村人口过疏导致的基础设施与公共服务投资不经济问题，使有限的新农村建设投资过度分散，无法有效改善乡村生产与生活条件，导致乡村空心化继续恶化，老人农业后继乏人。并且，由于管理幅度过大，导致基层政权进一步悬浮化，加剧了乡村治理危机。东部沿海发达地区的合村并组则较为实质化，主要以中心村、中心镇建设模式推进，有效承接了新农村建设资源的注入，实现了基础设施与公共服务的规模经济，提高了新农村建设的投资效率与乡村治理水平，改善了农民生产与生活条件，促进了现代农业的发展，缓解了乡村空心化问题。然而，无论是中西部形式主义的合村并组还是东部实质性的合村并组，都不是以乡村发展为本位，都较少尊重农民主体性，导致政策异化依然较严重。并且，由于中西部乡村在人口规模与建设面积方面都远大于东部，使形式化的合村并组远多于实质性的合村并组，导致中国乡村空心化问题继续恶化，耽误了中国乡村发展。

由于内生动力不足，主要由外生动力推动的合村并居政策目标异化严重，民间反对声音很大，加上合村并居政策动力逐渐衰竭，导致中国合村并居陷入停滞，影响范围有限，效果较差，难以从根本上扭转乡村衰败趋势，使乡村振兴战略缺乏有效载体，难以实现预期目标。只有尽快矫正合村并居政策的异化，以乡村发展为本位，尊重农民主体性，积极推动中心村建设，才能缓解乡村空心化问题，实现乡村的宜居宜业，为乡村振兴提供有效载体。

三、中国加快推进合村并居政策的条件已经成熟

在城乡建设用地增减挂钩政策收紧后，中国实质性的合村并居已大幅减少，但中国乡村空心化的加剧，乡村振兴战略的提出，经济新常态的到来，都要求加快推进合村并居政策。而刘易斯拐点的到来，中国城市化战略的调

整，人们对乡村作用认识的深化，也为加快推进合村并居政策创造了条件。

1. 加快推进合村并居政策已具有现实合理性

由于中国特殊的人地结构，乡村承担着农民就业、粮食安全与农民增收三重任务，在过剩的农业劳动力就业问题没有解决之前，小农经济就有存在的合理性，成为就业缓冲器。但随着2003年后民工荒全国蔓延，民工工资大幅上涨，刘易斯拐点在中国到来，民工就业问题基本解决，部分农村甚至出现劳动力短缺现象。农业劳动力的过度流失与乡村空心化导致传统小农经济衰落，兼业农业与老人农业盛行，耕地抛荒、弃耕面积不断扩大，粗放经营严重，严重威胁国家粮食安全。要维护国家粮食安全，提高农民收入，就必须进行耕地整理，实现农业适当的机械化、规模化耕作。但空心化的乡村既不宜居也不宜业，无法留住农民，急需通过合村并居进行大规模的耕地整理，农业基础设施与公共服务建设，改善乡村生产、生活条件，优化人居环境，实现乡村社区的重建。农业生产社会化服务体系的不断完善，各类土地托管机构的出现也减轻了合村并居对兼业农业与老人农业的影响，能够实现小农户与现代农业的有机衔接。而乡村振兴战略的提出，政府财政实力的不断增强，对乡村建设投入的不断增加，也为中国加速推进合村并居，中心村、中心镇建设提供了充足的资金支持。

2. 中国城市化战略的转变使合村并居具有新的战略意义

改革开放初期，乡镇企业的大发展使小城镇建设如火如荼，为维护社会稳定，防止城乡人口过度流动，政府鼓励"离土不离乡"的就地城市化，赞同大、中、小城市协调发展的均衡发展战略。但随着过剩经济的到来，乡镇企业纷纷倒闭、转制，使内地小城镇建设失去动力，发展停滞，沿海、大城市经济的快速发展使内地人、财、物逐步向沿海，大城市聚集，导致东西差距，南北差距不断扩大。为维护区域经济平衡发展，中央政府先后实施了西部大开发、东北振兴、中部崛起战略，并针对大城市病的蔓延，对大城市人口增长进行了严格限制，积极鼓励产业转移，鼓励中小城市发展。然而，经济发展有自己的客观规律，规模经济无法违背，政府的区域经济平衡发展战略并没有取得预期效果，大城市对人财物的吸引具有天然优势，违背经济发展规律的平衡发展战略效率既低也难以实现。在这种背景下，中央政府逐渐放弃区域经济平衡发展战略，接受增长极理论，优先发展城市群，中心城市，使城市群、中心城市成为中国经济的增长中心，逐步带动整个国家经济发展，实现资源的更合理配置。不平衡发展的增长极理论在乡村的应用就是中心村、中心镇建设，通过资源聚集，实现规模经济，提高乡村振兴资源利用效率，形成新的经济增长极。

3. 人们对乡村作用认识的改变也使合村并居具有内在合理性

长期以来，人们对乡村作用的认识比较片面，认为乡村就是农业生产的地方，在乡村的宜居与宜业上，学者们更关注乡村的产业基础，认为宜业优先于宜居，没有产业支撑的乡村不值得投入资源建设。然而，随着社会的发展，乡村的多元价值逐步受到人们重视，除经济价值与农民居住功能外，乡村还具有生态价值、休闲旅游价值、文化价值等多重价值。随着人们收入水平的不断提高，消费的不断升级，乡村多元价值的相对地位也发生变化，并具有独立性，经济价值地位逐步下降，非经济价值地位逐步上升，并且宜居与宜业可以分离，一个乡村可以既宜居也宜业，也可以只是宜居或宜业。随着后工业化时代的到来，逆城市化的逐步出现，乡村将成为城乡人民共同的栖息与休闲家园，因此，乡村的宜居性越来越重要。并且，从浙江美丽乡村建设的实践看，人是环境的产物，但环境也可以改变人，随着空心村的改造，中心村的建设，乡村人居环境的改善，生产条件的不断优化，越来越多的返乡农民工、农村大学生、城归新农人回乡创业，大批新乡贤回乡定居，使乡村重新充满活力。

4. 合村并居也是拉动内需的需要

随着中国经济进入新常态，商品全面过剩，在出口与消费增长乏力的情况下，投资可能依然是中国重建经济平衡的最佳手段。但高铁、高速公路、其他公共建筑投资已经全面过剩，面临严重的边际效益递减问题，房地产已经严重泡沫化，挤压了其他实业发展，成为中国供给侧结构性改革的重点对象。中国长期的城市中心论导致乡村投资严重不足，城乡发展严重失衡，乡村空心化严重，老人农业后继乏人，粮食安全问题恶化，乡村发展滞后已经成为中国现代化的最大瓶颈。大规模投资于乡村耕地整理，国土整治，中心村、中心镇建设，加大对农村基础设施建设与公共服务的投入一方面能够有效缩小城乡差距，加快农业现代化转型，维护国家粮食安全，另一方面能够有效拉动内需，消化过剩物资，重建经济平衡，实现经济的可持续发展。

四、合理矫正政策异化加快推进合村并居

鉴于前期的合村并居政策存在严重异化，使农民利益受损，耕地红线受到冲击，形式主义严重，引起社会较大不满，因此在下一阶段的合村并居实践中政府应尽力矫正合村并居政策的异化，制定系统的合村并居方案，超前规划，循序渐进、因地制宜地积极推进中心村建设，这样才能有效化解空心村问题，缓解老人农业危机，为乡村振兴战略提供有效载体。

1. 合村并居政策应以乡村振兴为根本目标，尊重农民的主体性

合村并居政策的异化主要是由于目标错位，忽视农民主体性造成，要矫正合村并居政策的异化，就必须将错位的目标纠正过来，尊重农民的主体性。这就要求在合村并居中把乡村发展与农民利益放在首位，无论是城乡建设用地增减挂钩政策还是合村并组政策，必须尊重农民意见，以乡村发展为本位，减少形式主义的资源浪费，使土地增值价值分配更多地偏向农村，农民，更好地服务乡村振兴目标，让农民得到更多实惠。在中心村建设中，中心村的选址，聚居方式、资金筹措方式、住房分配方式的选择，基础设施与公共服务的配置，社区规划等问题政府都必须认真征求农民意见，尊重农民利益，公开相关信息，接受农民质询，尽量避免越俎代庖，脱离群众，只有这样才能使中心村建设符合农民需要，防止合村并居政策的异化。

2. 合村并居应早做准备，超前规划，缓步推进

随着城市房价的暴涨，城市生活成本的不断提高，城市就业竞争的日趋激烈，很多农一代、农二代丧失城市买房能力，只能返乡建房。但由于中西部乡村空心化严重，基础设施不完善，公共服务退出，这些村庄人居环境恶化，既不宜居也不宜业，难以满足新生代农民的生活要求，无法实现人口再聚集。从长期看，这些乡村会进一步衰落空心化，导致在这些乡村的住房投资无效，造成巨大的资源浪费，政府应该早做准备，选定合适的地点超前规划中心村，高标准、高起点建设基础设施，提供完善的公共服务，使其成为返乡农民的人口再聚集中心。在中心村建设中，政府应认真考虑农民实际需要，尽量避免高楼建设，降低农村社区容积率，保持乡村田园风貌，使中心村既方便农民务农也适合农民居住。中心村建设也应该超前考虑后续维护问题，如基础设施维修、社区保洁、治安管理与公共服务的资金支持，这些都

需要稳定的集体收入来源。当然，考虑到中国城市化率才59.58%的现实，中国的城市化还有很长一段路要走，乡村的空心化还会持续很长时间，并且，鉴于许多老年农民故土难离，不愿意搬离空心村的现实，中心村人口的聚集将是一个长期过程，不可能一蹴而就。因此，对于中心村建设，政府应该早做规划，稳步推进。在中心村的启动阶段，需要政府投入大量资金进行基础设施与公共服务的超前建设，政府应该对当前过度分散的支农资金进行整合，优先投资于中心村建设，以提高支农资金利用效率。

3. 应因地制宜地实施合村并居政策

中国地域辽阔，不同地区之间差异巨大，乡村发展状况很不相同，需要采取不同的合村并居政策。对于那些城中村、城郊村应该积极鼓励农民就地城市化或向城市聚集，逐步实现人口的城市化。对于那些离乡镇政府驻地较近的村庄，应该积极鼓励农民向乡镇驻地聚集，并将基础设施、公共服务投资向乡镇驻地集中，逐步实现人口的小城镇化。对于那些远离城镇的乡村，有中心村的向中心村聚集，没有中心村的选择合适地点新建中心村，然后以中心村为核心进行人口聚集。对于生态脆弱地区、交通条件极度不便地区、资源枯竭地区以及地质条件恶劣地区，政府应该实行移民并村，选择合适地点建设移民村或移民镇进行人口聚集，改善这些地区农民的生产、生活条件。对于生态环境优美、旅游业发达、适合人居的山区乡村，应该实施1＋N组合式合村并组，将生产、生活服务功能集中于交通区位优越的中心村，为其他分散的居民点提供生产，生活服务。由于中国经济发展不平衡，东部沿海发达地区的农村已经基本完成合村并居，乡村人居环境普遍较好，随着城市化水平的不断提高，部分地区开始出现逆城市化，需要对农村宅基地制度进行必要改革，为城乡生产要素自由流动创造条件。中西部地区则由于地方政府资金匮乏，合村并居进展缓慢，已经造成农民建房投资的巨大浪费，急需尽快启动中心村建设，超前规划，大幅增加中心城建设投入，以有效改善乡村人居环境，实现人口聚集，缓解乡村空心化问题。

4. 应合理引进工商资本解决中心村建设的资金筹措困难

合村并居主要以中心村模式聚集人口，实现基础设施与公共服务的规模经济，但由于中心村建设资金需求庞大，如浙江某中心村建设先后投入将近6000万元，政府财政难以独立承担，农民集资能力有限，必须引进实力雄厚的工商资本才能弥补中心村建设的资金缺口。虽然近年来工商资本下乡被妖魔化，但从浙江、江苏、山东、四川等省城乡建设用地增减挂钩政策的实践看，工商资本下乡对美丽乡村建设功不可没。对于中西部乡村来说，土地是乡村最大的潜在财富，政府与农民资本匮乏，能力有限，必须引进工商资本才能将土地潜在价值释放出来。但工商资本的引进应吸取第二阶段城乡建设用地增减挂钩政策的教训，以乡村发展与农民利益为本位，坚决压制地方政府的土地财政冲动，提高工商资本下乡门槛，加强对下乡工商资本的管理，使土地财富最大限度地造福农民，促进乡村发展。工商资本参与合村并居建设可以有多种方式，一种是在进行耕地整理，宅基地整理，中心村建设后获得一定面积的新增建设用地指标开发权来抵偿成本，这是比较常见的方式。另一种是在进行耕地整理，宅基地整理，中心村建设后，通过新增建设用地指标拍卖获得合理的投资补偿。工商资本还可以通过BOT模式为合村并居的基础设施，公共服务建设融资。只有合理利用工商资本，才能有效补充中西部乡村中心村建设的资金不足，加快合村并居进度，化解空心村问题。

第三节　项目制改革：从技术进路到制度进路

市场化改革的不断深入，加上新自由主义思潮与新公共管理理论的影响，使项目制作为一种科学管理方法被中国政府广泛采用，逐步成为后分税制时代中国政府公共治理的重要工具。但随着项目制的广泛实施，其局限性越来越明显，负面作用越来越大，引起学者们的诸多质疑。尽管针对这些质疑政府相关部门对项目制进行了持续改进，但由于过于注重技术改革而轻视制度改革，导致这些改进措施大多治标不治本，效果有限。只有将技术改革与制度改革结合起来，标本兼治，才能有效减少项目制的异化，提高公共治理效果，实现预定治理目标。

一、项目制实施的背景

项目制作为一种新的技术治理手段，是对传统科层制的矫正，它突破了传统官僚体制的束缚，实现了资源的精准投放。作为一种科学管理方法，项目制是随着分税制的实施，公共预算改革的完成而逐步得到推行。

1. 分税制改革

1994年分税制前，中国主要实行财政包干制，地方政府出于放水养鱼目的税率较低，偷税漏税问题严重，导致政府财政收入占GDP比重不断下降，由1978年的31.1%下降到1994年的10.8%，政府财力紧张没有能力进行大规模的财政转移支付。只有在分税制后，各级税务部门加强了税务征收才使财政收入占GDP的比重逐步提高，由1995年的10.3%提高到2013年的22.7%，政府财政收入大幅增长才有能力进行大规模的财政转移支付。但仅仅财政总收入增长并不一定导致大规模的财政转移支付，中央财政与地方财政收入比例失调与事权不对等才使大规模财政转移支付成为必要。分税制前的1993年，中央财政收入只占财政总收入的22.07%，经常需要向广东等财政盈余较多的经济强省借款才能实现收支平衡，没有能力进行大规模的财政转移支付。但分税制后，中央财政占财政总收入的比重快速提高，1994年中央财政收入占总财政收入的比重达55.7%，其后一直稳定在45% ~ 50%。但财权的上移并没有导致事权的上移，主要民生工程、基础设施建设与公共服务还是需要地方提供。如2017年，中央与地方财政支出占比分别为15%和85%，但地方财政收入只占财政总收入的53%，远低于85%的支出比例，导致地方财力严重不足，必须由中央向地方进行大规模的财政转移支付才能实现收支平衡。分税制后财政收入占GDP比重与中央财政收入占财政总收入比重的双提高是项目制实施的前提条件。

2. 纠正市场失灵与片面发展

市场经济的不断深化促进了中国经济发展，但由于市场失灵普遍存在，导致外部性问题突出，生态环境不断恶化，公共品供给严重不足，必须由政府通过专项转移支付才能纠正市场失灵，减少负外部性，增加公共品供给，实现经济协调发展。然而，政府政绩评估的唯GDP导向使地方政府官员过于注重经济增长而忽视民生发展与环境保护，片面发展观导致地方福利保障，基础教育，医疗保健，社会养老等公共服务投资与基础建设、生态环境保护投资严重不足，民生问题与环境问题突出，社会矛盾激化，严重影响现代化的持续。只有尽快增加地方公共服务与基础设施建设、环境保护投资，解决民生与生态环境问题，补齐社会发展短板，才能实现可持续发展。考虑到地方政府财力严重不足的现实，这些民生投资最终还得依靠中央政府财政转移支付。但依靠传统官僚体制进行财政转移支付容易导致转移支付资金被地方层层寻租、挪用或截留，成为地方政绩竞赛的筹码，难以实现预期目标。项目制能较好地突破传统官僚体制的束缚实现专款专用，防止各级政府对财政转移支付资金的侵蚀，实现预期目标。

3. 新公共管理思潮的广泛传播

随着新自由主义思想的广泛传播，西方兴起了新公共管理思潮，主张政府应该充分利用市场机制与社会力量，引入竞争机制，增强政府对公民需求的回应能力，提高行政效率。随着中国市场经济不断深入，社会结构复杂化，传统行政体制由于权力过度集中，体制僵化导致机构重叠严重，冗员较多，行政效率偏低，难以满足社会新出现的公共服务需求，广受社会诟病。为提高行政效率，中国政府一方面加快行政体制改革，通过流程再造，精简机构，裁撤冗员，建立大部制以提高行政效率；另一方面加快管理体制改革，大力引进科学管理技术，通过管理技术创新提高行政管理效率。项目制由于管理科学，引入竞争机制，能够绕过传统科层制实现资源的直接精准投放，提高资源利用效率，兼具市场与政府两种资源配置方式的优点，成为中国政府技术治理的重要手段。

4. 新农村建设与乡村振兴战略

农业税费减免使乡村治理财源匮乏，无法承担乡村基础设施建设与公共服务重任，导致城乡差距继续扩大。为实现城乡和谐发展，保障国家粮食安全与社会稳定，增加农民收入，中央政府先后推出了新农村建设与乡村振兴战略，希望通过大规模的基础设施建设、公共服务提供、社会保障完善与乡村产业振兴以缩小城乡差距，实现乡村的宜居宜业与可持续发展。但无论是新农村建设还是乡村振兴战略都需要投入大量资金，在农业税费减免、地方财政紧张的情况下，必须依赖中央政府的大规模财政转移支付才能实现。但为了避免中央财政转移支付资金被各级政府截留、挪用与寻租，提高中央财政转移支付资金利用效率，实现精准投放，中央政府选择了项目制。随着新农村建设与乡村振兴战略的不断推进，中央财政转移支付资金的不断增多，项目制的实施范围也越来越广。

二、项目制实施的目标

作为一种新的公共管理技术，项目制能很快在中国大规模推广，成为中央政府财政转移支付的主要手段，就在于其有利于中央政府治理目标的实现。

1. 加强中央集权

无论是分税制还是项目制，其根本目标是维护中央对地方的有效控制，加强中央集权，实现有效治理。（1）项目制强化了中央对地方的控制。分税制有效改变了中央与地方的财政关系，加强了中央对地方的财政控制，但如果继续利用科层制进行财政转移支付，中央政府就难以有效控制财政转移资金的流向与实际用途，使财政转移支付资金被地方分流、截留或挪用，导致中央政府对地方的控制努力功亏一篑。项目制有效地绕过了科层制，通过强化垂直部门的条条作用，专款专用，对块块权力进行了制衡，扩大了中央部委的权力，限制了地方权力，加强了中央政府对财政转移支付资金的流向、用途的控制力，提高了中央政府权威。（2）项目制提高了中央政府宏观调控能力。分税制以前，由于中央政府财政收入占GDP总值比，占财政总收入比持续双下降，导致中央政府的财政、税收、货币政策调控乏力，地方过度竞争与重复建设严重，造成社会经济常大起大落，资源浪费严重。分税制后，中央财政收入大幅增加，有利于中央政府实施宏观调控政策，但如果继续通过科层制进行财政转移支付，地方政府的干预就可能使政府的宏观调控落空，效果大减。只有专款专用的项目制才能有效避开地方政府干预，实现宏观调控目标，提高宏观调控效。

2. 提高财政资金利用效率

由于引入了竞争机制，制定了规范化的运作程序，实行了理性化的目标管理与过程控制以及严格的绩效评估，项目制有利于提高财政资金利用效率。（1）项目制可以实现财政专项转移支付资金的精准落地，提高财政转移支付资金利用效率。项目制通过各部委的条条直接将专项转移支付资金垂直下达到基层，减少了科层制官僚主义造成的阻滞，节省了时间，提高了行政效率。项目制绕过科层体制，有效防止了各级政府的层层截留，避免了项目资金被挪用、分流，减少了寻租，实现了专款专用目标，提高了项目资金利用效率。（2）项目制可以对财政转移支付资金使用进行全程严格监管，提高财政转移支付资金使用效果。项目制由于引入竞争机制，实行规范的申报制度，严格的评审机制，从源头保证了立项项目的质量，避免了资源错配。在项目实施过程中，项目制设计了科学的技术标准，进行了规范化的程序管理，对项目实施过程进行了有效监控。在项目验收阶段，项目制制定了严格、客观的验收标准，以确保项目工程的质量符合预期，项目资金合理使用。

3. 实现平衡发展

市场失灵与市场分化，扭曲的政绩竞赛都导致经济与社会发展失衡，需要政府通过项目制进行调节。（1）项目制是纠正经济失衡的有效工具。各类突发性经济危机、自然灾害与经济周期变化都可能影响经济正常发展，导致经济严重失衡，影响社会稳定与经济可持续发展，需要政府采取果断措施通过财政政策、货币政策与税收政策进行调节，重建经济平衡，保障社会稳定。鉴于中国国情，财政政策是最常用的宏观调控政策之一，项目制由于其灵活、快速、高效成为中国财政政策的有效工具。（2）项目制是缩小城乡、区域经济差距的有效工具。市场分化与规模经济效应、极化效应导致区域、城乡经济发展差距过大，威胁国家粮食安全与社会稳定。要打破内地乡村与中西部落后地区的低水平发展陷阱，必须依靠外力进行大推动，培育新的支柱产业，形成新的经济增长极。这就要求政府通过项目制对这些地区进行精准投资，精准扶贫，以实现城乡与区域经济平衡发展。（3）项目制是实现社会全面发展的有效工具。市场失灵与片面的政绩竞赛都导致基础设施与公共服务投资严重不足，负外部性问题得不到有效控制，成为社会发展短板，严重影响民生。只有大幅增加基础设施建设与公共服务投资，有效控制生态破坏、环境污染等负外部性问题，才能补齐社会发展短板，提高民生质量，实现高质量发展。因此，项目制能够绕过科层制，避免片面政绩竞赛的影响，实现精准投资，补齐社会发展短板，实现社会的全面均衡发展。

三、项目制出现异化

作为一种技术治理手段，项目制加强了中央权威，提高了政府宏观调控能力，促进了区域、城乡经济平衡发展，补齐了社会发展短板，提高了民生质量。但作为一种技术治理手段，项目制也有其局限性，必须依赖于既有行政体制的运行与影响，不可避免地导致项目制的异化，产生诸多负面影响。

1. 项目制并没有解决寻租问题

由于各部委掌握了项目审批权，导致下面的省、市政府纷纷"跑部钱进"，利用各种手段争取项目，各乡镇为争取项目，也会想尽各种手段进行抓包，导致寻租问题严重。在发包与抓包过程中，由于资金经常脱离原有条线体系，导致资金脱离传统科层体系监管，缺乏有效监督，出现寻租。在项目落地过程中，由于地方精英拥有社会资本优势，往往更容易获得项目资金，形成精英俘获。即使在扶贫项目等监管较严的领域，也会由于政绩竞赛需要而形成不公平的资源分配，出现炫耀性寻租与利益输送，导致不公平的竞争，恶化社会风气。

2. 项目制容易脱离地方实际

由于部门之间缺乏沟通，项目实施主观性比较大，导致项目投资经常脱离地方实际，随意性比较大，降低投资效益，浪费投资资源，难以持续。项目制通常通过既有的科层制自上而下发包，但由于上下层级之间缺乏沟通，且层级过多，导致信息链过长，项目制定经常脱离地方实际。如中部某省农村沼气项目，由于忽视地方实际，导致该项目规模过小既不经济也不适用，出现大部分闲置，造成资源严重浪费。各部门之间也由于部门利益之争缺乏协调，导致项目缺乏配套，难以独立发挥作用，造成资源闲置浪费，这在各地水利工程中比较常见。并且，地方项目受领导政绩需要、职位变动影响，导致随意性比较大，难以持续。

3. 项目制可能会加重地方债务，降低地方自主性

为激发地方政府项目参与积极性，调动地方资源，上级政府在项目发包中往往要求下级政府提供一定比例的配套资金。资金配套能够对项目抓包方进行初步筛选，挑选出有能力完成项目者；资金配套也能够将地方政府变成委托人，激发他们监督代理人的积极性，减少代理风险。由于项目已经成为地方发展的重要资源，为获得政绩各地政府领导人不惜借债筹集配套资金争抢项目，导致地方债务恶化。项目制也导致乡镇缺乏稳定财力，处于严重依附地位，难以有效回应地方需求，应对各种突发事件，降低基层自主性与自我发展能力。

4. 项目制可能造成新的分配不公与负激励，不利于乡村发展

为满足政绩需要，地方政府将发展项目向先进村与后进村倾斜，前者被

打造成模范村，大量项目被打包输入，造成资源超载，浪费严重。后者被打造成扶贫典型村，被特殊照顾，大量项目短期内被打包输入，彰显政府扶贫政绩。绝大部分普通村则可能由于不适合政绩打造而被忽视，导致基础设施与公共服务投资缺乏，与先进村甚至落后村差距越来越大。形式主义的示范村打造形成负激励，使普通村与村民"等、靠、要"思想严重，内生发展动力严重不足。乡村内部则由于精英俘获绝大部分支农项目资金，导致新的分配不公，使普通村民与乡村精英之间的贫富差距进一步扩大，激化社会矛盾。这些都不利于乡村的发展。

5. 项目制可能导致乡村自治退化、发展目标异化

当前中国很大部分乡村政府处于悬浮状态，既没有资源满足乡村基础设施建设与公共服务需要，也缺乏资源完成上级部门转移的任务，只能依赖富人村干部的私人治理，导致富人治村广泛蔓延。富人治村虽然可以提供配套资金争取发展项目，通过私人治理为乡村提供基础设施与公共服务，维护乡村稳定，但也会形成对普通村民的参政排斥，消解村庄公共性，使乡村自治退化，从长期看会削弱乡村内生发展能力，不利于乡村的可持续发展。项目制也会因为政府部门的项目打包与政绩导向而出现目标异化，导致乡村治理内卷化。

6. 项目制可能加重形式主义、官僚主义

由于项目数量众多，规模庞大，委托方无力进行实质监管，只能在文本形式和程序技术管理上做文章，易导致各种繁文缛节、形式主义、官僚主义大行其道，浪费大量时间与资源。并且，出于政绩需要，也由于项目脱离实际而难以完成，基层政府往往只能以形式主义地打造若干样板蒙骗上级。在当前体制下，各种任务最终集中到基层，上面千条线，下面一根针，基层任务严重超载，但资源有限，往往只能敷衍，导致项目形式化。

四、项目制异化的根本原因

项目制作为一种成熟的公共管理技术，在中国却出现了严重的异化，产生一系列负面作用，导致公共治理内卷化，效果不佳。其根本原因在于国情差异，中国还没有为项目制实施做好良好的制度准备。

1. 中央权力过于集中

过度中央集权会导致地方缺乏必要资源与权力满足地方需要，应对地方突发事件，削弱地方自主性。中国幅员广阔，各地自然、经济、社会差异较大，中央政策难以兼顾各地的多样性，政府层级过多也易导致信息传递链条过长容易失真，从而脱离地方实际。因此，长期以来，公共治理的目标就在于合理协调中央与地方关系，使治理模式既能有效发挥中央宏观控制能力，又能激发地方积极性，充分发挥各自长处。财政分成制造成强枝弱干后果，使中央政府权威下降，削弱了中央政府宏观调控能力，造成地方重复建设和经济过热，常常引发严重的通货膨胀，进而影响经济社会的可持续发展。但分税制造成的过度中央集权又走向了另一个极端，导致地方发展能力与积极性下降，"等、靠、要"思想严重，财政转移支付资金利用效率降低。尽管中央政府的财政转移支付力度越来越大，但在东西部差距依然很大的情况下，中国的南北之间、城市之间、乡村之间的差距反而也在不断扩大，并出现财政项目投资内卷化倾向。而项目制与政绩竞赛、传统科层制的结合，又导致部分地区寻租问题与官僚主义、形式主义问题加重，新的分利集团与精英俘获产生，项目发展目标异化，不仅降低政府项目投资的效率与效果，一定程度上扩大社会贫富差距，造成新的分配不公，而且逐步消解了治理的公共性，一定程度损害政府合法性，降低地方内生发展的能力。

2. 技术改革替代制度改革

中国改革以双轨制为其特征之一，属于渐进式改革。这种改革的好处是不触动既得利益集团的利益，希望通过增量改革逐步实现制度由量变到质变；坏处是避重就轻，容易被利益集团所利用出现政策异化，并形成严重的路径依赖，使质变难以实现，改革难以持续。项目制改革也属于双轨制改革，企图在不改变原有官僚体制的情况下，通过技术改革提高政府行政效率。但这个目标往往难以实现，项目制作为一种技术手段，并不能在真空中运行，必须在既有的行政体制中运行，嵌入原有官僚体制之中，通过科层制层层发包、打包、抓包，最终实现项目落地。从某种意义上说，项目制依附于官僚体制，技术治理依赖科层体制运行，因此，项目制无法绕过官僚体制，受科层制的束缚与影响。在中国传统官僚体制下，由于各级政府官员权力得不到有效约束，导致官员私欲膨胀，寻租问题较严重。最终，项目制在官员寻租，政绩竞赛，利益合谋与精英俘获中逐步被行政吸纳，偏离原来目标而被异化，导致项目实施效率与效果都较差。因此，企图仅仅以技术改革替代制度改革是行不通的，会导致制度对技术的吸纳，消解技术的科学性，异化政府发展目标，最终使技术改革走入歧途。只有加快行政体制改革，才能为项目制运行提供良好的制度环境，有效提高公共治理的效率与效果，实现善治目标。

3. 服务型政府改革异化为公共服务型政府改革

随着社会发展，政府的主要职能逐步由"统"转移到"治"，满足公民需求，实行有效治理，建立服务型政府成为各国政府努力的方向，中国政府也不例外。然而，传统管制型政府由于存在较严重的权力本位与官本位，导致服务意识不强、机构臃肿、行政效率较低、寻租问题严重、治理效果欠佳、无法有效回应群众需求等问题。为提高政府行政效率与公共治理水平，有效回应群众需求，提高群众满意度，中央政府推动了行政体制改革，提出了建设服务型政府的目标。然而，要建设服务型政府就必须牢固树立人民本位思想，破除权力本位与官本位思想，加强权力监督。这就要求进一步深化人民民主，倡导民众参与社会治理，精简行政机构，提高行政效率。但这必然会损害到部分官僚利益，遭到他们抵制，使服务型政府改革推进困难，只好将改革重点由较难的制度领域转移到较易的技术领域上，通过机构精简、电子政务建设、项目制应用等在传统官僚制内核上包装上一层现代技术外壳，导致服务型政府改革异化为公共服务型政府改革。这种企图通过公共服务供给的增加替代实质性的制度改革必然最终陷入内卷化。

五、项目制的治标之举

针对项目制的异化，国内学者提出了一系列改革对策，但由于这些对策主要偏重技术层面，很少触及制度层面，导致这些对策可行性较差，有些还产生新的副作用，治标不治本，难以有效减少项目制的异化。

1. 加强各级政府之间的沟通，各部委之间的协调

从理论上讲，这个建议非常正确，加强各级政府之间的沟通可以使项目设计更符合地方实际；加强各部委之间的协调可以使项目资源得到更有效整

合，但这个建议可操作性差。在权力本位思想严重，权力缺乏有效监督的当下，权力就是利益，权力就是权威，很少有层级官员愿意主动消减权力，而是大多希望进一步扩大自己层级的权力，增强自己层级对资源的控制力。在权力极不对等的情况下，为彰显自己权威，维护自己利益，上级政府不太愿意与下级政府进行平等协商，接受下级政府意见，往往更愿意根据自身利益进行政策设计。由于缺乏沟通，加上行政层级过多，地区差异过大，导致上级政府对基层的现实情况了解不够，制定的政策容易脱离实际。在官本位思想严重的当下，不同部委之间也存在较大的利益之争，很少有部委愿意主动放弃权力。部委争取的项目资金越多，支配能力越强，权力就越大，利益就越多，部委领导在政绩竞赛中优胜的可能性就越大。各部委为维护自己部门利益，不愿意主动妥协让步，必然导致相互之间的竞争大于合作，项目整合比较困难。只有对政府权力进行有效的监督与制约，从制度上消除权力寻租的土壤，从思想上消除权力本位与官本位，才能消除不同层级政府、不同部委之间的利益冲突，有效实现上下层级政府之间的沟通，不同部委之间的利益协调，使项目设计更符合地方实际，项目资源得到更有效整合。

2. 减免地方配套资金与专项转移支付，增加直接转移支付

减免地方配套资金确实有利于减轻地方债务，但也有可能进一步降低项目实施效果与资金利用效率。项目资金要求地方配套目标有三个，一是动员更多的地方资源参与项目建设；二是筛选、甄别合格的项目实施者；三是将地方政府变成项目委托方，降低项目委托风险。如果完全取消地方配套资金，虽然可以减轻地方债务，但也可能因此失去对项目申报者的甄别功能，导致更多项目难以完成，降低项目资金配置效率。免除了地方配套资金也免除了地方政府的委托责任，降低了地方政府项目监督的积极性，导致项目资金使用可能更缺乏监管，使用效率更低。虽然由于缺乏与地方的沟通导致部委项目经常脱离地方实际，降低专项转移支付资金利用效率，但减少专项转移支付，增加直接转移支付并不一定能够提高财政转移支付资金利用效率。由于增加的财政直接转移支付资金会重新落入官僚体制窠臼，资金被挪用、截留或寻租的可能性依然很大，导致资金利用效率较低。并且，在当前唯GDP扭曲的政绩竞赛体制下，大部分增加的财政直接转移支付资金会被投入经济发展领域，导致民生工程与公共服务、生态环境保护投资更加不足，使

社会发展更加失衡，违背项目制的初衷，得不偿失。

3. 减少项目制的形式主义，加强对项目实施过程与质量的监管

这些建议很有道理，但操作性也较差。形式主义是官僚主义的必然结果，官僚主义忽视地方实际，下达的项目任务经常超过地方能力难以实现，或者不符合地方需要造成资源浪费，但面对上级部门压力，地方只能以形式主义的方式消极抵制，或通过建设样板工程以点代面欺骗上级部门。不解决官僚主义问题，就不可能真正解决项目制的形式主义问题。在当前自上而下的监管体制下，监管既面临着所有人缺位的根本性问题，导致监管者动力不足，且容易被监管者腐蚀，与被监管者合谋共同损害群众利益。即使有部分监管者能够抵御利益诱惑，坚持原则，但由于人力资源与信息的限制，面对巨量的项目心有余而力不足，无法做到有效监管。只有改变监管方式，让人民群众成为监管主体，鼓励社会力量参与项目监管，才能使所有人归位，突破人力资源与信息的限制，实现有效的项目监管。

4. 严厉打击项目寻租，减少项目实施中的精英俘获

其实，政府一直在反腐败且力度也越来越大，但腐败问题依然严峻，跑部钱进，项目寻租依然普遍，其根本原因在于权力缺乏有效监督导致政府权力过大，使反腐败措施效果有限。只有有效地约束政府权力，完善监督机制，才能从源头上遏制腐败。精英俘获一种是政府部门与社会精英的主动共谋，如新型农业精英主体培育。中国人多地少的现实国情使新型农业经营主体大规模发展条件还不成熟，但为政绩需要，地方政府往往采取优惠政策鼓励新型农业经营主体发展，部分农村精英为套取政府补助也愿意创建新型农业经营主体，双方各取所需，形成利益同盟，俘获大量支农资金。精英俘获另一种是政府精英与社会精英的被动共谋，如中西部地区的富人治村。由于分税制与农业税费减免导致基层政权悬浮化，无力为乡村提供有效的基础设施与公共服务，也没有能力提供配套资金争取项目发展本地经济，只能依赖富人进行乡村治理，争取农业项目，二者形成利益同盟，共同俘获政府支农资金。因此，要从源头上解决精英俘获问题，就必须提高政府决策水平，使政府政策更符合地方实际，并改革财政分配制度，使基层获得稳定的治理与发展资源，同时完善地方自治，加强对项目资金使用的监督。

六、项目制改革的治本之策

鉴于项目制内嵌于传统官僚体制而被体制吸纳，技术层面改革只能治标不治本，效果有限，只有同时进行根本性的制度改革，标本兼治，才能为项目制的有效运行创造条件，减少项目制的异化，实现公共治理目标。

1. 进一步推进行政体制改革

思想是行动的指南，要改革行政体制首先必须改变行政理念。项目制中寻租、利益联盟、精英俘获、去公共性、目标异化与内卷化等问题的最根本原因就在于权力失去有效制约，而权力失去有效制约的根本原因就在于官本位。因此，要从根本上解决权力失控问题，就必须继续转变行政理念让人民归位，由官本位到人民本位，所有的行政体制改革都应该紧紧围绕人民本位进行，以为人民服务为宗旨。当前中央政府积极推进的服务型政府建设正是对行政体制改革的积极回应，这次改革通过精简行政机构，裁减冗员，优化服务流程提高政府办事效率，通过限制政府权力，提高行政的法制化、规范化、信息化水平，强化行政问责机制，鼓励群众参与来有效响应群众需求，满足群众需要。各地也通过开通市长热线，合并国地税，整合行政服务中心业务，发展电子政务，大大方便了群众办事，提高了行政效率与群众满意度，其中浙江省的"最多跑一次"改革受到广泛好评。但由于服务型政府改革是政府的自我革命，常常会损害官员的自身利益，如果没有外部压力，这种自我革命很难进一步深入下去，只能停留在技术层面并可能异化为公共服务型政府改革。

2. 进一步推进政治体制改革

要真正实现服务型政府建设目标，将行政体制改革推向深入，中国就必须进一步推进政治体制改革，将为人民服务落到实处。只有进一步推进政治体制改革，让人民归位，建立制度性的监督与问责机制，才能将权力关进制度的笼子，对政府官员进行有效监督，减少其机会主义行为。从当前中国现实看，政治体制改革主要从两个层面展开。在地方层面，主要是进一步推进基层民主建设，提高乡村自治能力，通过完善乡村治理结构，鼓励新乡贤、其他社会力量积极参与乡村治理弥补乡村空心化导致的治理缺口，实现多元共治。通过提高村民代表大会权力，加强对村干部权力的监督与制衡，防止权力的异化，实现乡村善治。为进一步巩固乡村自治，基层民主建设应该进一步上推到乡镇、县市层面，以改善乡村自治的外部制度环境，巩固乡村自治的财政基础，从根本上减少基层政权的去公共性、权力寻租与精英俘获，防止治理目标异化。在中央层面，主要是提高人民代表大会地位，完善人民代表大会制度，以加强对政府权力的监督与制约，减少权力寻租，提高决策质量。对于政协，也应该扩大其代表性，提高其参政议政能力，赋予其更多监督政府的权力。只有对政府权力进行有效制约，才能将服务型政府改革不断推向深入，实现有效治理。

3. 进一步协调中央与地方关系，适当地向地方放权

中央集权有利于全国性公共产品的提供和宏观调控，因此，涉及全国性的事务中央政府管理较好，如国防、外交、社会保障、货币发行、区域统筹、城乡统筹等。但在地方性事务上，地方政府则具有信息优势，能够更合理更有效地配置资源，中央政府则由于信息劣势，制定的政策容易脱离地方实际，导致资源浪费与低效利用。中国国土面积世界位居第三，人口规模位居世界第一，各地自然环境、经济、社会发展水平差异巨大，过度集权并不合适，应该适当向地方分权，提高地方自治能力，以激发地方积极性，提高资源配置效率，减少"跑部钱进"所导致的寻租。中央向地方分权主要包括三个方面，一是事权，二是财权，三是人事权。当前中央政府管的事权太多、太杂，超出中央政府的能力，既浪费了中央精力也降低资源配置效率，中央政府应该对事权进行仔细甄别，该下放的下放，该分权的分权，该转移的转移，这样既可以减轻中央负担，集中精力做好全局性的宏观调控，也能够提高资源配置效率。当前中央政府以15%的财政支出占有45%以上的财政收入，地方政府则相反，财权与事权严重不匹配。项目制财政转移支付既增加了管理成本，也降低了资金利用效率，副作用很大。政府应该合理提高各省市财政留成比例，使事权与财权匹配，提高财政资金利用效率。在各地人大掌握较大的人事权后，地方政府官员就必须向下负责，受各地人大、政协以及社会组织监督，政绩评价的标准就会更合理，制定的政策以及项目就更符合地方实际，财政资金的使用扭曲就更少，寻租、腐败、精英俘获就能够得到有效控制。

第三章　工商资本下乡专题研究

工商资本下乡是城市生产要素下乡最重要的内容，它是其他生产要素下乡的载体，也是新型农业经营主体成长的最重要要素。但由于僵化的意识形态束缚，加上监管不严导致工商资本非农化、非粮化，与农争利问题严重，使工商资本下乡成为最具争议性的问题。这里主要谈论三个问题：一是归纳了湖州三种工商资本下乡模式，对不同工商资本下乡模式的发展可持续性及分配效应进行了分析，指出只有公平分配发展红利才能实现可持续发展。二是批判了保守的小农经济思想回潮，指出农业生产社会化服务只能暂时延缓小农经济衰落，防止农业生产力下降过快，但要维护国家长期粮食安全，实现城乡一体化发展，还必须积极引进工商资本下乡，加快新型农业经营主体发展。三是从利益博弈角度对工商资本下乡问题进行了分析，认为不同主体的利益冲突导致工商资本下乡目标异化，只有合理协调不同主体的利益冲突，才能兴利除弊，矫正工商资本下乡目标的异化，助力乡村振兴目标的实现。

第一节　城市生产要素下乡带动乡村振兴的实现机制研究——基于湖州休闲养老产业典型案例分析

二元户籍体制的长期存在，城乡收入、基础设施，公共服务差距的持续扩大且固化，导致中国大部分乡村生产要素长期单向流出，空心化严重，老人农业蔓延，缺乏内生发展能力。只有积极引导城市生产要素下乡，才能有效弥补乡村发展的生产要素缺口，实现乡村振兴目标。但如何才能实现城市下乡生产要素与乡村资源的有效结合，顺利实现乡村振兴目标，还需要进一步深入探讨。

一、城市生产要素下乡为乡村振兴提供新动力

没有农业农村的现代化，就没有国家的现代化。正是基于此认识，中央在21世纪初实施了新农村建设战略，一定程度上提高了农民收入，缩小了城乡收入差距，改善了农村生产、生活条件，维护了国家粮食安全与农村社会稳定。但随着各项支农政策效果递减，政府农业转移支付能力接近天花板，农产品价格增长受到世贸组织条约和国际市场竞争制约，新农村建设动力逐渐衰竭。而城乡基础设施、公共服务差距的继续扩大，乡村学校的撤并，基层医疗体系的瓦解，乡村治理的悬浮化，乡村环境的恶化，导致新生代农民加速逃离农村，加剧了乡村空心化与老人农业问题，并形成恶性循环。正是认识到新农村建设动力衰竭，党的十九大提出了乡村振兴战略，希望通过加快农业现代化转型，提高农民收入，建设美丽乡村，有效缩小城乡综合差距，实现城乡一体化发展。但从近两年的实践看，精准扶贫虽然减轻了乡村贫困，但对乡村振兴意义有限。由于财政压力、国内外农产品价格倒挂与农产品种植结构调整，政府取消了部分农产品的保护价，导致农业收入下降。价格下降加上气候异常又导致2018年夏粮大幅减产。而经济新常态的到来与中美贸易战的开启，实体经济的困顿也导致农民工工资增速趋缓。房价与房租的暴涨，城市生活成本的提高也使农民工城市化阻力增大，半城市化人口规模不断膨胀。要继续维护国家粮食安全与社会稳定，提高农民收入，增加农民就业机会，仅仅依靠空心化的乡村内生发展很不现实，而中央政府由于财力限制，加上经济新常态的冲击也力不从心，必须引进外部城市生产要素才能有效弥补乡村振兴资源的不足，为乡村振兴提供新动力。

首先，城市生产要素下乡能够为乡村发展提供人才支持。长期存在且不断扩大的城乡差距导致乡村精英大量流失，刘易斯拐点的到来则使乡村劳动力短缺问题更加严重，传统劳动密集型小农经济衰落，老人农业蔓延，大量耕地被抛荒、弃耕。乡村剩余劳动力或年龄过大，或身体素质较差，或头脑

不太灵活，除少部分立足乡村的专业种养大户和非农就业农民外，其他的绝大部分即使在乡村也属于生产力较低的群体。这个群体维持传统农业都勉为其难，更无法为现代农业提供人力资本支持。因此，要发展现代农业，实现农业内部六次产业的融合发展，建设美丽乡村，就必须从城市引进大批懂技术、懂管理、懂营销的高素质人才，使这些目标落到实处。其次，城市生产要素下乡能够为乡村发展提供急需的资本支持。长期的城乡生产要素单向流动导致乡村资本匮乏，没有能力进行大规模的农业基础设施建设，购买先进的生产设备，组建农产品加工厂，研发农业技术，培训职业农民，进行六次产业综合开发。城市民间资本充裕，缺乏投资渠道，如果合理引导它们下乡投资，就能够为农业现代化与六次产业融合发展提供充足的资本支持。再次，城市生产要素下乡能为乡村发展提供科技支持。科技是第一生产力，也是中国农业现代化的主要推动力，大批高素质的城市下乡人才，各种先进的农业生产设备、农产品加工技术、农业生产资料都是现代科技的载体，他们将现代科技源源不断地扩散到乡村，促进了中国农业现代化转型。最后，城市生产要素下乡能够为乡村发展提供思想观念支持。城乡差距不仅体现在经济上，也体现在思想观念上，长期的熟人社会、小农经济导致农民普遍存在小富即安观念，思想保守，阻碍了乡村现代化。大量高素质的城市人才涌入乡村，带来了城市的开放意识、竞争意识、公德意识、生态意识、平等意识、法治意识与契约精神，这些都在潜移默化地影响农民，使农民思想观念不断更新，并符合现代化的要求。

然而，由于对城市生产要素下乡缺乏有效监督，加上地方政府的政绩压力，工商资本的寻租冲动，导致国内城市生产要素无序下乡，这也带来一些负面影响，其中反映较大的有三点。一是部分耕地的"非农化"、"非粮化"利用，影响国家粮食安全。二是政府强制推动的耕地整体流转可能阻断农民工退路，不利于社会稳定。三是强势资本与基层政府、地方黑恶势力合谋套取政府农业补贴，损害农民权益，并对专业农民形成挤出效应。应该说，当前中国这三个方面的问题都存在，但主要不是资本之罪。政府的耕地保护制度非常严厉，耕地的非农化主要责任在政府监管不严。一般来说，主粮种植家庭农场最有效率，近几年下乡资本纷纷撤出主粮种植就是明证，下乡资本进入主粮种植只能是短期行为，要么认识不足，要么是政府补贴的扭曲导致。耕地非粮利用部分是对中国僵化的土地利用制度的市场纠正，符合比较优势，由于设施农业投资比较大，技术、管理要求较高，下乡资本具有优势，涉及较多，但非粮市场容量有限，近几年已趋于饱和，部分产品过剩严重，使耕地非粮利用动力衰减。并且，中国并不缺乏耕地，在部分耕地非粮利用，大约16%的耕地被抛荒、弃耕的情况下，中国主粮不仅供应充足而且过剩。因此，中国粮食安全的主要问题不在于耕地不足，而在于耕地缺乏整理，农业基础设施落后，水利荒废，粮食价格过低，导致大量耕地不能利用或低效利用，这些恰恰需要引进下乡资本解决。至于认为土地流转会阻断农民工退路，影响社会稳定的看法也脱离实际，农民也是理性的，不会轻易把耕地流转。农二代、农三代对务农基本缺乏兴趣，他们大部分宁可漂在城市也不愿意回乡务农，并且就那几亩地收入不要说维持有尊严的生活，连基本生活都难以保障。要维护乡村稳定，政府应该一方面为农二代城市化创造条件，另一方面提高农民社会保障水平，这才是可行方案。强迫农民耕地流转主要是政府为政绩工程不当干预造成，只要减少政府干预，充分尊重市场选择，这些问题就能化解。至于下乡资本对农民的挤出效应就更不存在，这是市场竞争行为，租金从无偿用地农民手中转到出租土地农民手里，淘汰掉低效的农业生产者，使生产要素集中到高效生产者手中，被挤出的农民可以到更有效率的产业寻找新工作，属于帕累托改进。因此，当前学者们将城市生产要素无序下乡板子全部打在下乡资本屁股上很不合适，当前的粮食安全问题，农民缺乏保障问题，农民利益受损问题主要与政府监管不严，政府职能错位、缺位、越位，陈旧的维稳思维有关，与下乡资本本身关系不大。只有进一步解放思想，积极创造条件减少新生代农民工城市化障碍，提高农村社会保障水平，加强对下乡资本的监管，让政府权力归位，才能有效减少资本的异化，维护乡村稳定，使下乡资本更好地服务于乡村振兴目标。当然，要顺利实现城市生产要素下乡目标，我们还有很多工作要做。

　　本章将以湖州休闲养老产业典型案例为样本深入探讨城市生产要素下乡带动乡村振兴的实现机制。由于休闲养老产业属于第三产业，不涉及粮食安全问题，对农民就业与农民增收，六次产业融合发展有正向促进作用，因此对这些产业的城市生产要素下乡社会阻力较小。并且由于第三产业政府干预较少，资源配置扭曲较小，市场化比较充分，能够比较真实地反映城市下乡生产要素与乡村资源有效结合的规律，具有普遍性借鉴意义。

二、城市生产要素下乡助力湖州休闲养老产业发展

湖州休闲养老产业的发展既有客观必然性，也有偶然性，是城市下乡生产要素与当地生产要素，地方政府共同作用的结果。首先，湖州发展休闲养老产业有可观的市场需求。随着中国人口的快速老龄化，社会对休闲养老的需求不断增加。长三角地区老龄化水平高于全国，其中上海2017年60岁以上的老人达到483.6万，占户籍人口的33.2%，大大超过联合国10%的标准和全国老龄人口17.3%的平均水平，苏南的无锡、苏州老龄化人口也达到24%，杭州的老龄化人口达到21.6%，都属于重度老龄化地区。这些地区人均收入比较高，老龄人口规模大，对休闲养老具有较大需求。其次，湖州区位优越，生态优良，是长三角最近的休闲养老目的地。湖州地处长三角腹地，离上述客源地距离都比较近，方便到达。与长三角其他城市高度工业化、环境污染较严重不同，湖州工业发展相对滞后，生态环境优良，是美丽乡村建设的发源地，比较适合休闲养老。再次，湖州有发展休闲养老产业的动力。湖州人均耕地少，人均收入高，要进一步缩小城乡差距，提高农民收入，仅靠传统农业肯定不行，而养殖业、设施农业的发展受环境容量限制，也严重受制于生态立市的既定发展路线，休闲养老产业属于高收益，可持续发展的绿色产业，因此受到政府鼓励。最后，湖州具有发展休闲养老产业的资源优势。除生态优良外，湖州自古以来以丝绸之府，鱼米之乡著称，文化底蕴深厚，物产丰富，适合休闲养老。湖州属于吴文化区，对长三角潜在的休闲养老顾客具有文化亲和力。湖州自古教育发达，居民综合素质比较高，思想比较开放，能够很好地服务顾客，把握发展机会。湖州民营经济发达，政府亲商意识，服务意识较强，对政策把握灵活，有利于新兴产业发展。湖州所处的长三角，教育发达，资本雄厚，能够为湖州休闲养老产业发展提供充足的人力资本与金融资本。

尽管湖州具有发展休闲养老产业的客观优势，但城市下乡生产要素介入湖州休闲养老产业的发展却有一定的偶然性。由于城市下乡生产要素与乡村资源结合方式不同，导致不同休闲养老模式的产生，从当前湖州休闲养老产

业看，主要有莫干山镇、顾渚村、横溪坞村三种发展模式，不同发展模式对当地农民收入的提高，分配的改善，乡村治理的影响各不相同，需要认真分析。

莫干山民宿是当前湖州最有名的乡村休闲旅游品牌，曾在2012年被《纽约时报》评为全球最值得去的45个地方之一，成为民宿界的网红与行业标杆。莫干山地处沪宁杭金三角中心，地理位置优越，生态环境良好，以"竹、泉、云、瀑"著称，号称"清凉世界"，早在20世纪20年代便是中国四大避暑胜地。当时一批外国商人与政府要人在这里修建别墅、游泳池和网球场，为莫干山留下200多栋式样各异、形态美观的别墅，以及大量的名人传说与诗文碑刻。20世纪80年代，莫干山曾是红极一时的景区，但很快由盛转衰，山上的别墅也渐渐破败，招待所关门。真正让莫干山民宿重现辉煌的是来自南非的外籍华人高天成，2007年从上海骑车到莫干山旅游的高天成一眼就看上了青山环抱的三九坞，发现了民宿商机，与几个伙伴租下六间闲置的农房将其改造成低碳型的"裸心乡"，一炮而红，深受外国游客喜爱，生意火爆。接下来高天成又于2009年投资1.5亿元建立了"裸心谷"，将其建成为一个面向外国游客的度假村。同年法国人司徒夫仿照法国乡村民宿在莫干山镇紫岭村建立了"法国山居"，两者一起树立了莫干山高端民宿形象。由于"裸心谷"与"法国山居"良好的经济效益形成示范效应，大批外部投资者纷纷跟进，仿照裸心谷建筑风格和管理模式，创建了一大批高端民宿，包括西坡、大乐之野等著名民宿。随着示范效应的增强与《纽约时报》的宣传，莫干山民宿的持续火爆，越来越多的外地资本、本地资本、本地村民纷纷加入民宿业，导致莫干山民宿产业急剧膨胀，到2017年已经达到600多家。莫干山民宿业的发展直接吸纳当地从业人员4000余人，为乡村旅游休闲配套的商店、娱乐、交通运输等行业间接吸收就业人员超过1万人，人均年收入4.5万元，为当地贡献营收22.7亿元。如果再考虑到高端民宿对当地优质农产品的需求，当地农民房租、地租的增长，民宿业对当地经济的贡献则更大。当前，莫干山民宿业已经不依赖于当地旅游，逐步过渡到无景点休闲模式，高端民宿基本位于莫干山风景区旅游景点以外的西坡，远离喧嚣的人群密集居住区，以高端消费群体为主要目标。

顾渚村位于长兴县水口乡，村域面积18.8平方公里，有农户761户，总人口2567人，以非高端农家乐集群为特色，是长三角老年人季节性养老的理想目的地，被称为"上海村"。顾渚村背靠顾渚山，位于苏、浙、皖三省交界处，太湖西岸，由于太湖水汽调节，这里山清水秀，环境宜人，是休闲避暑的好地方。该地自唐代以来就出产皇家贡茶紫笋茶，茶圣陆羽在此撰写了《茶经》，是中国茶文化的发源地。至今当地还保存着大唐贡茶院、金沙泉、顾渚山摩崖石刻等古迹。顾渚村优美的自然环境，悠久的茶文化历史，优越的区位，使其成为长三角普通工薪阶层季节性养老的首选地。顾渚村休闲养老产业的兴起似乎偶然，这个中的奥秘令人禁叹！1993年上海老中医吴瑞安想找一处山清水秀，适合低收入老人的康养之地，走过很多地方后，最终看中顾渚村，然后筹资30万创办了老年乐园。由于价格公道，环境优美，康养效果良好，来疗养的老人越来越多，超过老年乐园接待能力，吴医生只能将部分老人介绍到村民家食宿，形成最早的农家乐。由于顾渚村生态环境优美，村民服务态度好，服务价格公道，到长三角各地交通方便，相关服务配套设施比较完善，导致越来越多的上海老年人来顾渚村进行短期休假，季节性休闲，长期度假养老。随着顾渚村在休闲养老圈的名气越来越大，苏南、南京、杭州等长三角地区的老年人也纷至沓来。客源的快速增长刺激市场供给，顾渚村村民纷纷自建农家乐，逐步形成长三角著名的休闲养老产业集群，到2017年顾渚村农家乐已增长到600多家，顾客遍及长三角各地，每年接待游客300多万人次，每家农家乐纯收入10多万到100万元不等，经济效益明显。

横溪坞村位于安吉孝丰镇西北部，距离县城12公里，村域面积8.5平方公里，有农户325户，总人口1080人，属于江南花园式山区村。村里收入主要依靠竹制品加工、白茶种植加工、黄花梨种植加工三大产业，其主要特点是通过股份制建立合作社，统一经营，统一管理白茶、竹木生产，形成规模经济，以提高产业利润率，实现共同富裕。近几年来，由于毛竹价格下跌厉害，竹制品加工竞争激烈，利润率下降；白茶则由于远离核心区，其品牌影响力小，价格有些提升困难，产业发展遇到了瓶颈。在第一、第二产业由于资源、市场约束难以获得更大发展的情况下，横溪坞村必须寻找新的经济增长点。由于远离市区，横溪坞村无法通过建设厂房或办公楼出租获得租金；由于没有大的景点，横溪坞村也很难像高家堂村、大溪村一样发展乡村旅游业；由于离大景点较远，海拔较低，横溪坞村也难以像石岭村、龙王村、董岭村一样发展季节性休闲旅游业（避暑）。但由于离市区较远，空气清新，竹林与白茶园遍布，离赋石水库较近，村域风景优美，加上海拔较低，交通还方便，横溪坞村很适合城市老年人长期康养。在找准自己的发展优势后，横溪坞村决定实行差异化发展，重点发展老年人长期康养产业，但长期康养与季节性养老与短期休闲养老不同，需要大量的资金投入，对管理水平要求也较高，不是个人或村集体可以内部解决，必须引进优质城市生产要素。正是基于此认识，横溪坞村引进外部资本开发了天然居颐养中心项目，建成后有300多个房间500多个床位，同时引进气候友好农业公司的综合开发项目，在竹林之上建起翠谷竹榭、观景滑索、植物迷宫等，还有一个农事体验项目，占地300亩，进一步丰富养老业态。养老产业的发展可以带动水库垂钓项目，提高村里门球场、文化大礼堂、金龙山民艺馆的利用率，增加村民的就业机会，带动民宿发展和农产品销售。养老产业的引进也为村里增加了每年120万元的租金，使竹林收益由每亩200元提高到500元，提高了村民和集体的收入。

从湖州休闲养老产业三个典型案例看，城市生产要素下乡都有效带动了这些乡村的振兴，特别是莫干山精品民宿的发展，城市生产要素下乡更是功不可没，如果没有城市生产要素下乡，这些乡村的资源就难以得到有效开发，乡村发展就难以达到现有水平。在这三个案例中，莫干山模式对城市下乡资本依赖最大，横溪坞村次之，顾渚村最小。从地方政府的作用看，横溪坞村政府作用最大，通过股份合作制将农民组织起来，实现规模经济，以集体力量与资本谈判，完善基础设施，提供公共服务，对城市下乡生产要素进行选择、引导，牢牢把握发展主动权。顾渚村次之，在顾渚村农家乐发展过程中，村集体适时进行了规范，完善了基础设施与公共服务，制定了统一的农家乐住宿餐饮卫生标准，保护了生态环境，并配套修建了停车场，特产购物街，组建了汽车队，为顾渚村农家乐的健康发展创造了良好条件。莫干山镇由于涉及面积较广，协调困难，加上城市下乡资本过于强大，地方政府作用有限，除完善基础设施，协助资本下乡落地外，主要靠市场作用。从地方经济发展水平看，莫干山地区经济发展最好，顾渚村次之，横溪坞村居后，主要受客观的资源禀赋影响。从分配的公平性看，横溪坞村分配最公平，由于内部实行股份合作制，外部也主要以集体方式与资本合作，分配比较均衡。顾渚村次之，那些有头脑灵活的村民把握先机，其农家乐占据有利位置，资本比较雄厚的村民，收益也比较高，相反，那些起步晚又缺乏资本，农家乐地形不佳的村民，收益就较低，但村民之间收入差距并不特别悬殊。莫干山民宿区收入差距最大，法国山居、裸心谷、西坡、大乐之野等知名精品民宿的利润非常可观，每年几百万甚至上千万的利润，大部分普通村民则由于缺乏资本，只能依靠出租房子与卖农产品获得收入，利润有限。从可持续性角度看，横溪坞村模式可持续发展能力最强，由于实行股份合作制，横溪坞村内聚力最强，分配最为公平，社会最和谐，在与外部资本合作中能争取到最大利益，随着康养项目的引进，养老业态的丰富，横溪坞村可能会实现休闲养老产业的跨越式发展。顾渚村次之，由于利益分配欠公平，部分村民对农家乐宅基地分配不满，还有部分村民侵占公共资源超标建设农家乐，或暗中恶性价格竞争拉客，影响社会和谐。此外，随着安吉、临安等生态优良地区农家乐与休闲养老产业的蓬勃发展，顾渚村面临着激烈的市场竞争。顾渚村在非高端休闲养老市场上的良好口碑也成为双刃剑，形成刻板印象，阻碍了顾渚村农家乐的升级，并且，由于农家乐扩张过快，缺乏长远规划，顾渚村已经没有空间用于高端休闲养老产业的发展，面临产业升级瓶颈。莫干山模式可持续发展能力最差，由于很大一部分原住民没有享受到民宿开发的红利，却成为物价上涨与交通拥挤、噪音、社会治安恶化的受害者，心生不满。分配不公又使当地农民盲目扩张民宿，希望分民宿产业的一杯羹，导致无序竞争，降低莫干山民宿品牌声誉。越来越多民宿的建设也导致过度竞争，使供求关系恶化，大量资源闲置。另外，民宿的过度建设也破坏生态环境，使精品民宿的休闲体验降低。如果不采取措施实行公平的再分配，阻止恶性竞争，莫干山民宿热可能难以持续。

三、城市生产要素下乡带动乡村振兴的实现机制分析

从湖州休闲养老产业发展的经验看，城市下乡生产要素是乡村振兴的重要推动力，各级政府应解放思想，积极鼓励城市生产要素下乡。但要充分发挥城市下乡生产要素的积极作用，实现乡村振兴目标，政府还有很多工作

要做。

首先，各地政府应解放思想，因地制宜地采取合理措施有效利用城市下乡资本，促进乡村振兴。改革开放已经40多年，一些地方政府领导头脑里还残存着资本原罪论、资本剥削论的陈旧思想，对资本下乡采取消极与抵制态度，导致当地农业产业化、现代化发展滞后，乡村凋敝。只有尽快转变思想，认识到城乡生产要素之间的互补、合作、共赢关系，积极引导城市生产要素下乡，才能为乡村发展提供新动力，助力乡村振兴目标的实现。当然，由于各地乡村发展现状、资源禀赋与组织状况差异很大，因此城市下乡生产要素与乡村资源的结合方式也应多样，盲目照抄照搬其他地区城乡生产要素结合模式并不可取。从湖州经验看，莫干山、顾渚村、横溪坞村三大发展模式虽然城市下乡生产要素与当地乡村资源的结合方式，作用大小存在明显差异，但由于各自契合当地的资源禀赋，一定程度上实现了城市下乡生产要素与当地资源的有效结合，因此都取得了乡村振兴的成功。

其次，应对政府作用进行准确定位，合理划分政府与市场边界，减少政府的越位与缺位，加强政府监管。由于长期大政府的影响，在引进城市生产要素下乡过程中，有些政府为政绩需要，对资本进行过量补贴，强迫农民流转土地，导致资源配置扭曲低效，损害农民利益。有些政府对下乡资本监管不严，导致部分地区存在非农化、非粮化问题。有些政府对当地经济发展缺乏长远规划，导致资源配置短期化，不利于长期发展。顾渚村虽然为当地农家乐发展创造了良好的生态环境，交通便利，制定了统一的农家乐经营标准，建设了相应的基础设施与服务设施，丰富了休闲业态。但由于缺乏长远规划，没有为未来的产业升级与公共服务升级预留场地，导致当地农家乐升级遭遇瓶颈。莫干山民宿发展中政府也没有对民宿发展制定长期规划，导致过度竞争，严重影响莫干山民宿的可持续发展。并且，由于政府对基础设施建设，相关配套设施建设投入不足，导致莫干山民宿区业态单一，严重制约其发展。因此，在城市生产要素下乡过程中，地方政府的职能是进行严格监管，引导它们进入合适行业依法经营，并为新产业发展制定长期规划，为它们创造良好的发展环境，提供充足的基础设施与公共服务支持，至于具体的经营则应该交与市场，以避免资源配置的扭曲。

再次，应正确处理下乡生产要素所有者与村民之间的利益关系，实现比较公平的分配。一般来说，城市下乡生产要素所有者占有财力、人力、信息资源优势，在与单个村民的博弈中处于优势地位，容易导致不公平的利益分配。并且，由于投资一般具有负外部性，如污染、噪音、拥挤、物价上涨与挤出效应等，都会对原住民利益造成一定程度的损害，这些都需要政府进行协调与补偿。如果不能合理分配新增利益，就有可能激化社会矛盾，影响社会和谐与经济的可持续发展。如莫干山民宿，早期由于村民对旧居价值缺乏认识，导致租金过低，引发大量纠纷，休闲旅游业发展的负外部性也引起一部分村民不满，影响社会和谐，而对生态保护缺乏补偿机制则导致村民不满，民宿过度开发，最终影响整体环境与民宿品牌价值。只有政府出面，合理协调城市下乡生产要素所有者与村民利益，争取更公平的分配，并对村民的生态保护与负外部性进行补偿，才能促进社会的和谐，实现民宿产业的可持续发展。而横溪坞村的股份合作模式使村民能够组织起来，与资本进行比较公平的博弈，保证发展红利的公平分配，为产业发展创造和谐的社区环境。顾渚村发展差异虽然主要是内部资本所致，但由于农家乐区位有不同经济价值不同，导致不同区位农民收益差异较大，鉴于土地国有性质，必然造成村民对公共资源不公平分配的不满，引发内部矛盾。政府应对黄金地段霸王湖周边土地进行公共开发，以村民普遍入股方式建设中高档休闲养老设施，这一方面有利于提高顾渚村农家乐档次，满足顾客差异化的需求，增加总体收入，也能够实现更公平的分配，缓解内部矛盾，还可以增加集体收入，进一步完善基础设施与公共服务。

最后，应努力促进城市下乡生产要素与乡村社区的有机融合，实现乡村善治。对城市生产要素下乡一个比较大的批判是下乡资本孤立于乡村之外，成为乡村的孤岛，与村民之间基本没有互动，只存在简单的劳动雇佣关系，有些还与村民关系紧张，这对于企业的长期发展与乡村的善治都很不利。另外一个批评是资本过于强势，通过公司＋合作社＋农户的方式将农民整合进生产过程，使乡村完全沦为资本的附庸，丧失独立性，无法维护自己的利益，造成经常性的劳资冲突，这也不利于公司的发展与乡村的善治。最好的方式应该是横山坞村模式的股份合作制，由于村庄的利益与下乡资本的利益一致，双方是合作共赢关系，村民既是企业所有者，也是企业劳动者，企业既是村庄的一部分，村庄也是企业一部分，两者深度融合，彼此成为利益共同体，这既有利于企业的长期发展，也有利于乡村善治。因此，对于乡村来说，股份合作制可能是其与下乡生产要素的最优结合方式，这既是可持续发展的需要，也是乡村善治的需要。

第二节　新型农业经营主体、小农户与中国农业现代化

农业经营主体是农业现代化的实践主体，农业经营主体发展战略选择直接影响农业现代化的成败，因此，改革开放后中国政府积极培育新型农业经营主体，以期加快中国农业现代化转型。但由于客观的人地结构制约，加上关键性的配套改革滞后，导致中国新型农业经营主体发展缓慢，传统农业经营主体过快衰落，形成生产力真空，影响国家粮食安全。在这种背景下，中央政府对农业经营主体发展战略进行了调整，强调新型农业经营主体与小农户协调发展，以确保农业现代化转型过程中的粮食安全。但部分学者却走向了另一个极端，片面理解中央精神，过度强调小农户的重要性，认为中国可以在小农户基础上实现农业现代化。当前的国内外环境使这种保守思想影响越来越大，并对中央政府决策形成较大干扰，如果任其发展下去后果堪忧。只有依据中国国情对这种保守思想进行深入分析，才能全面理解中央政府精神，减少保守思想对政府决策的干扰，继续优化农业经营主体结构，顺利实现中国农业现代化转型。

一、中国农业经营主体发展战略渐趋保守化

中国农业经营主体发展战略是在解决中国农业现代化面临的问题中逐步形成，具有鲜明的时代性。联产承包责任制解放了农村生产力，在短期内解决了中国粮食短缺问题，但由于粮食需求弹性低，产量增长过快导致卖粮难，价格下跌，影响农民收入与种粮积极性，导致粮食增产放缓，难以满足国民不断增长的粮食需求，引发西方的中国粮食威胁论。要增加农业产出，提高农民收入，就必须稳定农产品价格，调整农业产业结构，延长农业产业

链。联产承包责任制形成的原子化小农由于规模过小，普遍缺乏资本、技术与管理经验，没有能力实现这些目标。在这种背景下，农业龙头企业作为市场整合力量，通过订单农业能有效连接产、供、销，实现规模经济，保证农产品质量，稳定农产品价格，延长农业产业链，增加农民收入，成为政府首个重点培育的新型农业经营主体。在政府大力推动下，20世纪90年代末这种发源于山东的农业产业化模式被迅速推向全国，有效提高了中国农业现代化水平。然而，这种"公司＋农户"的产业化模式在具体实施中也存在很多问题，一是交易成本过高，违约风险较大，导致公司和农户利益都难以得到有效保障。二是利益分配不均。由于小农户弱小分散，导致农业龙头企业在合作中处于优势地位，经常侵占小农户利益。三是套取政府农业补贴。为加快农业产业化，各地政府纷纷给予农业龙头企业大量优惠政策和补贴，挤占小农户利益。四是耕地非粮化，非农化利用普遍。资本的趋利性与高管理成本使农业龙头企业更偏爱利润率更高的非粮、非农产业。由于中国粮食总产量从1999年到2003年连续5年下降，粮食安全问题严峻，加上农业龙头企业经常侵占农民利益，耕地非农化、非粮化利用严重使政府认识到必须寻找更合适的新型农业经营主体进行培育。农民合作社由于理论上既能实现规模经济，又能实现公平分配，防止耕地的非粮化、非农化利用，既具有农业龙头企业的优点又避免了其缺点，比农业龙头企业更有优势而成为政府第二个重点培育的新型农业经营主体。在政府的积极推动下，中国农民合作社发展迅速，到2015年已达到147.9万家，入社农户9997万户，覆盖全国41.7%的农户，实现了跨越式发展。但由于老人农业与兼业农业在中国占主导地位，过小的经营规模与过少的农业经营收入使他们缺乏合作动力，导致农民合作社的发展缺乏坚实基础。政府强力推动的农民合作社大跃进导致形式化严重，存在严重的假合作、空壳社、精英俘获，以及大农吃小农问题，根据苑鹏等学者的调查，可能高达80%以上的农民合作社存在严重的异化问题，不仅浪费政府的大量支农资源，也导致不公平竞争，制约了真农民合作社的发展。正是认识到一定规模的家庭农场是农民合作社发展的基础，只有农业经营收入占主导地位，规模较大的家庭农场才有合作动力，政府又将新型农业经营主体培育重点从农民合作社转移到家庭农场，大力推动家庭农场的发展。然而，由于土地制度改革严重滞后，城乡二元户籍体制依然存在，城乡收入、基础设施、公共服务与社会保障差距巨大，耕地整理进展缓慢，导致国内家庭农场发展缓慢，到2018年才达到87.7万户，并且部分家庭农场是从合作社转变而来的翻牌农场或以套取补贴为目的的挂牌农场。为解决小农户与大市场的矛盾，加快中国农业现代化转型，中国政府先后投入大量资源对农业龙头企业、农民合作社、家庭农场等新型农业经营主体进行了培育，但由于中国特殊的人地结构，关键性的制度改革滞后，导致政府的新型农业经营主体培育效果有限，发展缓慢。根据农业部统计，截至2016年底，我国经营规模在50亩以上的新型农业经营主体约350万个，占农户总数的3%左右，经营规模在50亩以下的农户有近2.6亿户，占农户总数的97%左右，小农户依然占绝对主导地位。政府对新型农业经营主体发展的过度关注导致对小农户发展的忽视，使小农户过快衰落，老人农业与兼业农业蔓延，耕地抛荒、弃耕，低效利用严重，形成生产力真空，威胁国家粮食安全。正是认识到中国小农经济将长期存在并占主导地位，忽视小农发展后果严重的现实，中国政府对农业经营主体发展战略进行了新的调整，在党的十九大报告中提出："培育新型农业经营主体"，"实现小农户和现代农业发展有机衔接"，实行新型农业经营主体与小农户协调发展战略。在继续大力培育新型农业经营主体的同时，积极为小农户与现代农业有机衔接创造条件，以避免农业现代化转型中出现生产力真空，危及国家粮食安全。

中国政府稳健型的农业经营主体发展战略调整获得了绝大部分学者认同，但也有部分学者对这种调整存在异议。一部分激进派学者认为中央政府的农业经营主体发展战略调整是一种战略退缩，会进一步延误中国农业现代化转型。这部分学者很多有欧美留学背景，新自由主义思想浓厚，理论基础扎实，他们分别从二元结构理论、产权理论、交易成本理论、制度变迁理论、规模经济理论与产业集群理论等角度对新型农业经营主体的培育，农业规模化、产业化、集约化发展的必要性进行了充分论证，认为要进一步壮大新型农业经营主体，政府就必须加快城乡二元户籍体制，土地制度，耕地保护制度，乡村治理制度，社会保障制度改革，为农民城市化，土地流转，城乡生产要素的自由流动创造更好条件。当前新型农业经营主体发展缓慢的主要原因就在于经济体制改革滞后，在小农户基础上无法实现农业现代化，也不可能实现城乡一体化。因此，这部分学者要求进一步加快经济体制改革，为新型农业经营主体的发展创造条件，而不是任由改革停滞，退而寻求以小农户为基础实现农业现代化。在他们看来，当前政府农业经营主体发展战略的调整是一种退缩，既不利于新型农业经营主体的发展，也难以实现小农户与现代农业的有机衔接，只会进一步延误中国农业现代化转型，导致老人农业后继无人，生产力真空继续扩大，恶化中国粮食安全与社会危机。一部分保守派学者则认为政府农业经营主体发展战略调整力度还不够，教条主义严重，对新型农业经营主体还心存幻想，低估小农经济对维护国家粮食安全与社会稳定的作用，因此，他们反对政府的新型农业经营主体培育政策，主张直接在小农经济基础上实现农业现代化。这部分学者大部分没有欧美留学背景，社会调研比较多，他们分别从中国国情特殊论、小农经济有效论、粮食安全论、土地社保论与社会稳定器论等角度论证中国小农经济的合理性。他们从中国国情特殊论出发对进一步深化土地制度改革，二元户籍体制改革持保留态度，反对工商资本下乡，认为工商资本下乡会导致资本对农民的剥削，损害农民利益，工商资本下乡也会导致农业生产效率下降，耕地的非粮化利用，威胁国家粮食安全。土地规模化经营也会导致农民失地，使农村失去就业缓冲器功能，也使农民丧失最后的社会保障，威胁社会稳定。因此，他们是现有体制的热情拥护者，极力主张维持小农经济，反对根本性的土地制度改革以及乡村治理改革等改革，认为这些改革会造成大批农民失业，威胁国家粮食安全与社会稳定。

长期以来，激进派由于与改革共生，对政府决策影响较大，居于主导地位，保守派由于对改革持批判态度，比较边缘化，对政府决策影响较小。但激进派普遍过于理想化，对中国国情与改革难度认识不足，导致其指导的改革经常遭遇挫折，效果欠佳。随着中国改革进入深水区，利益集团崛起使改革阻力越来越大，而改革的动力逐渐衰竭。而社会贫富差距的不断扩大，发展机会的不均等，导致当前一些社会矛盾的激化。改革的异化，改革红利的不公平分配也使改革被污名化，受到民众越来越多的抵制。改革阻力的增大导致激进派的影响逐渐削弱，其中的大部分在深刻认识中国国情后转变为稳健派。近几年来，中国经济新常态的出现，经济增速的持续下滑，国际贸易保护主义的抬头使农民就业与社会保障问题更加严峻，经济与社会矛盾的激化导致中国政府维稳压力增大，保守主义思想回潮，这在农业领域就表现为保守型农业经营主体发展思想的影响越来越大。从中国知网（CNKI）数据库的相关文献看（为方便比较，本研究只关注CSSCI期刊论文），国内的农业龙头企业研究一直不温不火，每年在2～10篇，这与政府对资本下乡长期的矛盾态度有关，并且农业龙头企业早已不再是政府重点培育对象。合作社研究从2014年顶峰期的168篇缓步下降到2018年的90篇，家庭农场研究则从2015年顶峰期的68篇缓步下降到2018年的40篇。小农户研究则从2017年之前的年均2篇直接上升到2018年的16篇。截至2019年6月初，研究农业龙头企业、合作社、家庭农场、小农户的CSSCI论文篇数分别为0、49、15、18，小农户研究热度已经超过家庭农场，并呈持续升温之势。考虑到党的十九大刚将小农户与现代农业的有机衔接提上日程，属于新研究领域，小农户研究热的持续升温有一定合理性。但从研究内容看，越来越多的研究者曲解中央政府精神，故意忽略政府"培育新型农业经营主体"，并将这部分内容放在"小农户与现代农业有机衔接"之前的现实，片面地强调小农户发展，认为无须培育新型农业经营主体，也可以在小农户基础上实现农业现代化，从而走向另一个极端。对于农业经营主体发展战略领域的这种保守主义思潮，政府应引起足够重视，如果任其发展下去，可能会影响政府的农业经营主体发展决策，导致决策严重失误，使城乡差距继续扩大，老人农业后继无人，粮食安全风险增大。

二、中国应选择稳健型的农业经营主体发展战略

中国农业经营主体选择从联产承包责任制的小农户到农业龙头企业、农民合作社、家庭农场等新型农业经营主体，再到当前新型农业经营主体与小农户协调发展，是一个持续优化的过程，较好地兼顾了国家短期利益与长期利益。激进型农业经营主体发展战略会扩大生产力真空，增大国家粮食安全风险，使农业现代化丧失基本条件。保守型农业经营主体发展战略虽然可以暂时维护国家粮食安全，但随着代际更替的到来，老人农业与兼业农业后继无人导致小农经济急剧衰落，使中国粮食安全危机长期化。因此，应继续选择稳健的农业经营主体发展战略，才能顺利实现农业现代化目标。

1. 激进型农业经营主体发展战略脱离中国国情

中国特殊的国情与相关配套改革滞后使激进的农业经营主体发展战略效果不佳，形成生产力真空，威胁国家粮食安全，需要进行战略调整。（1）中国客观国情决定了中国小农经济将长期存在并在数量上占相当的优势。中国人多地少的特殊国情导致人均耕地面积只有1.4亩，还不到世界平均水平的1/2。中国城市化率也比较低，到2018年城市化率才59.58%，如果按照户籍人口计算城市化率才43.37%。人多地少，城市化滞后必然导致土地集中相对困难，新型农业经营主体发展缓慢。与中国国情相似的日本，2017年城市化率已达93.02%，比中国高出33.6个百分点，城乡差距基本消失，耕地得到有效整理，农民没有养老后顾之忧，土地产权明晰，但耕地流转依然缓慢，规模化经营比例依然较低，小农经济在数量上依然占优势地位。到2015年，日本经营面积在10公顷以下的小农户数量占总数的95.5%，其中经营面积不到1公顷的农户数量占总数的53.5%，经营面积在10～30公顷的中等经营主体占总数的3.3%，经营面积在30公顷以上的大规模经营主体只占总数的1.2%。中国土地流转条件，城市化水平不如日本，使耕地流转更加困难，小农户也将在中国长期存在并在数量上占优势。（2）中国经济体制改革滞后导致新型农业经营主体发展条件不佳。一方面，土地制度改革滞后导致产权过度分散、分割，徒增交易成本，增大经营风险，却不能产生稳定预期，不利于长期投资，影响耕地流转。土地制度改革滞后也使政府垄断一级土地市场，形成土地财政，导致城市地价、房价居高不下，加上二元户籍体制制约，催生大规模的半城市化人口，不利于耕地流转。而农村社会保障水平的低下也降低农民耕地流转意愿。另一方面，城乡基础设施，公共服务差距过大导致乡村人口过度流失，空心村大量出现，社区瓦解，形成恶性循环，而二元户籍体制的长期存在，严格的耕地保护制度，对工商资本下乡的相对限制，也阻碍了城乡生产要素的自由流动，导致乡村生产要素的单向流动。耕地流转困难，生产要素匮乏使新型农业经营主体发展缓慢，难以实现预期目标。（3）政府激进的新型农业经营主体发展战略导致生产力真空，威胁国家粮食安全。由于对中国国情缺乏深层了解，不少地方政府不能为新型农业经营主体的发展创造必要条件，激进的新型农业经营主体发展战略导致培育资源的大量浪费，造成事与愿违，效果欠佳。资源过度集中于新型农业经营主体的培育使小农经济的发展受到严重忽视，导致小农经济过快衰落，老人农业与兼业农业盛行，耕地抛荒、弃耕，粗放经营严重，形成生产力真空，威胁国家粮食安全。而中国经济新常态的出现，国际贸易保护主义的抬头，也使农民工就业问题凸显。只有对激进的农业经营主体发展战略进行调整，兼顾新型农业经营主体和小农户的发展，才能避免生产力真空，维护国家粮食安全与社会稳定。

2. 保守型农业经营主体发展战略也脱离中国现实

小农经济的低效益，低竞争力使其无法承担农业现代化重任，认为中国可以在小农户基础上实现农业现代化的观点脱离中国现实，会导致老人农业后继无人，出现更严重的粮食安全风险。（1）中国小农经济效益低，竞争力弱，难以持续。尽管一些学者论证小农经济比规模经济更高效，但实际上由于小农户经营面积过小，务农机会成本势必过高，基本以老人农业或兼业农业形式存在，老人精力有限，兼业农业精力分散，在人力机会成本过高的情况下，都不可能继续精耕细作，因此小农经济效率会降低。根据刘同山等对黄淮海地区1026户农户调查发现，非农收入占比高的小农户其亩均产值和亩均产量都更低。种地但农业收入占比不到20%的567户（深度兼业）农户亩均产值为1443.0元；农业收入占比超过80%的76户（专业）农户亩均产值为2652.2元，远高于深度兼业农户。平原地区尚且如此，广大的丘陵、山区，由于难以机械化耕作，老人农业、兼业农业更为粗放。此外，小农户家均耕地面积过小也使其总收入远低于打工农户收入，比较效益偏低。并且，小农经济由于过度分散导致其产品质量参差，规模过小也使其缺乏合作的动力，在市场上处于弱势地位，没有能力延长产业链，导致其缺乏竞争力。小农经济的低效与缺乏竞争力导致城乡差距不断扩大，乡村空心化越来越严重，随着代际更替，新生代农民务农意愿更低，老人农业将面临后继无人的窘境，难以持续。（2）小农户难以成为农业现代化的基础。部分学者经常以荷兰农业模式与日本农业模式来论证小农经济可以成为农业现代化的基础，殊不知，中国国情与荷兰、日本差异甚大。首先，荷兰农业模式不适合中国，荷兰人口只有1700万，无须考虑粮食安全问题，因此产业结构以非粮化的高附加值农业为主，中国是14亿人口的大国，人均耕地少，必须考虑粮食安全保障，因此产业结构偏重低附加值的主粮种植。由于产业结构主要以园艺业、畜牧业等高附加值产业为主，科技化水平高，早在1999年，荷兰农业劳动力的人均产值就达55682欧元。除产业结构高端、生产设施现代、科技水平高、农产品竞争力强外，支持荷兰农民获得高收入的还有较大的农场规模，现今荷兰共有12万个农场，其中种植业平均每个农场50公顷，畜牧业平均每个农场40公顷，园艺业平均每个农场2公顷，所有各种农场平均规模为16公顷，合240市亩，这个面积也比中国小农户家均5～20亩的面积大太多。中国想依靠这样小面积的农场，通过主粮生产实现城乡收入平衡基本不可能，因此荷兰模式中国不可学。其次，日本模式中国也学不来。且不说日本农户家均耕地面积相当于中国的2倍，日本综合农协制度中国学习阻力很大，就是日本相当于中国粮食价格5～8倍的高粮食保护价，经常超过日本农业产值的政府农业补贴，中国也难以承担。而且，这种高保护、高补贴农业后遗症非常严重，一是粮食自给率不断降低，2017年日本粮食自给率已经降到38%，这个中国难以承受。二是粮价奇高，影响居民生活质量，2016年，日本居民的恩格尔系数是26%，远高于美国的7%，与中国的29.33%基本相当，考虑到日本基尼系数远低于中国，社会福利保障比较健全，这种高粮价勉强可以承受，但中国社会难以承受这种高粮价。三是农业缺乏竞争力，老人农业后继无人，耕地抛荒弃耕严重，粮食安全问题更加严峻。当前日本农民平均年龄接近70岁，2010年耕地抛荒率接近10%，农业缺乏可持续发展能力。因此，日本农业模式中国也不能够完全照搬，国情不一样，且后遗症明显。

（3）小农经济有效论是一种合成谬误。黄宗智老师的"隐性农业革命"认为经济发展会导致农业产业结构调整，提高单位面积产值，因此，农业现代化也可以无须扩大经营规模而采取产业结构优化附加值提升模式，中国特殊的人地结构应该采用这种模式，在小农户基础上实现农业现代化。但这个假设面临几个制约，一是粮食安全保障限制，小农户要大幅提高亩产值，必然会进行产业结构调整，但如果高附加值的养殖业、园艺业普遍取代低附加值的主粮生产，会危及国家粮食安全。二是市场容量限制。由于农产品普遍需求弹性低，如果所有小农场产值提高，必然很快导致供过于求，价格大跌，农民损失惨重，这也是近几年中国养殖业、水果业现状。三是农业产值下降铁律。中国农业产值已经低于GDP的8%，并且会进一步降低，小农户农业必然导致农民比例过高，使农民人均收入下降。这种在个别地区、部分农户的有效行为并不代表在国家宏观层面也有效，否则会产生合成谬误。贺雪峰老师的小农经济有效论首先是不具有普遍性，在农业比较收益越来越低，农业劳动力机会成本越来越高，耕地流转交易成本过高的情况下，小农经济普遍以老人农业、兼业农业形式存在，效率普遍较低。其次是总收益低，虽然部分老人、中年农民由于精耕细作单位面积效率较高，但由于经营规模小，他们的总收益相对打工农民还是偏低，难以阻止小农经济的衰落。将个别小农户有效的行为推广到全国，因个别小农户单位面积高效率就断定所有小农户高效率，总收益高的想法是合成谬误，会得出错误结论，对政府决策产生误导。（4）小农经济就业稳定器论与社会保障论的谬误。1978年中国城市化率才17.92%，农村剩余人口众多，确实需要小农经济吸收农村过剩人口，维护社会稳定。但到2018年中国城市化率已经达到59.58%，鉴于沿海一带乡村工业化普遍，当前农民普遍不愿意迁移户口到城市的现实，实际在城市工作，生活的人口比例可能更高，依靠农业生活的农民可能更少。从笔者调查看，中西部大部分乡村空心化严重，劳动力短缺，沿海地区除少部分工业化乡村外，依赖农业的乡村尽管美丽乡村建设口号漂亮，实际也有所成效，但人口空心化也十分严重，很难再找到年轻人。刘易斯拐点在中国应该已经到来，农村剩余劳动力已经基本转移完毕，部分农村还存在劳动力短缺现象，因此小农经济的农业稳定器作用已经不需要。并且，由于农二代城市化意愿普遍比较高，他们更不愿意回到农村，政府应该进一步完善社会保障，让他们顺利融入城市，而不是违背他们意愿将他们强行驱回农村或任由他们失业，这样才能真正维护社会稳定。至于认为农民的那一亩三分地可以为农民提供最低生活保障则有些痴人说梦，当前正常情况下农民种植粮食作物一亩地能收入1000元左右，按照中国人均耕地1.4亩算一年也就1400元左右收入，如果遇上极端天气甚至可能亏本。由于物价上涨较快，人情较重，当前1400元收入根本不能保证农民的体面生活甚至基本生活。并且很多老农年龄较大，已经丧失劳动能力，导致部分耕地抛荒、弃耕，无法获得正常的收入，即使有多余空房可出租租金也低廉，难以满足他们的基本生活需要。因此，要保障农民基本生活就必须进一步完善、提高农民社会保障，这既是社会公正的需要也是人道主义的需要。

由此可见，小农户经济既缺乏效率也没有能力为农民提供社会保障，随

着刘易斯拐点到来，新生代农民城市化意愿的增强，小农经济面临后继无人
窘境，在新型农业经营主体发展缓慢的情况下会形成生产力真空，威胁国家
粮食安全。

3. 稳健型农业经营主体发展战略符合中国国情

鉴于新型农业经营主体发展缓慢，小农经济过快衰落形成的生产力真空
是中国粮食安全威胁的主要原因，要维护国家粮食安全，就必须加快新型农
业经营主体发展，延缓小农经济衰落，缩小生产力真空。（1）加快新型农业
经营主体发展才能维护国家长期粮食安全。随着工农业劳动生产率差距的不
断扩大，为增加农民收入，缩小城乡收入差距，必须不断扩大农业经营规
模，提高农业集约化水平，这也是西方国家维持城乡平衡发展的基本路径。
要扩大农业经营规模，就必须大力发展适度规模经营的家庭农场，并通过各
类农民合作社实行横向一体化，实现规模经济，改善农民在市场中的交易地
位，降低农业生产成本，增加农民的务农收入，深化农业的内部分工，实现
一定程度上农业的机械化、标准化生产，提高农产品质量与竞争力。同时，
通过农业龙头企业与农民合作社对家庭农场实现纵向一体化，降低交易成
本，减少交易风险，延长农业产业链，增加农业附加值。新型农业经营主体
的发展有效提高了农业生产效率，提高了农民收入，缩小了城乡收入差距，
留住了骨干农民，并为农业发展提供了充足的资金、技术、管理人才，并对
抛荒、弃耕农地进行了整理与重新开发，为农业持续发展创造了条件，提高
了粮食生产能力，有利于国家长期粮食安全保障。（2）加强小农户与现代农
业有机衔接，保障国家短期与长期的粮食安全。从短期看，由于中国特殊的
国情与经济体制改革滞后导致新型农业经营主体发展缓慢，只能通过加强小
农户与现代农业的有机衔接才能提高小农户生产力，减少耕地抛荒、弃耕，
增加粮食产出，避免生产力真空，维护国家粮食安全。鉴于中国农村社会保
障水平低，农村老龄劳动力还很丰富，第一代农民工乡土意识还比较浓厚，
返乡农民比较多，将小农户与现代农业有机连接起来还能充分利用老龄劳动
力，提高他们的收入。但将小农户与现代农业有机连接起来只是一种权宜之
计，从长远看，中国的城市化水平会进一步提高，农民数量会继续减少，耕
地规模化是必然趋势。而农二代由于缺乏农村生活经历，没有务农经验，具
有较强的城市化偏好，可能对老人农业与兼业农业釜底抽薪，使小农经济难

以持续，急剧衰落。这就要求政府尽快为新型农业经营主体的发展创造条件，加快新型农业经营主体的培育，使其及时填补小农经济衰落形成的生产力真空，维护国家粮食安全。

因此，只有稳健型农业经营主体发展战略才能有效缩小生产力真空，未雨绸缪地为小农经济的衰落做好准备，维护国家长期粮食安全。

三、稳健型农业经营主体发展战略的实现路径

要排除保守主义思想的干扰，使中央政府稳健的农业经营主体发展战略得到有效实施，顺利实现农业现代化转型，还有很多工作要做。

首先，应进一步解放思想，深化改革。思想是行动的指南，思想解放是改革的先声，要进一步深化改革，就必须先解放思想。由于新型农业经营主体培育政策并没有取得预期效果，土地制度改革受到土地财政制约、各利益集团的阻挠进展缓慢，城乡社会保障一体化与户籍体制改革由于涉及重大利益调整，其改革的阻力也很大，产业结构调整与行政体制改革也阻力重重，分配制度改革滞后使社会贫富差距继续扩大，社会矛盾激化，经济新常态与贸易战使失业问题凸显，社会维稳压力增大，导致保守主义思想回潮，改革动力衰减，小农经济有效论抬头。重视小农户与现代农业的有机衔接虽然短期内能缓解农民工失业与粮食安全问题，但从长期看，由于农业比较收益低，小农经济会导致城乡差距继续扩大，无法保证农民体面的生活，随着代际更替，小农经济无法吸引农二代务农，导致老人农业后继无人，耕地抛荒、弃耕与粗放经营问题会更加严重，将面临比当前日本老人农业更严峻的局面，使粮食安全危机呈现长期化。因此，要维护国家粮食安全，政府就必须进一步深化改革，将新型农业经营主体的培育放在优先地位，而小农户与现代农业的有机衔接只是权宜之计，是为新型农业经营主体的发展争取时间与创造条件，最终目标是实现新型农业经营主体为基础的农业现代化。因此，在下一步的农业经营主体发展战略中，政府应进一步解放思想、深化改革，继续将新型农业经营主体的发展放在首位，同时改善小农户经营条件，使小农户与现代农业有机衔接，防止农业现代化转型中出现较大的生产力真空。

其次，应为新型农业经营主体的发展创造条件。新型农业经营主体发展

缓慢既与中国特殊的国情，意识形态保守有关，也与发展条件较差有关。中国特殊的国情客观存在，短期内难以改变，要进一步推进新型农业经营主体发展，除继续解放思想外，政府还必须为新型农业经营主体的发展创造更好的条件。一是要深化农村土地制度改革。只有进一步明晰土地产权，才能有效降低交易成本，减少经营风险，产生稳定的投资预期，鼓励长期投资，促进耕地流转。只有合理放松耕地管制，打破政府对一级土地市场的垄断，才能有效降低房价，加速农民的城市化，为新型农业经营主体的发展创造条件。中国当前的农村土地制度改革对产权进行了过度分割，不但没有明晰产权，反而导致反公地悲剧，使交易成本进一步提高，需要改弦更张，发达国家成熟的土地产权制度值得中国借鉴。只有突破利益集团的桎梏，土地制度改革才能走上正轨。二是应为城乡生产要素自由流动创造条件。现代农业是规模化、机械化、标准化、集约化的高技术产业，对资本、技术、人才、管理能力要求较高，当前农村留下来的基本是老弱病残，在农村都属于低生产力人群，无法满足现代农业需要，需要从城市引进资本、技术与人才。要吸引城市资本下乡，就必须改变对资本下乡的保守态度，在提高资本下乡门槛，加强资本监管的基础上，撤销对资本下乡的不当限制。要吸引城市人才下乡，就必须改善农村基础设施、公共服务，提高农村社会保障水平，逐步实现城乡基础设施、公共服务与社会保障一体化。只有让城乡生产要素自由流动起来，才能实现城乡资源的优化配置，为新型农业经营主体的发展创造条件。三是加强耕地整理。中国丘陵，山区面积广大，雨热资源丰富，开发潜力很大，但由于耕地缺乏整理，不利于机械化、规模化耕作，导致耕地抛荒、弃耕较多，粗放经营严重，不仅不利于新型农业经营主体发展，也影响到老人农业、兼业农业的延续，是中国粮食安全的最大变数。政府应该筹集重资，有计划分区域地积极进行耕地整理，或实行优惠政策鼓励工商资本、农业龙头企业与农民合作社参与耕地整理，为新型农业经营主体发展，小农经济的延续创造条件。

再次，发挥市场的基础性作用，因地制宜地实施农业经营主体发展战略。在农业经营主体发展过程中，政府应充分重视市场的作用，让市场在农业经营主体发展中起基础性作用，政府职能是为新型农业经营主体发展创造必要条件。如果政府继续忽视市场作用，超越国情对农业经营主体的发展进行过度干预，会导致资源配置的严重扭曲。中国国土辽阔，各地气候、地形、人口密度相差很大，导致农业结构、人均耕地面积、市场状况也差异很大，不可能采用同样的农业经营主体发展战略，应因地制宜地选择合适的农业经营主体进行发展。东北黑龙江、吉林三江平原与松嫩平原地广人稀，专业农户户均耕地面积较大，基本符合家庭农场要求的规模，年收入普遍在20万～50万元，需要积极发展农民合作社，巩固家庭农场。从辽河平原到黄淮海平原及两湖平原，人口密度比较大，耕地整理比较好，户均耕地面积不大，老人农业与兼业农业比较普遍，偏好于主粮种植，应积极发展农业生产社会化服务体系，为农民提供各种产前、产中、产后服务，减轻农业劳动强度，减少农业劳动时间，提高小农生产效率。大城市周边，沿海发达地区经济发达，城市化水平高，居民消费水平也比较高，应重点发展各种高品质、高附加值农业，这些农业对资本、技术与管理要求比较高，非小农经济可以承担，需要大力发展家庭农场、农业龙头企业、农民合作社等新型农业经营主体。华南，西南丘陵、山区耕地缺乏整理，人口流失严重，小农经济急剧衰退，只有农业龙头企业，强大的农民合作社才有能力进行大规模的耕地整理，政府应该鼓励农业龙头企业，农民合作社发展。西北地区生态恶劣，地广人稀，但特色农产品资源丰富，是中国地理标志农产品的重要产地，地标标志品牌打造非小农户可以承担，政府应积极鼓励农业龙头企业，农民合作社发展，将小农整合起来，实现规模经济，延长产业链，增加农民收入。

最后，应积极探索小农户与现代农业有机衔接的有效途径。小农户经营规模小，老人农业与兼业农业是其主要存在形式，缺乏合作动力，经营粗放，随着务农农民平均年龄不断增大，农二代对务农的排斥，老人农业与兼业农业将面临后继无人的困境，严重危及国家粮食安全。只有尽快改善小农户经营条件，有效利用老龄劳动力与兼业劳动，减少耕地抛荒、弃耕，提高耕地生产效率，才能有效延缓小农经济的衰落，维护国家粮食安全。要实现这个目标，小农经济自身无能为力，需要外部力量使其与现代农业有机衔接起来。一是通过市场力量，鼓励工商资本组建各种农业生产社会化服务体系，为农民提供生产服务，实现规模经济，深化农业内部分工，降低农业劳动强度，缩短劳动时间，使老年劳动力与兼业农能够胜任农业生产，延缓小农经济衰落。二是通过政府主导的农民合作社，或土地银行，将农民土地按照股份集中起来，然后进行全面的耕地整理，完善基础设施，转包给农业公司或当地农民耕种。这样就能够避免耕地产权分散导致的基础设施建设，耕地整理困难，为农业机械化、规模化耕作创造条件，提高农业生产效率。三是通过农业龙头企业＋农民合作社＋小农户模式将小农户与现代农业衔接起来，政府牵头组织的农民合作社一方面可以将小农户组织起来，降低农业龙头企业的交易成本；另一方面可以将分散的农民组织起来与农业龙头企业谈判，最大限度地维护农民利益。农业龙头企业可以为农业合作社发展提供资金、技术以及管理与营销渠道，同时，合作社为农业龙头企业提供稳定，标准化的原料供应。这样，通过农民合作社的横向一体化与农业龙头企业的纵向一体化实现了规模经济，提高了生产的标准化与管理水平，延长了产业链，增加了附加值，提高了农业产出和农民收入，实现了责任分担与共赢。当然，在具体实践中将会出现更多小农户与现代农业的有效衔接模式，在有效提高农业生产效率与农民收入的同时延缓小农经济的衰落，为中国农业现代化转型创造条件。

第三节　工商资本下乡利弊之争——基于利益博弈的视角

　　乡村衰败严重威胁国家粮食安全与社会稳定，政府的财政反哺力度有限，难以扭转乡村衰败趋势，必须鼓励城市生产要素下乡才能有效补充乡村发展资源缺口，实现乡村振兴目标。工商资本作为各类生产要素的重要载体，成为城市生产要素下乡的重点。但由于受到非粮化、非农化，损害农民利益，排挤小农，威胁国家粮食安全的指责，加上近几年小农思想回潮，粮食进口不断增加，使中央政府对工商资本下乡态度更加谨慎，影响工商资本顺利下乡。那么，究竟该怎样看待工商资本下乡？如何才能实现工商资本、政府与农民的共赢？本节将从利益博弈角度分析工商资本下乡之争，提出多方共赢的利益协调方案。

一、国内工商资本下乡的相关研究及主要分歧

作为一种备受争议的社会现象，工商资本下乡广受国内学者关注，成为改革开放以来农业经济学、社会学、政治学的研究热点，积累了大量的研究成果，归纳起来看，这些研究主要集中于以下几个方面。

1. 工商资本下乡原因分析

国内学者主要从四个方面解释了工商资本下乡的原因。一是从乡村振兴角度。一些学者认为乡村空心化导致乡村生产要素不仅存在较大的数量缺口，也存在较大的质量缺口，只有积极鼓励工商资本下乡，才能有效补充乡村生产要素的数量与质量缺口，为乡村振兴创造条件。二是从粮食安全与乡村稳定角度。一些学者认为，乡村人口的过度流失导致传统小农经济急剧衰落，耕地抛荒、弃耕，粗放经营严重，严重威胁国家粮食安全，只有积极引导工商资本下乡，培育大量新型农业经营主体，才能充分利用农业资源，提高农业生产效率，维护国家粮食安全。乡村产业发展也能有效吸引农民工回流，恢复农村社区活力，维护乡村稳定。三是从地方政府角度。一些学者认为，为政绩竞赛需要，地方政府积极引进工商资本打造现代农业亮点；为土地财政需要，地方政府积极引进工商资本参与土地综合整治与合村并居工程；为顺利抓包项目，地方政府积极鼓励工商资本参与项目前期工程建设，提供配套资金。四是从工商资本角度。一些学者认为，城市产业已普遍进入红海，利润微薄，乡村产业还处于蓝海机会很多，利润较高，吸引了工商资本下乡。供给侧结构性改革也要求产业转型，使部分工商资本选择了下乡。还有部分工商资本因为回馈桑梓的乡土情结返乡创业。

2. 工商资本下乡条件分析

部分学者认为中国工商资本下乡条件已经成熟。一是城市化、工业化的快速发展，农民的大量减少，刘易斯拐点的到来，农村社会保障体系的完善，为耕地流转，工商资本下乡创造了条件。二是农村土地制度改革的推进，土地流转平台的搭建，农业税费的减免都降低了交易成本，减少了经营风险，有利于耕地流转与工商资本下乡。三是新农村建设与乡村振兴战略的实施改善了乡村生产、生活条件，使部分乡村变得宜居宜业，吸引了工商资本下乡创业。四是居民消费的不断升级，农业的多功能开发为农业产业结构

调整，三产融合创造了条件，有利于工商资本下乡。但也有部分学者认为工商资本下乡的条件还不太成熟，他们认为中国农民占比还太高，农民数量还太多，农村社会保障水平太低，农民城市化难度大，不稳定，工商资本下乡会导致失地农民增多，使大批农民失去基本生活保障，影响社会稳定，因此他们对工商资本下乡持谨慎态度。

3. 工商资本下乡利弊分析

部分学者认为工商资本下乡有利于国计民生，值得大力推进。他们认为，工商资本下乡一是促进了现代农业发展，延缓了小农经济与老人农业衰落，提高了农业生产率，增加了粮食产量，维护了国家粮食安全。二是通过规模经济，产业链延伸，技术进步，做大做好农业蛋糕，提高了农民收入，增加了农民就业。三是改善了农村生产、生活条件，促进了乡村振兴，缩小了城乡差距。四是加快了农业现代化转型，提高了农产品质量，丰富了农业产业业态，满足了群众不断提高的消费需求，提高了人民生活质量。但也有部分学者认为工商资本下乡严重危害国家安全与农民利益，应该尽量阻止。他们认为，工商资本下乡一是生产效率较低，会导致严重的非粮化、非农化问题，威胁国家粮食安全。二是会导致农民耕地被强制流转，农民房屋被强拆，农民被上楼，村庄公共资源被侵占，生态环境被破坏，合同被违约，侵犯农民利益，激化社会矛盾。三是会导致耕地过度集中，失地农民增多，使很多失地农民沦为流民，严重威胁社会稳定。四是工商资本与基层政府官员，乡村精英容易结成利益同盟，形成分利集团与精英俘获，影响乡村治理，导致乡村治理内卷化。

4. 工商资本下乡失败原因分析

学者们认为工商资本下乡失败的直接原因有三点，一是企业管理能力不匹配，用工业管理经验管理性质不同的农业导致经营失败。二是农村要素供求不匹配，农村劳动力、土地、农业技术、金融供给难以满足现代农业发展需要，导致经营失败。三是乡村发展环境较差，产权缺乏有效保护，社会融入困难，村民法治意识薄弱，缺乏契约精神，导致工商资本利益经常受损，难以坚持。但工商资本下乡失败还有两个更深层次原因，一是政府对农业领域干预过度，导致资源配置扭曲，产品生产过剩与要素供给不足长期并存，使工商资本下乡亏损严重。二是农村配套改革系统性、协调性不足，如土地制度改革、户籍体制改革、教育体制改革、金融体制改革、社会保障体制改革都严重滞后，影响城市化与耕地流转以及新型农业经营主体发展，导致工商资本下乡失败。

此外，国内学者还就工商资本下乡模式，工商资本下乡中的利益协调机制进行了研究。在一些问题如工商资本下乡的原因，工商资本下乡的模式上基本取得共识，在另外一些问题如工商资本下乡的条件，工商资本下乡的利益协调机制，工商资本下乡失败原因等问题上分歧也不大，但在工商资本下乡的利弊分析上学者们的分歧却十分严重。一方坚持工商资本下乡弊大于利，认为工商资本下乡会威胁到国家粮食安全与社会稳定，动摇国本。另一方则坚持认为只有工商资本下乡才能缩小小农经济衰落造成的粮食生产危机，从根本上解决粮食安全问题，工商资本下乡能发展现代农业，增加农民就业，提高农民收入，复兴乡村社区，有利于维护乡村稳定，因此工商资本下乡利大于弊。鉴于粮食安全与社会稳定关系国家核心利益，加上长期以来对资本的污名化，保守主义思想的回潮，导致政府的工商资本下乡政策渐趋保守，农业经营主体发展重点由新型农业经营主体转移到小农户，重点关注小农户与现代农业的衔接问题。然而，小农经济由于效率太低继续衰落是必然趋势，导致耕地抛荒弃耕面积越来越大，粗放经营更加严重，粮食进口量不断增加，2020年，中国粮食进口达14262万吨，同比增长28%，相当于2020年中国粮食产量的21%，自给率偏低，对外依存度过高，粮食安全堪忧。小农经济的继续衰落，工商资本下乡受阻也必然导致乡村人口进一步流失，空心村问题更加严重，乡村振兴缺乏主体支持举步维艰。只有正确认识工商资本下乡的作用，全面分析其利弊，充分利用工商资本的正面作用，减少其负面作用，才能兴利除弊，加快中国农业现代化转型，夯实国家粮食安全基础，扭转乡村衰败趋势，助力乡村振兴目标的实现。

二、工商资本下乡的利弊之争

对工商资本下乡作用的认识会直接影响到政府的相关决策，只有从中国现实国情出发，突破主观认识局限，客观理性地加以分析问题，才能对工商资本下乡的利弊有一个全面客观的认识，为政府的工商资本下乡政策提供指导。

从当前看，国内学者主要围绕三个问题对工商资本下乡的利弊展开了争论。

1. 工商资本下乡是否降低了农业生产效率，威胁国家粮食安全？

小农经济学者认为，由于农业生产的特殊性及监管困难，家庭经营是最佳模式，效率最高。从理论上讲，中国传统劳动密集型的小农经济精耕细作，单位面积产量可能比大规模机械化农场单位面积产量更高。但我们是否就因此认定小农经济比工商资本大农场农业生产效率更高？按照国际通行规则，农民的劳动生产率衡量标准应该是单位时间内的农业产出，尽管单位面积产量小农经营可能更高，但由于小农人均经营面积比大农场工人经营面积小太多，因此每年农业总产出小农比农场工人少很多，这也是中国农民比美国农民农业生产率低的原因。以单产来衡量农业生产率显然不合适，必须以单位时间内的产出来衡量生产效率才有意义，因此，相对于小农，工商资本大农场的农业工人生产效率更高，这也是发达国家农场规模不断扩大的原因，也是中国小农纷纷逃离农业的主要原因。从粮食安全看，小农经营也没有优势，因为小农经营收入太低，留不住农民，导致乡村空心化严重，耕地抛荒弃耕不断增多，复种指数大幅下降，老人农业蔓延，粗放经营普遍。大面积的耕地被抛荒，弃耕必然导致实际耕种面积减少，老人农业与粗放经营、复种指数下降必然导致粮食单产下降，最终导致粮食总产量下降。因此，想当然地认为小农经济有利于维护国家粮食安全是错误的，城乡收入差距过大已经导致小农经济急剧衰落，影响粮食生产，威胁国家粮食安全。恰恰是工商资本下乡才提高了粮食生产能力，维护了国家粮食安全。首先，工商资本下乡通过耕地整理，基础设施建设，增加了可耕地面积，提高了耕地质量。通过规模化、集约化经营减少了耕地抛荒、弃耕，提高了耕地资源利用效率。耕地面积增加，质量与利用效率提高必然导致农业产出增加。其次，工商资本通过提供农业生产社会化服务，为老人农业、兼业农业提供支持，延缓了小农经济与老人农业衰落，减少了耕地抛荒、弃耕，粗放经营。因此，工商资本下乡有效扭转了小农经济衰落导致的粮食生产能力下降趋势，维护了国家粮食安全。并且，这种由小农经济向现代农业的转型是必然趋势，有利于国家的长期粮食安全。

2. 工商资本下乡是否一定会损害农民利益？

在工商资本下乡过程中，由于政府监管不严导致部分地区农民土地被强制流转，房屋被强拆，农民被上楼，公共资源被侵占，生态环境遭到破坏；由于双方力量不对称，导致部分农民签订不平等协议，遭遇不公平分配。这些问题确实存在，但这主要是政府监管缺位、农民缺乏组织性造成的。对于正常的工商资本下乡，绝大部分农民还是拥护的。因为对于农民来说，工商资本下乡的利益有三，第一，工商资本可以对农业进行再组织化，通过农业龙头企业，合作社将农民组织起来形成规模化、标准化经营，延长农业产业链，实现规模经济，提高农产品质量，降低农业生产成本，提升农民在市场中的地位，增强农民抵御自然风险与市场风险能力，做大农业蛋糕，增加农民收入。第二，工商资本下乡可以将农村闲置土地流转过来进行开发，减少耕地抛荒、弃耕，发展休闲旅游产业，增加农民租金与工资收入。工商资本下乡进行土地综合整治也可以让农民分享土地增值红利，提高农民收入。第三，工商资本下乡建设基础设施，提供社会化服务，形成产业集群，打造农业品牌，具有强大的正外部性，能够促进当地农业发展，增加农民收入。工商资本形成的示范效应、技术扩散与学习效应，也能够起到带动作用，促进当地农业发展。因此，正常的工商资本下乡有利于农业蛋糕做大，实现普遍的帕累托改善，提高农民收入，而不是损害农民利益。在政府有效监管，双方平等合作情况下，工商资本与农民之间应该是双赢而不是零和关系。

3. 工商资本下乡会排挤小农影响社会稳定吗？

部分学者指出，工商资本下乡会导致耕地大规模流转，导致留守小农失地，并截断农民工返乡之路，导致他们失去生存保障，影响社会稳定。应该说，这些学者脱离中国社会现实，有些夸大其词，只要政府不越位盲目干预土地流转，一般情况下，在主粮种植领域，由于成本与管理问题，工商资本没有比较优势，不会盲目流转农民土地，即使盲目投资主粮种植，也会因为竞争力弱而最终退出，或重新转包给农民，因此，担心工商资本与小农抢地种植粮食不客观。相反，工商资本在基础设施建设与社会化服务等规模经济领域有优势，他们会通过土地银行、农地托管等方式为小农经济、老人农业提供支撑，使老人农业与小农经济得以延续。工商资本下乡也并没有截断农民工的返乡之路，2017年底全国工商资本下乡流转耕地总面积才0.5亿亩，占全国耕地总面积20.26亿亩的2.5%不到，并且流转时间普遍较短，对农民工返乡继续务农影响不大。真正影响农民工返乡的是务农收入过低与农民工的代际更替，城乡差距过大与农二代强烈的城市化意愿才是乡村空心化继续加剧的重要原因，今后中国应该担心的不是农民没有土地，而是土地缺乏农民耕种。至于认为工商资本下乡会导致农民失去社会保障的看法则过高估计了土地价值。农民的小块承包地收入有限，如果仅仅依靠承包地的收入，农民家庭连基本的生活开支都困难，有没有这块土地都不能保障农民的体面生活，更别指望农二代愿意回来继续这种内卷化的农业劳动。因此，防止大规模农民失业威胁社会稳定的对策不是将农二代赶回小块承包地，这既不人道也不可行，而是逐步提高农民的社会保障水平。并且，当前农村土地租金价格已经很高，基本与农民务农收入相差无几，将农民赶回务农并不会增加很多收入。因此，认为工商资本下乡会严重影响社会稳定的说法缺乏依据，过高估计了小块承包地的社会保障功能，忽视了市场规律与农民利益，代际更替的影响。

4. 中农阶层的消失是必然的吗？

部分学者也认识到小农经济由于经营规模过小、收入过低必然衰亡的命运，提出了中农经济，认为中农经济能够使农民获得比较体面的收入，防止乡村进一步空心化，维护乡村稳定，但工商资本下乡使地租不断上涨，导致中农经济丧失竞争力，逐渐衰微，乡村进一步空心化，影响乡村治理，因此他们反对工商资本下乡。应该说，中农阶层是中国城市化过程中特殊时期的特殊产物，在这一阶段，由于城乡差距不断扩大，农业税费过重，农民向城市大规模流动，大量耕地被抛荒、弃耕，租金低廉或免费，一些留守农民将这些土地集中流转耕种，获得与外出务工农民相近的收入，成为中农阶层。他们虽然扩大了耕地规模，但依然坚持传统的农业经营模式，属于传统农民。随着农业税费减免，农业补助，惠农资金大量输入农村，土地租金不断上涨，中农利润空间不断压缩，工商资本的大举进入，农民工工资的快速上涨，也对中农形成推、拉压力，使中农经济逐渐衰微。应该说，中农经济的衰微有其必然性，普遍20～50亩的经营规模，导致其收入缺乏竞争力，必然面临被淘汰的命运，其中小部分通过增加投资，提高农业机械化水平，扩大经营规模，成为家庭农场，大部分则被逐步淘汰，成为农业工人或农民工。部分中农会在农业现代化转型中遭受损失，但出租土地的农民会从租金上涨中得益，人力资本、土地资源会得到更优化配置，总体上利大于弊。由于中农阶层的衰落不可避免，未来的乡村应该由家庭农场、农民合作社、农业龙头企业、专业大户以及大量的自给小农组成，其中新型农业经营主体应该是乡村治理的中坚，中农阶层的消失是农业现代化转型的阵痛。

因此，从理论角度看，工商资本下乡整体上利大于弊，有利于土地资源的充分利用，农业生产率的提高，农民收入的增加，粮食安全的保障，乡村社区的复兴，农村社会的稳定。政府应该尽快改变对工商资本下乡的保守态度，在加强监管的基础上积极鼓励工商资本下乡。

三、工商资本下乡的利益冲突

然而，从现实角度看，任何政策的实施都会涉及不同利益主体，导致不同利益主体之间的利益冲突，如果不能很好地协调各方利益，就会导致政策异化，难以达成预期目标，甚至还会产生很多负面作用。工商资本下乡政策也一样，不同利益主体之间也存在严重的利益冲突，在缺乏有效利益协调的情况下会导致工商资本下乡政策出现异化，产生很多负面作用。

1. 工商资本下乡中各利益主体的利益诉求

在工商资本下乡过程中有四大利益主体：工商资本、中央政府、地方政府、农民，不同利益主体有不同的利益诉求。对于工商资本来说，其最大利益诉求是赚取利润，这也是企业存在的根本，无论是其参与土地整治还是参与农业产业发展，其根本目标是为其所有人赚取利润。在利润之外，部分企业还有一些社会理想，具有较大的社会责任感，特别是回馈桑梓，振兴家乡的乡土情结。对于中央政府来说，由于需要兼顾多重目标，具有较多的利益诉求，包括社会稳定、粮食安全、经济发展、生态环境保护等四个目标，但这四个目标的重要性并非一样，在不同发展阶段，其相对重要性会发生变化。在中国当前发展阶段，这四个目标的相对重要性递减，在目标之间发生冲突的时候，前面的目标具有发展优先性，后面的目标可能需要做出让步。对于地方政府来说，政绩需要是其主要的利益诉求，无论是积极引进工商资本发展现代农业，还是引进工商资本参与农村土地整治，项目抓包，参与乡村治理，最主要目的是增加政绩，但寻租也许是部分政府官员推动工商资本下乡与项目落地的诉求。对于农民来说，提高收入与保障就业则是其主要利益诉求。

2. 不同利益主体之间的利益冲突

在四大利益主体中，中央政府的利益与农民利益基本一致，下乡工商资本利益与地方政府的利益具有很大一致性，但在工商资本与中央政府之间，工商资本与农民之间，中央政府与地方政府之间，地方政府与农民之间却存在一定的利益冲突，导致工商资本下乡目标出现异化，产生诸多负面作用。

（1）工商资本与中央政府之间。工商资本与政府之间存在共同利益，就是农业现代化，这也是中央政府积极鼓励工商资本下乡的主要原因。但工商资本与政府之间也存在一定的利益冲突。这些利益冲突包括部分工商资本下乡的非粮化、非农化倾向会一定程度上影响国家粮食安全。部分工商资本参与农房强拆、农地强制流转侵害农民利益，影响社会稳定。部分工商资本侵占农村公共资源，与农民签订不公平协议，毁约跑路侵害农民利益，影响社会稳定。部分工商资本破坏生态环境，引发地方群体性事件，威胁社会稳定，影响可持续发展。当然，政府职能的缺位、越位也影响到下乡工商资本的利益。政府职能缺位包括对农村与农业基础设施建设投资、农村职业技术教育投资、农村公共服务投资不足，以及对农业企业的技术、信息服务不到位，导致农村整体创业环境，生活环境依然欠佳，人力资本匮乏，不利于工商资本下乡发展。也包括二元户籍体制改革、土地制度改革滞后，农村社会保障水平较低，导致农民土地流转意愿较低，交易成本过高，经营风险较大，影响下乡工商资本发展壮大。政府职能越位包括利用各种短期优惠政策扭曲资源配置，导致资源配置失效，工商资本投资受损。也包括对农业生产要素价格的扭曲，如规定土地最低租金价格，严格限制家庭农场土地流转面积，导致资源配置低效，严重阻碍下乡工商资本的正常发展。

（2）工商资本与农民之间。工商资本与农民之间也存在共同利益，就是经济发展与收入增加，这也是绝大部分农民支持工商资本下乡的主要原因。但由于农民缺乏组织性，在与强大的工商资本博弈中处于劣势，导致农民利益经常受损，二者之间存在较多利益冲突。一方面，强势工商资本经常损害农民利益，导致双方出现利益冲突。这些冲突表现为部分地区存在工商资本参与强拆、逼迫农民上楼，霸占公共资源，破坏生态环境问题。部分地区存在工商资本强制农民流转土地，签订不公平协议，强迫加盟农民使用高价生产资料，拒收农产品或压低农产品价格，毁约跑路拒付租金问题。部分地区存在强势工商资本与基层官员结成利益同盟，共同瓜分支农、惠农资金，出现精英俘获问题。部分地区存在工商资本控制村庄政治，使乡村治理私人化，导致农民缺乏利益表达渠道问题。部分地区还存在工商资本依靠政府惠农政策，对其他农业经营主体形成挤出效应，导致不公平竞争问题。这些都严重损害农民利益，引起农民不满。另一方面，农民整体素质偏低也经常损害到工商资本利益，导致二者的利益冲突。部分农民缺乏契约精神，经常机会主义地执行与工商资本签订的协议，导致工商资本经常面临违约风险，利益受损。部分农民缺乏产权意识，经常破坏工商资本投资的生产设施，盗窃工商资本财产，导致工商资本利益受损。部分农民红眼病严重，看到工商资本投资获利，就随意变更合同，漫天要价，勒索工商资本，导致工商资本利益受损。而农民思想的保守也使工商资本难以融入乡村，获得必要的社会资本支持，发展困难。村民较低的法治意识、产权意识、契约精神，较严重的排外思想、嫉妒心理都增加了工商资本投资风险，提高了交易成本，损害了工商资本利益。

（3）中央政府与地方政府之间。中央政府与地方政府之间存在的最大共同利益就是经济发展，这是中国改革开放40多年的基本共识与主要任务，也是官员政绩竞赛与职务晋升的主要内容。但由于中央与地方之间权责长期不对等，分税制使这一问题更加恶化，导致中央与地方之间也存在某种利益冲突。由于地方缺乏完成中央下达任务的资源，为政绩竞赛的优胜与职务晋升，部分地方政府只能以降低准入标准，放松监管的方式鼓励工商资本下乡发展现代农业，导致非粮化、非农化问题突出，生态环境代价往往过大，严重影响国家粮食安全与可持续发展。部分地方政府与工商资本合谋，通过强拆与强制流转推动城市化与农业规模化经营，忽视农民的利益，从而影响社会的稳定。部分基层政府官员将支农、惠农资金打包到工商资本下乡项目上，打造样板工程，大搞形式主义，欺骗中央政府，导致政府政策异化与支农资金低效利用。部分地方政府官员为政绩需要，甘愿充当工商资本代理人，损害农民的切身利益，破坏乡村稳定。中央与地方权责长期不对等，政绩竞赛与职务晋升压力导致工商资本下乡政策被部分地方政府异化，严重损害国家粮食安全与社会稳定大局。

（4）地方政府与农民之间。地方政府与农民之间也存在共同利益，就是经济发展与社会稳定。但由于当前很多地方政府官员晋升主要决定权在上级政府，导致地方政府官员更关注上级政府的目标要求，忽视当地农民的实际利益。由于分税制与农业税费减免使基层政府基本丧失财政自主权，在权责不对等的情况下，基层政府只能依赖工商资本下乡获取农业发展项目，或者通过扶植富人治村来完成乡村治理与经济发展任务。前者会形成利益同盟与精英俘获，导致支农资金、惠农资金、农业发展项目资金被乡村精英瓜分的可能性，后者会导致私人治理与去公共性，使农民被排斥在乡村治理之外，二者都导致乡村治理政策内卷化与乡村自治退化，损害农民的根本利益。

四、工商资本下乡的利益协调

要充分发挥工商资本下乡的正面作用，减少工商资本下乡的负面作用，就必须对工商资本下乡涉及的不同利益主体之间的利益进行有效协调，在坚持局部利益服从整体利益，地方利益服从中央利益的大前提下，使工商资本利益与中央政府利益，中央政府利益与地方政府利益，工商资本利益、地方政府利益与农民利益一致起来，才能兴利除弊，实现工商资本的健康下乡。

1. 工商资本与中央政府之间的利益协调

要防止工商资本下乡威胁国家粮食安全与社会稳定，损害农民利益，中央政府就应该对工商资本下乡加强引导，严格准入，强化监管。首先，政府应加强对工商资本下乡的引导，鼓励工商资本进入乡村旅游业、现代农业与农业生产服务业等适宜领域，大力发展乡村旅游业、设施农业、精品农业和高科技农业，为农业提供产前、产中、产后生产服务，不鼓励工商资本进入主粮种植领域，这既不利于国家粮食安全也偏离工商资本自身优势，并可能造成大规模小农失业。其次，政府应提高工商资本下乡准入标准。对企业资质应进行严格审查，看企业是否具有农业经营能力、资金实力、技术水平以及管理能力。对经营项目进行严格审核，看是否符合产业政策与规划，是否影响农业产业安全与生态环境保护。对土地流转工作进行审查，看是否是农民自愿流转，流转协议是否公平，流转合同是否规范。对土地利用进行审核，防止非粮化、非农化，改变土地用途，破坏土地综合生产能力，出现圈地行为。再次，政府应加强对工商资本下乡的监管。政府应该对土地用途，土地租金支付，工商资本投资农业进度，环境保护，公共资源利用加强监管，以有效维护农民利益。而要防止政府职能越位、缺位对资源配置的扭曲，优化工商资本下乡的条件，就必须尽快让政府职能归位。首先，政府应加快农地制度改革，进一步提高农村社会保障水平，清除土地流转障碍，为工商资本下乡创造更好的条件。其次，政府应加快金融体制改革，增加乡村教育投入，为工商资本下乡提供充足的金融资本与人力资本支持。再次，政府应增加对农村基础设施建设、公共服务的投资，进一步改善乡村生产、生活条件，为工商资本下乡创造良好的生产、生活环境。最后，应减少政府对市场的不当干预，让市场在资源配置中起基础性作用，以有效减少市场扭曲，提高农业生产要素配置效率，改善工商资本下乡条件。

2. 工商资本、地方政府与农民之间的利益协调

工商资本、地方政府之所以能够侵犯农民利益，就在于农民缺乏组织性，孤立的农民既难以对地方政府权力形成制约，也难以与工商资本进行公平博弈。因此，要有效协调农民与工商资本、地方政府的利益关系，从根本上来说就是要加强农民的组织性，使农民能够有能力维护自己的利益。首先，应该进一步完善村民自治，以有效制约基层政府的权力，特别要防止基层政府的官员寻租或与工商资本结成利益同盟出现精英俘获，并对富人治村形成有效监督。要进一步完善村民自治，就必须减少上级政府对村民自治的干预，让村民代表大会拥有最高权力，村民有权质询、提案、罢免村干部，更换村代表。村民自治的完善有效解决了权力来源问题，降低了权力监督成本，提高了权力监督效果，防止了基层权力失控，制约了地方政府官员寻租。鉴于乡村人口流失严重，村民自治面临主体缺失且积极性不高问题，应该积极鼓励新乡贤、兼业农民参与乡村治理，以扩大乡村自治基础，提高乡村自治能力。其次，应建立更多的农民合作经济组织，通过各种专业合作社将农民组织起来，实现农民之间的合作，提高农民应对自然风险与社会风险能力，改变农民与工商资本之间的力量对比，维护农民利益。鉴于小农经济缺乏自发合作需求，政府应该积极鼓励家庭农场发展，借鉴东亚地区综合农协模式将农民组织起来，实现规模经济，延长农业产业链，增加农民收入。再次，应该建立工商资本与农民之间的利益连接机制，通过利益分配机制，

利益保障机制，利益调节机制改革，实现工商资本与农民之间的公平利益分配。最后，政府应加强对农民的教育，提高他们的法治意识，产权意识，综合素质，改变他们的保守心态，使他们以理性与开放的心态与下乡工商资本合作，实现工商资本与农民的互利，改善工商资本下乡的社会环境。

3. 中央政府与地方政府之间的利益协调

中央政府与地方政府之间的利益冲突主要由中央与地方权责不对等造成。一方面，中央权力过度集中使中央政府责任过大，揽事过多，难以兼顾各地需要，导致中央政策容易脱离地方实际，难以完成；另一方面，中央财力过度集中导致地方资源不足，难以完成中央下达的任务，在地方政府权力缺乏有效监督的情况下，为实现政绩优胜，地方政府官员往往扭曲中央政策，导致政策异化。因此，要协调中央政府与地方政府之间的利益冲突，首先，必须进行合理的地方分权，使权力在不同层级政府之间合理分配，实现不同层级政府之间的权责对等，发展资源的更合理配置。这就要求一方面应将适合地方决策的权力下放地方，使制定的政策更符合地方实际，减少决策的盲目性，提高决策质量；另一方面应重新调整不同层级政府的权责，使权责对等，并根据权责调整情况对财税体制进行改革，提高地方政府财税分成比例，增强地方政府财政自主性，减轻地方财政压力，减少政策扭曲。其次，应进一步推进乡村自治，制约基层寻租，使支农资金得到更合理配置。当前项目制盛行导致的精英俘获与利益同盟、基层政府官员寻租一方面是由于支农资金配置不合理，基层缺乏财政自主权造成；另一方面是因为乡村自治层级太低，难以有效约束地方政府官员寻租。随着不同层级政府权责对等原则的逐步实现，地方财力得到有效保证，但乡村自治层级过低会导致财权过度集中于县、市层级，为到县、市争取项目资金，基层政府依然会进行大量寻租。因此，要从根源上减少基层政府寻租，防止利益集团与精英俘获的形成，除前面完善乡村自治外，还必须进一步提高乡村自治层级，由乡村到乡镇到县、市，逐步倒逼服务型政府形成，加强对权力的监督与制衡，实现乡村自治初心。乡村自治推进到县、市有利于支农资源得到更合理配置，基层政府获得基本财政保障，化解压力型体制，使基层政府与工商资本合谋，富人治村丧失必要性，能够从根源上减少工商资本下乡的异化，加强农民权益保障，促进乡村善治。

第四章 人力资本下乡专题研究

没有农民的现代化，就没有农业的现代化。乡村振兴最根本的问题是能否吸引到足够数量与质量的城市人力资本下乡，逐步取代综合素质较低的小农、老人农、兼业农，为农业现代化提供充足的人力资本支持，解决中国将来谁来种地问题，维护国家粮食安全，实现农村稳定。本研究专题主要讨论两个问题。一是现代农民培育问题。指出现代农民培育是一项系统工程，包括为城市人力资本下乡创造条件，吸引城市人力资本下乡；积极改善农村生产、生活条件，留住中坚农民；对农民进行系统的职业技术培训，提高他们的综合素质。二是新乡贤与乡村治理问题。指出只有因地制宜地选择合适的新乡贤治理模式，实现新乡贤资源与新乡贤治理目标的有效耦合，才能有效发挥新乡贤的作用，但作为一种辅助力量，新乡贤治理并不能代替根本性的乡村治理制度改革，也具有地区与功能局限性。

第一节 现代农民培育：国际经验与中国借鉴

乡村空心化与老人农业后继乏人使现代农民培育成为中国社会普遍共识，但由于盲目借鉴国外现代农民培育经验，忽视中国国情，导致中国现代农民培育对象选择范围过小，培育政策脱离中国实际且缺乏系统性，效果不佳，无法填补中国农业发展人力资本缺口，危及国家粮食安全。只有立足中国国情，对国外现代农民培育政策进行合理借鉴，不断完善中国现代农民培育政策，才能有效化解乡村空心化和老人农业危机，保障国家粮食安全。

一、国内现代农民培育研究现状及其不足

现代农民是相对传统小农而言，指具有现代思维，掌握现代农业技术和管理经验，综合素质较高，生产能力较强的新型农民、新农人和新型职业农民，他们都是现代农民的重要组成部分。现代农民是现代农业的实践主体，没有农民现代化就没有农业现代化，没有农业现代化也就没有中国现代化，中国要实现农业现代化，就必须积极培育现代农民。自21世纪初以来，中国政府先后进行了专业大户、家庭农场、新型职业农民培育实践，政学两界也派出大量考察团出国考察、学习发达国家现代农民培育经验，为国内学者的相关研究提供了丰富资料，产生了一系列的相关研究成果。

1. 国内现代农民培育研究现状

当前国内现代农民培育研究散见于新型职业农民培育、新农村建设研究、新农人培育、老人农业、乡村振兴、返乡农民工创业、新型农业经营主体培育、城市生产要素下乡等方面研究中，主要集中研究了现代农民培育的原因、现代农民培育的国际经验借鉴、职业农民培育政策的国际比较、中国职业农民培育四个问题。

（1）现代农民培育的主要原因。从国内学者的分析看，当前中国现代农民培育的主要原因有三个：一是城乡收入差距过大导致乡村青壮年过度流出，土地制度改革、耕地整理滞后导致城市人力资本下乡遇阻，使中国农业出现人力资源短缺，严重威胁国家粮食安全。二是乡村精英的过度流失导致乡村留守农民综合素质偏低，难以承担现代农业发展重任，使现代农业发展缺乏必要的人力资本支持。三是代际更替导致老人农业后继乏人。新生代农民由于教育水平、生活条件、价值观念的改变不愿返回农村，即使返乡农村务农积极性也不高，导致老人农业面临后继乏人窘境。只有积极创造条件培育现代农民，才能为中国农业现代化转型提供充足的人力资本支持，维护国家粮食安全。

（2）现代农民培育的国际经验借鉴。当前国内研究比较多的有欧美模式和东亚模式。欧美模式由于城乡差距小，乡村宜居宜业，农民外流比较少，加上城乡人力资源自由流动，农业职业向社会开放，因此农业人力资源缺口较小，这类国家现代农民培育的主要任务是内部挖潜，通过系统的农业职业

教育培训不断提高中坚农民综合素质，使其逐步现代化。并且，由于这类国家基础教育与国民教育发达，城乡教育资源比较均衡，农民职业准入要求高，农民素质普遍较高，现代农民培育压力小。东亚模式地区由于家庭农场面积过小，农民收入依赖国家保护与补贴，乡村发展机会少，导致老人农业成为普遍现象。因此这类国家和地区现代农民培育的任务比较重，一方面需要积极创造条件吸引城市人力资本下乡，补充农村人力资源缺口；另一方面需要提高务农农民综合素质，为农业现代化提供人力资本支持。

（3）职业农民培训政策的国际比较，重点是看欧美与日本。由于欧美发达国家农业现代化比较成功，城乡一体化发展较好，农民素质普遍较高，因此其农业培训政策、制度成为我们研究的重点。包括美国赠地大学制度，发达的农技推广制度，4H教育制度，农场主分级制度，德国层级式、系统化的农业教育体系，双元制的职业教育模式，分类别的职业定级认证体制，法国多层次的农民教育培训体系，灵活且实用的教育方式，严格的资格证书制度，英国的以市场为导向体系健全、分工明确的农民教育培训体系，严格的证书认证制度。日本农民培训政策也值得我们研究，其特点是体系完善，政府与农协、企业紧密合作，学历教育与专业研修相结合，理论与实践有机融合，科研、教育、推广有机结合。

（4）中国职业农民培育存在的问题。一是对职业农民发展政府财政补贴过少，金融支持不足，农业保险品种少、覆盖率低、赔付率低。二是农村基础设施与公共服务不完善，职业农民外流严重，造成培育资源浪费。三是政府主导，社会力量参与不足，导致职业农民培育资源短缺且条块分割严重，缺乏系统性。四是各地政府重视度不够，对职业农民培训支持力度有限，造成国家培训能力不足，培训机构办学条件较差，师资力量薄弱，每年培训的职业农民数量过少。五是培训精确性不高，培训对象失准严重，培训教材陈旧，理论与实践严重脱节，教育方法单一，导致职业农民培训效果较差。六是职业农民培训质量难以得到保障。由于缺乏严格的监督与考核机制，对培训效果缺乏客观公正的评估与反馈，资格证书发放过于宽松，导致培训质量普遍不高。

2. 国内现代农民培育研究的不足

尽管国内学者对现代农民培育的必要性基本达成共识，对各国职业农民培训政策，国内现代职业农民培育政策进行了大量研究，但由于相关研究时间较短，研究人员较少，研究视角受限，导致国内现代农民培育研究还存在很多不足，严重影响中国现代农民培育的效果。

（1）对国外现代农民培育经验缺乏系统总结，加上忽视中外国情差异，导致据此制定的现代农民培育政策严重脱离中国实际。部分学者学习欧洲经验提出在中国实行农民准入制，在中国城乡差距过大，农民过度流失的背景下，农民职业严重缺乏吸引力，实行准入制只能使乡村人力资源短缺问题更加严重。此外，过于关注职业农民培训而忽视为职业农民发展创造基本条件是本末倒置，欧美由于城乡差距小，农民流动率比较低，现在农民培育侧重职业农民培训，但中国由于城乡差距大，乡村精英外流严重，现代农民培育应侧重缩小城乡差距，废除城乡二元户籍体制，改善乡村创业、人居环境等基本问题，为职业农民发展创造条件。否则，如果经过职业培训的农民由于难得获得合适的发展条件纷纷外流，农民职业培训的效果就会大打折扣。

（2）对现代农民培育的对象认识过于狭隘，导致培育效果不佳。长期以来，中国现代农民培育对象主要集中于农民身份的留守农民与返乡农民工，导致培育效果欠佳。发达国家基本实现城乡一体化，中坚农民外流意愿低，因此现代农民培育对象主要集中于留守农民。但中国不一样，城乡差距过大导致乡村青壮年农民过度流失，大部分乡村只剩下老人，妇女、儿童，职业培训意义不大，并且由于乡村客观环境限制，留守精英、返乡农民工数量、能力有限，难以承担中国农业现代化转型重任。只有扩大农民培育对象的范围，充分利用各种潜在的现代农民资源，才能有效填补中国农业人力资本缺口。

本书正是针对国内相关研究的不足，试图系统总结发达国家现代农民培育的成功经验，并根据中国国情进行合理借鉴，在精准识别中国现代农民培育对象的基础上，进一步完善中国现代农民培育政策。

二、现代农民培育的国际经验

现代农民培育效果不佳导致中国乡村空心化问题更加严重，农业人力资源缺口进一步扩大，威胁到国家粮食安全。考虑到中国庞大的人口规模，粮食安全问题更不能马虎，必须尽快采取有效措施提高中国现代农民培育效果，才能为中国农业现代化转型提供充足的人力资本支持，确保国家粮食供应安全。从世界范围看，除少数农业资源禀赋优越，人口密度较小的国家外，绝大部分发展中国家现代农民培育成效不佳，导致乡村空心化严重。虽然发达国家也存在农民老龄化问题，但发达国家比较好地解决了现代农民培育问题，因而较顺利实现了农业现代化转型与城乡一体化发展目标。

1. 积极创造条件壮大中坚农民群体

发达国家的人口转型与农民职业的发展局限使很多家庭农场缺乏合适继承人，导致老人农业后继乏人，影响这些国家农业的可持续发展。并且，农业现代化水平的不断提高也对农民的素质提出来更高要求，也需要从农业外部引进高素质人才补充人力资本。为吸引城市人力资本下乡，补充农业人力资本缺口，缓解老人农业危机，发达国家制定了一系列支持政策。

（1）农民职业向社会开放，扩大现代农民的来源范围。在发达国家，农业是一个开放系统，城乡生产要素自由流动，只要符合职业准入标准都可以加入，这有利于城乡人力资源的优化配置，吸引城市生产要素下乡。为吸引更多的人关心农业，各国政府增加了农业教育相关课程，甚至从初级教育阶段就开设农业相关课程，在更多大中专院校开设与农业相关的课程或选修课，以激发社会公众对农业的兴趣。政府还出资支付部分农学专业学生的学费，鼓励学生选择农学专业，同时在社会广泛宣传农业，鼓励有志青年投身农业、发展农业。各国的农会、农协也积极开展各种农业教育、技术推广活动，吸引社会公众关注农业，不断扩大农民的来源范围。在扩大农民来源范围方面，美国民间自发的4H教育，赠地大学与遍布全国的农技推广机构功不可没，使美国农业能够获得源源不断的外部人力资源支持保持强大。

（2）为城市人力资本下乡创造良好条件。为吸引城市人力资本下乡，壮大中坚农民群体，各地纷纷制定了优惠政策，特别是老龄化严重的东亚地区，韩国实施了归农·归乡计划，日本制定了《食品、农业和农村基本法》。为城市人力资下乡提供了财政与税收的优惠。尽管各地具体支持措施有差异，但基本关注点相似。一是为下乡人力资本提供技术支持。鼓励他们到农业教育机构或专业培训机构学习，到指定农场实习，政府补贴学习与生活费用。二是鼓励土地流转。各地不断改革农地制度，逐步建立统一的国民年金制度，对老龄农民和兼业农民退出农业提供奖励和补偿，对下乡人力资本租赁、购买土地提供补贴和优惠贷款，鼓励土地向他们流转、集中。三是对下乡人力资本购买农业生产资料、设备，建设农业生产附属设施提供大量补贴、优惠贷款。四是为下乡人力资本提供年数不等的生活补贴，帮助他们度过初期的投资阶段。这样，各地通过为下乡人力资本提供技术、土地、生产资料，资金与生活资料支持，为他们的成长创造了良好条件。

2. 积极创造条件留住中坚农民，提高他们的综合素质

无论是新进入农业领域的城市下乡人力资本还是农村留守的中坚农民，要使他们安心农业，愿意继续留在农村发展农业，政府就必须创造一个宜居宜业的农村环境，不断提高他们的综合素质与生产能力，使他们获得体面的收入，获得平等的公民权利与社会保障，较高的职业满足感。

（1）建设宜居宜业的美丽乡村。要留住中坚农民，就必须让乡村宜居宜业。为实现乡村宜居目标，发达国家政府投入大量资金对乡村交通、供水、电力、通信、宽带等基础设施进行了完善，对乡村垃圾进行了分类管理，加强了乡村规划与环境保护，使乡村基础设施完善，村容整洁，环境优美，交通便利。同时，发达国家政府也不忘加强乡村软件建设，不断提高乡村公共服务水平，为乡村提供完善的教育、医疗、养老等公共服务，金融、保险等便民服务，不断缩小城乡生活质量差距。同时，发达国家还为农民设立了各类养老金，使城乡社会保障逐步均等化。为实现乡村宜业目标，发达国家政府还投入巨资进行了全面的国土整治，耕地整理，农业生产基础设施建设，使耕地适合机械化，规模化耕作，现代农业发展。发达国家政府也对农民购买农业生产资料、设备、建设农业生产附属设施进行补贴，以减轻农业劳动强度，改善农业生产条件。发达国家政府还制定各种优惠政策鼓励老年农民退出农业，促使耕地向中坚农民流转与集中，增加他们的农场经营面积，使他们获得体面收入。

（2）使农民获得稳定的收入保障。农业是弱势产业，容易受气候变化、自然灾害，价格波动影响，加上农业生产率进步普遍低于工业，导致城乡收入存在自然扩大趋势。因此，要留住农民，就必须降低农业经营风险，保障农民能获得比较稳定的收入。要降低农业经营风险，一方面，发达国家普遍建立了完善的农业保险制度，不断增加农业保险品种，扩大农业保险覆盖

面，制定合理的保险赔付标准，以减少农民损失，并通过再保险、补贴农民保险金等方式降低保险机构风险，减轻农民保险负担。另一方面，发达国家还制定粮食收购保护价，建立国家粮食储备制度，对农产品价格进行托底，减少粮食价格波动对农民收入的影响。同时，对农民实施优惠金融政策，为农民贷款提供担保，使农民获得更多的金融支持。为保证农民获得稳定的收入，防止城乡差距扩大，发达国家政府还对农民进行了大量补贴，包括各类直接补贴和各种基于绿箱政策的间接补贴，以及基于收入支持的目标价格补贴，使农民收入与城市居民收入基本持平。

（3）不断提高农民素质。农业现代化不可能由传统小农完成，必须依赖现代农民。要将为数众多的传统小农转变为现代农民，并培育出更多的新型职业农民，需要通过系统的农业教育实现。为提高农民素质，培养职业农民，发达国家普遍建立了从高等教育、职业教育到培训教育完善的农业教育体系，普遍采用理论与实践相结合的双元教学模式，并对农民职业教育进行分类定级，根据不同的学习程度为学员颁发层级式的等级证书，鼓励农民进行终身学习，不断更新自己的知识技能。在教育提供上，政府、企业与社会力量紧密合作，发挥各自长处，为农民提供多元的教育选择，政府还对农民教育提供大量补贴。此外，政府也积极地资助农业科研与农技推广，以美国赠地大学为模板，各国先后建立了完善的农业科研与农技推广体系，向农民推广先进农业技术，提高农民科学素养。

（4）不断提高农民地位。在发达国家，农民不再是一种身份而是一种职业，农民可以自由流动，自由转换职业，城乡之间不存在二元户籍体制，都享受平等的国民待遇。在发达国家，农民收入已与市民基本持平，部分国家甚至反超。2017年美国农户家庭平均收入11.3万美元，一般家庭为8.6万美元，农户的收入高于一般家庭大约1/4。2014年，日本农民人均收入456万日元，超过上班族的年均收入442万日元。随着农业科技的进步，农业生产自动化水平的提高，农业生产社会化服务体系的完善，农业劳动强度大大降低，劳动条件不断改善，成为一份体面职业。与农业现代化紧密相关，农民受教育水平也不断提高，2017年美国农民高中以下教育程度的占7%、高中毕业或专科教育程度的占68%，大学毕业或以上程度的占25%。欧洲很多国家经营农业还需要资格认证，建立了职业农民注册等级制度，实行职业准入制。此外，农民作为一个单一政治群体在农会等政治组织领导下，也具有很大政治影响力。

三、扩大中国现代农民培育对象范围

中国城乡差距过大，加上二元户籍体制残留使农民离农意愿非常强烈，导致乡村精英过度流失，乡村空心化与老人农业问题非常严重，急需人力资源补充才能避免粮食安全危机。因此，与西方发达国家不同，中国当前最紧迫的任务不是培训留守农民，而是尽快扩大现代农民的来源范围，吸引更多高素质的城市人力资本下乡，以有效补充乡村发展的人力资源缺口，提高农业生产能力。其次才是对乡村留守农民与下乡城市人力资本进行系统培训，尽快提高他们的综合素质与生产能力，将他们转变为现代农民。从当前中国现实看，中国现代农民培育的主要对象有以下几类，但都面临一些发展障碍。

1. 农村留守精英

主要包括各类种养专业大户、家庭农场主、乡村干部。这些留守精英生于斯长于斯，对家乡感情深厚，发展家乡、建设家乡的积极性也很高。他们大多具有丰富的务农经验，适应乡村生活，农业经营规模普遍较大，是中国粮食生产的主力军，乡村振兴的基本力量。但由于乡村教育不发达，精英大量流失，加上乡村生活比较闭塞，与外部世界联系较少，导致乡村留守精英教育程度普遍偏低，社会资本匮乏，管理能力以及对新事物、新技术接受能力较差，行为也比较保守，难以满足现代农业发展的需要。再加上农村金融体系不发达，融资困难，农业生产自然风险、市场风险比较大，国内农业保险制度不完善，导致留守农民采用农业新技术、调整农业产业结构、扩大农业经营规模的积极性较低，无法顺利成长为新型农业经营主体。而城乡差距的高位固化，乡村空心化的加剧，农民身份的污名化，也导致留守农民离农意愿普遍较强，影响他们长期扎根乡村，建设乡村的积极性。

2. 返乡农村大学生

近几年来，随着房价暴涨，城市生活成本不断提高，就业竞争日趋激烈，越来越多毕业农村大学生难以实现城市买房扎根目标，只能艰难地"漂"在城市，城市化意愿逐渐降低。而居民消费结构的不断升级，对高品

质农产品需求的不断增加也为农村创业提供了新机会，新农村建设与乡村振兴战略的推进使农村生产、生活条件不断改善，也减少了农村大学生返乡的顾虑。城市的推力与乡村的拉力相结合使部分农村大学生返乡创业，成为现代农民的重要组成部分。相对于留守农民而言，返乡农村大学生见识较广，知识层次普遍较高，管理能力较强，对市场供求比较敏感，与外界联系较多，对新技术、新思想、新方法接收能力较强，具有较强合作意识。他们更喜欢从事附加值比较高的特色农业、养殖业、农产品流通业，不喜欢附加值过低的主粮生产。返乡农村大学生是特色农产品，优质农副产品的重要提供者，并且其地位越来越凸显。但由于普遍缺乏资本，加上特色农产品经营风险、市场风险更大，农村创业环境欠佳，农业基础设施不完善，耕地流转困难，导致返乡农民大学生创业规模普遍偏小，失败率高，难以有效发挥他们的人力资源优势。

3. 城归的城市白领与城市精英

随着经济发展，人民生活水平的提高，乡村已不仅是提供粮食的地方，也是人们休闲、旅游、娱乐、文化寻根的地方，具有多元价值，这为乡村发展提供了新思路，创意农业、休闲农业、乡村旅游、田园综合体、养老地产都成为乡村新的增长点。而城市病的蔓延，生态文明理念，后现代主义思潮的影响也使一部分城市白领，城市精英向往乡村淳朴、宁静、自然的生活方式，愿意到农村生活、创业。相比较而言，城归的城市白领、城市精英普遍文化水平较高，审美能力、艺术品位、管理能力、专业技能也较高，有一定的经济实力，社会关系广泛，懂得城市消费者的心理。他们主要从事创意农业、休闲农业、乡村旅游业、民宿业等这些需要一定情怀、一定审美、技术能力的涉农产业，成为乡村第三产业发展的重要力量。当前影响城归城市白领，城市精英乡村创业的主要障碍有滞后的农村土地制度，城乡二元户籍体制，对农业生产基础设施建设用地审批，宅基地流转的过度限制，乡村基础设施、公共服务的匮乏，较差的农村投资环境，这些都削弱了城归城市白领，城市精英的农业投资意愿，导致城市人力资源的浪费。

4. 下乡工商资本与农村涉农资本法人

随着过剩型经济的长期化，市场体系的不断完善，资本利润率不断降低，城市过剩资本需要寻找新的投资机会，中国农业作为待开发的蓝海，投资机会很多，吸引了大量工商资本下乡。农村涉农资本为寻求稳定的销售市场，可靠的供应链，较好的规模经济效应，也纷纷涉足农业产业化。下乡工商资本法人与农村涉农资本法人资本雄厚，管理能力与资源整合能力强，主要通过农业龙头企业、农民合作社、农业生产社会化服务组织等方式对农业资源进行整合，有效延长了农业产业链，增加了农业附加值，提高了农产品质量，实现了规模经济，促进了农业与农村发展。尽管由于缺乏监管及部分地方政府为政绩需要进行的不当干预导致下乡工商资本非粮化、非农化问题较严重，部分下乡工商资本还损害了农民利益，但这主要是政府职能缺位、错位造成，只要加强监管，这些问题应该可以解决。从整体看，那些工商资本下乡比较多的地方，农业龙头企业、农民合作社发展就比较好，农业生产社会化服务体系就比较完善，农业规模化、机械化、产业化水平就比较高，农民收入增长也比较快，实现了多赢目标。当前，对工商资本下乡偏见，土地制度改革滞后成为工商资本下乡主要障碍，直接影响了中国农业现代化进程。

5. 返乡新乡贤

新乡贤指那些出生于乡村，具有浓厚乡土情结，愿意为家乡发展做出贡献的各类社会精英，包括在乡新乡贤与不在乡新乡贤。考虑到中国乡村普遍的空心化趋势，除少数沿海发达工业化乡村外，其他乡村不在乡新乡贤能量更大，应该是新乡贤的主体，政府应积极创造条件鼓励他们下乡，为乡村发展提供急需的人力资本、技术、文化、资金、社会资本支持。在传统中国社会，乡贤是乡村自治、乡村文化传承、乡村社会教化、乡村公共事务、乡村慈善的主要推动者，对于维护乡村稳定，促进乡村发展具有重要意义。然而，近代以来，工业化、城市化的飞速发展，城乡差距的不断扩大使乡村精英过度流失，乡贤返乡意愿不断下降，导致城乡人才循环中断，乡村发展缺乏必要的人力资本补充。只有尽快扫除城市新乡贤回归的障碍，才能恢复城乡人才的循环流动，为乡村振兴提供人力资本支持。近几年来，沿海发达地区新农村建设取得重大进展，城乡收入、基础设施、公共服务差距不断缩小，吸引了大批城市新乡贤回归，这对于完善当地乡村治理，促进当地经济发展，传承当地乡村文化，发展当地乡村慈善都具有重要意义。但对广大中西部乡村来说，城乡差距过大，基础设施不完善，公共服务匮乏，村庄空心化严重成为城市新乡贤回归的重要障碍，导致新乡贤资源的浪费。

中国现代农民培育面临诸多障碍造成了中国人力资源的大量闲置与浪费，使乡村人力资源缺口得不到及时有效补充，导致乡村人力资源短缺问题进一步恶化，影响农业生产，严重威胁国家粮食安全。

四、完善中国现代农民培育政策

要充分利用各种现代农民资源，留住中坚农民，提高农民综合素质，有效解决乡村发展中的人力资源短缺问题，化解老人农业危机，为中国农业现代化提供充足的人力资本支持，夯实国家粮食安全基础，政府就必须进一步完善现代农民培育政策，提高现代农民培育效果。

1. 政府应解放思想，减少现代农民发展障碍

在现代农民培育问题上，政府政策重点一直局限于乡村留守精英与返乡农民工，视野较窄，导致现代农民来源单一，农业现代化转型缺乏足够的人力资本支持，效果有限。尽管在主粮种植，中小规模特色农业专业化生产方面乡村留守精英，返乡农民工有优势，但由于资金、技术与管理能力，文化水平局限，在高端创意农业、乡村旅游、田园综合体与乡村民宿以及农产品加工业发展方面他们往往无能为力，也没有能力提供充足的农业生产社会化服务，对产业链进行深度整合，实现产业链的纵向、横行一体化发展。只有城归的城市精英、城市白领、工商资本法人和回归乡村的新乡贤才有这种能力。因此，在现代农民培育上，政府应该解放思想，扩大视野，将各种可利用的现代农民资源都纳入利用范围，这样才能为农业现代化转型提供充足的人力资本支持。在工商资本下乡问题上，政府一直拘泥于意识形态偏见持排斥态度，限制过严，导致农业现代化转型资本严重匮乏。其实工商资本法人对农业生产社会化服务体系建设、农业的产业化、标准化发展、农业产业融合、产业链整合以及规模经济的实现都非常重要，是农业现代化的重要力量。只要加强政府监管，提高资本准入门槛，限定下乡工商资本法人的投资领域，减少政府的不当干预，完全可以将资本下乡导致的非粮化，非农化负面影响减少到最小，在维护农民利益的基础上加快农业的产业化，规模化发展，实现多赢目标。在乡村作用上，传统思维过于一元化，将乡村作用局限于农产品生产领域。其实，随着经济发展，乡村多元化价值逐渐凸显，这就

要求乡村必须容纳多元业态，开发多元功能，接收多元化的主体，使六次产业融合发展。只拘泥于乡村一次产业，一元价值的旧观念必然阻碍乡村的有效开发与多元发展，必须尽快转变。只有不断解放思想，才能突破旧思维的束缚，使政府制定的乡村发展政策更符合实际，减少现代农民成长的障碍。

2. 政府应增加对现代农民发展的支持

现代农民是现代农业的基础，在现代农民中，乡村留守精英是基本盘，肩负着维护国家粮食安全重任，但其缺点也非常突出，就是文化水平偏低，技术保守，眼界有限，与外部市场、社会联系弱，难以胜任现代农业生产。这就要求政府承担起乡村留守精英的成人教育，培训任务。当前，山东、浙江等沿海发达省份依托高校建立了一些农民学院，对乡村留守精英进行了成人教育与针对性培训，取得了一定的效果。但这些教育偏于学历化，实践环节不足，应该借鉴日本、德国经验，推行学徒制，增强培训效果。此外，乡村教育薄弱已经成为乡村发展的最大障碍，特别是撤点并校与陪读问题已成为乡村教育衰败与农民被迫进城的重要原因，政府应承担起自己的责任，将短期的经济利益放在一边，投入巨资到农村教育复兴上，只有乡村教育复兴，才能有乡村的复兴。其他类型现代农民也面临着一些相似的发展问题，如农业生产融资难，农业保险制度不完善，经营风险大，政府扶植力度不够等。这就要求政府进一步完善农村融资体制，给予他们更多的融资优惠政策，降低融资条件，在这方面，起源于孟加拉国尤努斯的格莱珉银行模式可能值得中国借鉴。农业保险方面，政府也应该承担起责任，仿效日本、美国农业保险模式，扩大农业保险覆盖率，提高农业保险赔付率，这是农业长期稳定发展的基本政策保障。现代农民的政策扶植除金融优惠外，政府也应借鉴日本经验，对于扶植对象的培训与学徒期生活，学杂费用，务农初始投资，生活费用给予补贴、支持，使他们顺利实现职业转型。同时对农产品给予必要保护，提高农产品价格，对外援助学习美国以农产品援助为主，扩大农产品出口市场，政府承担价格损失，并逐步增加农民直接补贴，完善目标价格制度，保证农民收入。

3. 政府应为现代农民创业创造良好条件

耕地缺乏整理和农业基础设施不完善成为制约中国农业机械化，规模化经营的主要障碍，中国丘陵，山地占可利用土地的43%，除沿海部分地区依靠城乡建设用地增加挂钩政策对耕地进行过大规模整理外，中西部乡村耕地整理投入严重不足，进展缓慢，导致大量耕地被抛荒、弃耕，威胁国家粮食安全。但由于耕地整理投资大，农业基础设施属于公共产品，私人既无力也无心进行有规模的投资，必须依靠政府投入巨资，坚持不懈地推进才能解决问题。政府也应该鼓励工商资本以托管、土地银行等方式参与耕地整理和农业基础设施建设，弥补政府资金的不足。土地制度改革滞后是阻碍新型农业经营主体、农业新业态发展的核心原因，政府应该以更开放的心态重新评估国家粮食安全问题，充分认识乡村的多元价值，释放出更多的土地进行非粮化，非农化利用，这样才能为现代农民提供更多的投资机会，不断优化农业产业结构，实现六次产业融合发展。政府更应对僵化的农村土地制度进行变革，毕竟，中国城市化已经由1978年的17.9%增长到2018年的59.6%，考虑到当前农民普遍不愿意迁移户籍的现实，实际的城市化率可能更高，各地乡村人口的空心化也证实刘易斯拐点已经到来，农民就业问题已经基本解决，要防止老人农业后继乏人，维护国家的长期粮食安全，就必须尽快改革农村土地制度。当前的土地制度改革对土地产权进行了过度分割，只会进一步增加交易成本，却并不能减少投资风险，不利于长期投资，只有尽快完善农村社会保障制度，使农民获得更完整的土地产权，才能减少农民的后顾之忧，有效降低交易成本，减少投资风险，鼓励长期投资。此外，政府也应放松对农业经营建设用地的管制，扩大农村宅基地的流转范围，允许新进农民购买限定面积的农村宅基地，这样才能使政府管制符合农业生产实际，让新进农民安居乐业，愿意长期扎根农村。

4. 政府应为现代农民创造良好的人居环境

俗话说安居才能乐业，当前中西部乡村最大的问题是乡村空心化严重，村容村貌破败，基础设施陈旧，卫生条件欠佳，难以留住村民。乡村的过度空心化又导致人口密度过小，使公共服务规模不经济，公共交通、医疗、教育、商业等基本公共服务与生活服务不足甚至退出乡村，进一步降低乡村生活质量，造成恶性循环。对于沿海发达地区农村和三江平原地区高收入乡村来说，虽然基础设施比较完善，具有一定的产业支撑，村容村貌也比较整洁、美观，硬件设施比较好，但由于公共服务与生活服务质量与城市相比差距依然较大，村民外流依然很严重，空心化问题依然很突出。因此，要留住中坚农民，吸引城市人力资本下乡建设新农村，就必须改善农村人居环境。要改善乡村人居环境，就必须改善乡村硬件环境，美化村容村貌，提高农村公共服务水平。考虑到中国城市化进程仍处于中期，农民继续外流是必然趋势，乡村的空心化还会持续，人口过疏既不利于基础设施与公共服务建设，也不利于社区治理与居民生活，只有将农民集中起来居住，才能实现基础设施与公共服务的规模效应。在美丽乡村建设方面，沿海走在前列，基本实现集中居住，但还需要进一步提升公共服务水平，才能真正留住农民，吸引城市人力资本、新乡贤回归乡村。内地乡村空心化正在加剧，政府应早做准备，选定合适地点建设中心村、镇，超前规划，高标准设计基础设施与公共服务，然后缓步推进，逐步引导农民向中心村、中心镇聚集，以有效提高农村人居环境与农民生活质量，让农民安居乐业。

第二节　新乡贤与乡村治理：地区差异、治理模式选择与目标耦合

城乡差距的持续扩大，城乡生产要素的长期单向流动导致中国大部分乡村经济发展乏力，空心化严重，熟人社会瓦解，传统文化衰落，村民自治流于形式。农业税费的免除使基层政权进一步悬浮化，为地方非法势力介入乡村治理提供了方便，导致乡村治理问题更趋恶化。在这种背景下，乡贤作为中国乡村传统的治理资源，由于对完善乡村自治，发展乡村经济，传承乡村文化，整合乡村社会，激发乡村慈善都具有重要意义，重新引起政学两界的重视。各地特别是宗族文化浓厚的福建、广东乡村，以及经济发达的浙江乡村先后成立了乡贤理事会，乡贤参事会进行了乡贤治理实践。在地方推动下，中央政府也在2018年"一号文件"中强调要积极引导发挥新乡贤在乡村振兴，特别是在乡村治理中的积极作用。但从实践效果看，大部分地区的新乡贤治理并没有达到预期目标。只有进一步深入探讨新乡贤治理运行机制，使新乡贤资源与乡村治理目标更好地耦合，才能充分利用中国丰富的新乡贤资源，改善中国的乡村治理水平，加快乡村振兴目标的实现。

一、对国内新乡贤治理相关研究的评述

近年来，国内学者对新乡贤问题进行了比较详细的研究，并对各地新乡贤治理实践进行了比较认真的理论总结，取得了较多成果，主要集中在以下三个方面。

1. 对新乡贤概念进行了界定

国内学者从多角度对新乡贤概念进行了界定。

（1）从历史角度梳理了旧乡贤到新乡贤的发展脉络。季中杨等（2016）的研究表明，从秦汉到明清，科举功名逐步成为乡贤身份的重要前提，经济的发展导致乡贤群体不断壮大。王先明（2009）的研究表明，从清末到民国，随着科举制的取消，工业化与城市化的发展，社会流动渠道的增多，社会剧变导致乡贤的构成更加庞杂，乡绅阶层出现整体劣化趋势，成为革命对象。宋宜清（2010）则指出，在当前这个开放与多元的社会，新乡贤的构成、标准应该更加多元化。

（2）对旧乡贤与新乡贤进行了比较。张兆成等（2016）研究认为，新乡贤与旧乡贤相比，准入门槛要低，没有严格的功名资格限制，范围也比较广泛，包括经济、政治、管理、科技、文化等各方面精英，无须要得到政府正式认定，分布于体制内外。申端锋（2009）认为，旧乡贤更强调乡贤内在的道德修养，新乡贤更强调乡贤外在的道德行为，但二者也具有历史连续性，都主张乡贤必须立足乡土，造福乡土，只是在乡贤的准入标准、财富要求与道德要求上存在较大差异，新乡贤的要求较低，因此其构成更复杂多元，规模更大。

（3）对新乡贤的构成进行了分析。钱念孙（2016）坚持传统的乡贤观，认为只有体制内年老退休还乡的精英才能称为乡贤。王泉根（2011）对新乡贤设置了比较高的门槛，认为新乡贤应该是具有较大知名度的名人。吴雄妹（2016）则提出了广义的新乡贤定义，认为新乡贤主要包括四类人：一是在本地出生本地工作，在乡民心中有威望、口碑好的人；二是在外创业成功返乡，热心故乡公益事业的人；三是长期在当地工作，为当地发展做出突出贡献的外地人；四是在村里德高望重，对村里大事小事都有影响的人。本书采用吴雄妹的广义新乡贤定义。

2. 对新乡贤治理的作用进行了研究

国内学者从多角度对新乡贤作用进行了研究：

（1）对新乡贤治理方式进行了研究。张露露等（2016）主张在乡村重新培育一个新乡贤阶层，取代悬浮无为的基层政府，直接充当政府与农民之间的桥梁，实现新乡贤自治。郎友兴等（2017）则认为新乡贤主要起参政议政的辅助作用，以提高基层政府决策质量，对基层政府权力形成监督与制衡，有效防止强人治村或恶人治村的出现，维护普通村民利益，完善乡村自治。

（2）对新乡贤的文化功能进行了研究。钱念孙（2016）认为应制定合理政策鼓励入城精英退休后回流乡村，实现乡村精英的自我循环，以挽救乡村文化，恢复乡村道德。王泉根等（2011）更关注挖掘当地乡贤文化以教化、垂范后人，并呼吁充分利用新乡贤对现代文明的传播作用改造传统乡村文化，在对传统文化合理扬弃的基础上与现代文明有机融合，实现乡村文化的复兴。

（3）对新乡贤的经济功能进行了研究。在这一点上学界与政界基本形成共识。蔡禾等（2016）认为新乡贤特别是在外工作，创业成功的企业家，技术骨干，政府机关、事业单位的在职干部，从城市企事业单位、政府部门退休的老工人、老干部，能够为乡村经济发展带来各种急需的资源，促进乡村经济发展。耿羽等（2017）则从精准扶贫角度认为新乡贤能够有效沟通政府、市场与村民之间的关系，有利于扶贫项目设立、落地与运营，实现精准扶贫目标。

（4）对新乡贤的社会整合功能进行了研究。颜德如（2016）认为新乡贤由于有较高的社会声望，能够有效填补基层政府权威下降留下的权力真空，调解乡村社会矛盾，促进社会和谐。孙敏（2016）认为新乡贤可以通过成立各种民间协会将农民组织起来，丰富他们的精神生活，提高他们的归属感，并通过设立各种专门基金会，激发乡村慈善，加强乡村基础设施建设，资助乡村教育。

3. 对新乡贤治理模式进行了归纳

从当前国内新乡贤参与乡村治理的实践看，其参与模式主要有三种。第一种是以乡贤参事会的方式参与乡村治理，以浙江省德清县为代表，乡贤参事会在基层政府领导之下成立，接受政府领导，独立性不强，主要任务是为政府出谋划策，增加决策的民主性，相当于政府的智囊团（郎友兴等，

2017）。第二种是以乡贤理事会的方式参与乡村治理，以广东省清远市为代表，乡贤理事会独立性比较强，功能与政府错位，主要承担社会整合与社会慈善，乡村文化保护，协助招商引资等任务，并对政府权力进行间接监督，与基层政府存在权威竞争关系，形成双元权力的竞争与合作（蔡禾等，2016）。第三种是以非正式社会组织参与乡村治理，以湖南永兴县黄村为代表，他们没有经过政府授权，以非正式社会组织形式存在，成立目标比较单一，参与人数较少，力量较弱，组织不稳定，往往以乡村教育或基础设施建设，乡村慈善为目标（耿羽等，2017）。

4. 国内新乡贤研究存在的不足

然而，从总体看，当前国内的新乡贤治理研究还处于初级阶段，缺乏系统性，存在诸多不足，导致当前国内新乡贤治理实践缺乏有效的理论指导，行动缓慢，形式主义严重，效果不佳。这些不足集中体现在两个方面。

（1）对不同地区新乡贤的差别研究不足。由于经济发展水平、区位、当地人口流动状况不同，导致不同地区新乡贤在数量、质量、构成上存在很大差异，直接影响到这些地区新乡贤治理方式与治理目标的选择。从当前中国国情看，既存在历史乡贤也存在当代乡贤，既存在超级乡贤也存在普通乡贤，既包括本地乡贤也包括不在地乡贤，不同的乡贤类别及其构成状况直接影响当地乡村治理方式及治理目标的选择。如果不能对新乡贤类别进行认真鉴别，就难以因地制宜地采取有效的新乡贤治理模式，选择合适的新乡贤治理目标，导致新乡贤治理目标与新乡贤资源脱节，难以实现。

（2）对不同地区乡村社会结构的差异研究不足。中国乡村由于历史、气候、地理环境等因素呈现出不同的社会结构特点，不同的社会结构特点又形成不同的权力结构，要求不同的治理方式。按照武汉大学社会学院贺雪峰教授的观点，中国乡村按照社会结构特点大致可以分为华南宗族型、北方分裂型与长江流域原子型三种主要类型，再加上江浙沿海工业化村庄，可以分为四种主要理想类型。不同社会结构类型村庄由于区位、经济状况、村庄内部阶层分化的不同发展为扩展型村庄、收缩型村庄、空心型村庄、崩溃型村庄。不同社会结构类型与发展趋势的村庄又形成不同的新乡贤结构、村庄凝聚力、权力结构，要求采取不同的新乡贤治理模式，选择不同的新乡贤治理目标。当前国内学者对中国村庄社会结构分类与村庄发展趋势研究不足，必然导致采取的乡贤治理政策与选择的治理目标脱离实际，其结果往往效果不佳。

只有对中国不同地区新乡贤的种类、构成、村庄的社会结构与发展趋势进行认真分析，然后有针对性地为不同类型的乡村选择合适的新乡贤治理模式与治理目标，才能有效发挥新乡贤作用，提高乡村治理能力与水平。

二、新乡贤与乡村社会结构的地区差异

为因地制宜地制定合理的新乡贤治理政策，选择合适的新乡贤治理目标，就必须对新乡贤进行认真分类，对乡村社会结构进行仔细分析。

1. 新乡贤的主要类别

相对于旧乡贤，新乡贤对功名、影响力、财富、道德的要求都有所降低，只要是某一领域精英，有一定影响力，没有道德污点，热心家乡公益事业，都可以称为新乡贤，因此，新乡贤几乎遍及各个行业，种类众多。但本书主要以新乡贤对乡村治理的影响为依据从两个角度对新乡贤进行分类。

（1）从影响力角度看，新乡贤可以分为超级乡贤和普通乡贤。超级乡贤指其影响力远超过其他人的乡贤，他可以是在任或退休高官，也可以是成功的大企业家、大商人，还可以是其他领域如文化、娱乐、体育等行业的高级精英，在当地精英中显得鹤立鸡群。超级乡贤由于其影响力，一般具有较大权威，能够对当地精英资源进行整合，形成合力，有利于乡村治理。普通乡贤指影响力有限，难以对其他精英进行整合，也缺乏对基层政权进行制衡能力的乡贤。当一个地方缺乏超级乡贤只有普通乡贤的时候，团结型村庄乡村自治会进一步完善，而原子型村庄则可能会由于权威缺失，导致无政府状态加剧，治理瘫痪。

（2）从是否在乡角度看，新乡贤可以分为在地乡贤与不在地乡贤。在地乡贤主要指生活在当地乡村，在本地发家致富，获得影响力的新乡贤。由于乡村资源有限，加上视野的局限，在分裂型村庄和原子型村庄，在地乡贤之间的竞争大于合作。不在地乡贤指在城市工作生活，通过自己的努力奋斗，积累了丰富资源的新乡贤，他们文化水平普遍较高，思想开放，视野开阔，家族意识淡薄，合作意识较强。因此，在那些不在地乡贤比较多，在地乡贤

比较少的村庄合作比较容易，相反，在分裂型或原子型村庄，如果在地乡贤比较多，不在地乡贤比较少的话，家族竞争可能导致竞争大于合作，加剧治理困难。

2. 中国乡村社会结构的主要类型

中国幅员辽阔，各地物产、气候、文化、社会心理、语言差异很大，很难对乡村进行简单归类，但为研究方便，本书依据贺雪峰教授的划分，将乡村社会结构归结为以下四种类型。

（1）沿海工业化村庄。这些村庄已经工业化，经济发达，居民在本村就业或到附近城镇工作，已经就地城市化，因此人口流失较少，社区比较完整、稳定，熟人社会保持。这些村庄土地增值较快，集体经济较强，外来人口较多，为维护村社共同利益，村庄凝聚力比较强，具有统一行动能力。经济发达使村庄基础设施、公共服务完善，交通便利，人居环境不断改善，导致外来流动人口不断增多，社区不断扩张，充满活力，村民对未来预期乐观，不在地乡贤返乡意愿强烈。在这些村庄，精英众多，社会分层比较明显，存在超级精英，能够整合社会力量，市场化与城市化导致家族意识减弱，社会信任半径扩大，使精英能够有效突破狭义的家族利益局限，愿意为村社公共利益服务。因此，在这些村庄，尽管精英众多，社会分化严重，新乡贤群体之间依然是合作大于竞争。

（2）华南宗族型村庄。华南地区是中国宗族文化保留比较多的地区，宗族村庄由于有形与无形的宗族历史记忆，同族而居的居住形态具有较强内聚力，传统文化与伦理道德保留较多，具有统一的行动能力。这些村庄村民对未来预期比较稳定，乡土意识、互助意识比较强，社区比较和谐。宗族型村庄区位普遍较偏僻，村民外出创业、务工较多，人口流失比较严重，集体经济不发达，属于收缩型村庄。这些村庄基层政府比较清廉，基础设施与公共服务比较完善，人居环境较好，出于强烈的宗族情感，新乡贤有比较强的参与当地乡村建设的积极性。并且，由于宗族内部比较团结，新乡贤内部的合作远大于竞争，资源整合能力比较强。

（3）北方分裂型村庄。北方地区平原较多，历史上战乱、人口迁徙比较频繁，村庄普遍较大，杂姓村较多，因此，村庄的凝聚力比较弱，并且即使是同姓村，由于村庄规模比较大，凝聚力也较弱，主要存在小亲族内部的合作。从整个村庄来看，缺乏统一行动能力，内部分裂倾向比较严重，各小亲族之间相互竞争，导致基层政府缺乏权威，普遍陷入瘫痪无为而治。这种类型的村庄普遍缺乏历史记忆，乡土意识不强，基层政府的无为导致基础设施、公共服务不完善，空心化严重。在这种村庄，村民城市化意愿强烈，普遍预期外向，不在地乡贤缺乏返乡意愿，在地乡贤普遍影响力小，互不服气，相互之间激烈竞争，缺乏超级权威整合。

（4）长江流域原子型村庄。这些村庄缺乏历史记忆，熟人社会瓦解，连小亲族之间的互助也不存在，村庄社会结构呈现原子化状态，内聚力很弱，人口外流、空心化严重。基层政府普遍负债较重，基础设施不完善，公共服务匮乏，人居环境恶化，居民价值观扭曲，社会失序严重，人际关系紧张，居民城市化意愿强烈，生活预期外向，乡土意识淡薄，很多属于崩溃型村庄，面临消亡的命运。这类村庄社会分层普遍不明显，小精英众多，相互之间激烈竞争，权威崩溃，道德约束瓦解，处于无序状态，强人、恶人经常抢占权力真空，成为强人治村，恶人治村的温床。有限的不在地乡贤既缺乏资源整合意愿，也缺乏资源整合能力。

三、因地制宜地选择新乡贤治理模式与目标

在对新乡贤类别与乡村社会结构进行认真分析后，就可以根据不同乡村社会结构，新乡贤类别，采取可行的新乡贤治理模式，实现相应的乡村治理目标。新乡贤资源，乡村社会结构与新乡贤治理目标耦合图如图4.1所示。

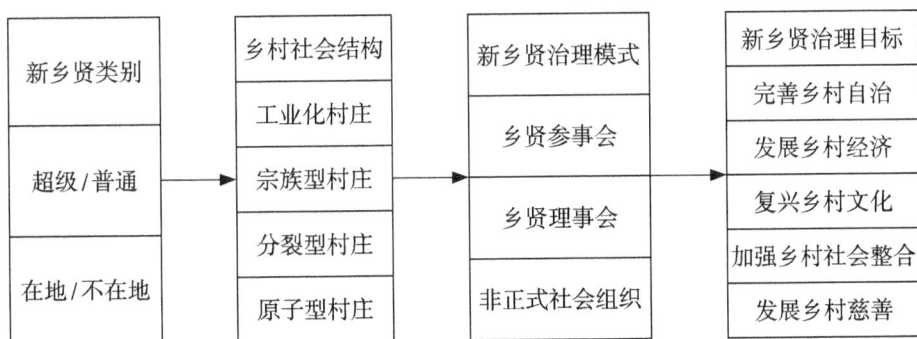

图4.1　新乡贤资源与治理目标耦合图

从新乡贤资源与治理目标耦合图看，中国乡村的多样性导致新乡贤治理模式与治理目标多样化，全面分析中国不同乡村的治理模式与目标选择既超出本书能力也没有必要，本书将依然以四种理想类型村庄为样本来探讨新乡贤类别、乡村社会结构与新乡贤治理模式、治理目标之间的关系，并大致归纳出新乡贤治理的一般规律，为中国未来的新乡贤治理实践提供指导与借鉴。

1. 沿海工业化村庄

这些村庄村集体经济较雄厚，基层政府有能力进行基础设施建设，提供充足的公共服务，并为村民提供较充分的福利，具有较大权威性。精英群体的庞大，超级精英的存在对体制内精英形成有效监督与制衡，能防止基层政府的寻租，提高乡村自治水平。因此，在沿海工业化村庄，新乡贤可以采取德清式的乡贤参事会模式参与乡村治理，无须另起炉灶，以有效整合资源，减少内耗，新乡贤主要做好权力制衡与监督，当好政府的智囊团。在这些村庄，由于权力分散，资源充沛，新乡贤治理可以实现完善乡村自治，发展乡村经济，传承乡村文化，加强乡村社会整合，激发乡村慈善等多重目标。

2. 华南宗族型村庄

这些村庄由于集体经济薄弱，难以为村庄发展提供充足的资源，新乡贤治理能够有效弥补村庄发展资源的不足。但由于基层政府比较廉洁，也没有多少资源可以支配，因此对他们权力的直接监督没有太大必要，并且，与基层政府捆绑在一起会限制新乡贤参与乡村治理的自由度，易受到政府干预。因此，在这些村庄，新乡贤可以选择清远的乡贤理事会模式独立参与乡村治理，补充政府能力的不足，利用新乡贤资源积极支持乡村经济、文化、公共服务、慈善事业发展，参与基础设施建设，乡村社会整合，并为基层政府决策提供建议，间接监督政府权力的运行。

3. 北方分裂型村庄

这些村庄最急迫的任务的是让瘫痪的基层政府运转起来，让其承担其应有的责任，提供基本的基础设施与公共服务。由于建立独立的乡贤理事会既缺乏社会基础也缺乏权威整合，因此这些村庄新乡贤治理必须依托基层政府平台，可以采用乡贤参事会模式，让不同小亲族在乡贤参事会都有代表权，以有效协调各小亲族利益，实现统一行动，改善村庄基础设施与公共服务，优化人居环境。考虑到村庄分裂的现实，也应该鼓励各种非正式民间协会成立，为小亲族发展，特殊项目如乡村教育、乡村慈善、基础设施建设提供资助。

4. 长江流域原子型村庄

这类村庄普遍缺乏超级精英，普通精英竞争激烈，不愿回馈家乡，新乡贤少且力量有限，合作比较困难，没有能力对强人治村、恶人治村形成有效制衡，而当地恶劣的投资环境、社会环境与人居环境也减弱了新乡贤返乡意愿。在这些村庄，新乡贤既缺乏回馈家乡的愿望也缺乏回馈家乡的能力，正式的乡贤理事会或参事会难以成立，应允许新乡贤以非正式民间协会形式参与乡村治理，实现乡村慈善，基础设施建设，乡村教育发展等有限目标。

这样，根据对四种理想类型村庄社会结构、发展趋势、新乡贤资源的分析，可以将新乡贤资源与新乡贤治理目标进行有效耦合，见表4.1。

表4.1　新乡贤资源与新乡贤治理目标耦合表

理想村庄类型	新乡贤结构与特点	新乡贤治理模式	新乡贤治理主要目标
沿海工业化村庄：发展型，集体经济雄厚，人居环境优良，内聚力强，村民未来预期内向，基层政府比较称职	新乡贤数量多，能量大，有超级新乡贤，内部合作大于竞争，乡土情结浓厚	乡贤参事会（单轨制）独立性较弱	完善乡村自治；促进经济发展；传承乡村文化；加强社会整合；发展乡村慈善
华南宗族型村庄：收缩型，集体经济较弱，基层政府能提供基本服务，人居环境尚可，内聚力强	新乡贤数量较多，能量较大，中等新乡贤较多，内部合作大于竞争，乡土情结比较浓厚	乡贤理事会（双轨制）独立性较强	促进经济发展；传承乡村文化；发展乡村慈善；进行基础设施建设
北方分裂型村庄：空心型，集体经济弱，基层政府基本瘫痪，公共环境较差，小亲族之间竞争激烈，村民未来预期外向	新乡贤数量较少，能量一般，普通乡贤较多，内部竞争大于合作，乡土情结较淡薄	乡贤参事会 非正式社会组织	协助基层政府运转；发展乡村慈善；进行基础设施建设
长江流域原子型村庄：崩溃型，强人治村，恶人治村，公共环境很差，小精英过度竞争，内聚力很弱，村民未来预期外向	新乡贤数量少，能量小，内部竞争大于合作，乡土情结淡薄	非正式社会组织	发展乡村慈善；进行基础设施建设

四、新乡贤治理的局限与展望

尽管新乡贤治理对于完善乡村治理具有积极意义，但作为一种辅助性手段，新乡贤治理也有其局限性，过度拔高新乡贤治理的意义可能导致本末倒置，忽视乡村治理中更为根本性的制度改革，延误中国"三农"问题的解决。

1. 新乡贤治理的地区局限

根据上文分析可以发现，新乡贤主要在沿海发达的工业化乡村及华南内聚力比较强的宗族型村庄发挥作用，能有效提高这些村庄的整体治理水平。但在中国占绝大多数的分裂型、原子型村庄，由于缺乏历史记忆、内聚力不强，加上乡村的衰败，缺乏超级精英的整合，热心家乡公益事业的新乡贤不但过少且力量薄弱，也缺乏他们发挥作用的平台，只能在乡村慈善与基础设施建设等方面发挥有限作用。政府应该将沿海发达的工业化村庄与华南宗族文化保留比较完整的村庄作为新乡贤治理改革重点，在其他条件还不太具备的地方不宜大张旗鼓地冒进。同时，对于新乡贤治理，各地政府应尽量避免形式主义，盲目借鉴与本地区情差异很大地区的新乡贤治理经验，造成水土不服，而是应因地制宜地搭建合适的治理平台，选择合适的新乡贤治理模式与治理目标，使新乡贤资源与治理目标更好地耦合，有效发挥新乡贤在乡村治理中的作用。

2. 新乡贤治理的功能局限

从新乡贤治理的功能看，新乡贤主要在招商引资，乡村经济发展，乡村慈善，乡村基础设施建设等可见的物质进步方面发挥作用，但在乡村文化传承、道德教化等方面则力不从心，这就需要以历史旧乡贤形成的乡贤文化进行补充。从国家竞争角度看，短期竞争是经济与技术，中期竞争是制度，长期竞争是文化，没有强大文化软实力的国家难以长久保持竞争力，因此，发掘中国丰富的乡贤文化，重建乡村文明应是中国乡村振兴的重要内容。当前各地虽然对乡贤文化进行了一定挖掘但很不充分，不能满足农民的文化需要，并且一些地方还主次不分，打着传承乡贤文化的幌子行招商引资之实，只顾短期利益忽视长远大计，另一些地方则将乡贤文化异化，大搞封建迷信，与现代社会严重脱节，导致效果不佳。只有对中国传统乡贤文化进行充分挖掘，在合理扬弃的基础上结合现代文明精华融合提炼，才能实现乡村文化的复兴。因此，要突破新乡贤治理的局限，实现乡村振兴，就必须将新乡贤与旧乡贤结合起来，认真挖掘中国悠久的乡贤文化。

3. 新乡贤治理不能代替根本性的制度变革

乡村发展最终要依靠各类农业经营主体的发展，新乡贤只能起到辅助作用。如果中西部乡村继续凋敝，城乡差距依然巨大，将会有越来越多的空心村出现，缺乏发展主体的乡村难以振兴，新乡贤治理也将失去依托。因此，要振兴乡村，关键是要培育新型农业经营主体，让乡村充满活力，为新乡贤参与乡村治理创造平台。要发展新型农业经营主体，就必须对不合理的城乡二元户籍体制，城乡社会保障体制，城乡教育体制进行深刻变革，使城乡社会保障、公共服务及基础设施逐步均等化，为城乡生产要素的自由流动创造条件。要发展新型农业经营主体，还必须逐步废除对城乡生产要素自由流动的限制，对落后的土地制度进行改革，允许城市居民在乡村购买必要的生产、生活资料，鼓励土地流转。要提高乡村的内生发展能力，政府还必须为农民松绑，进一步完善乡村自治，减少上级政府对乡村选举的干预，让农民自己治理自己，自己管理自己。只有赋予农民更多权力，让农民获得平等的国民待遇，允许生产要素在城乡之间自由流动，才能催生大量新型农业经营主体，有效缩小城乡收入差距，从根本上扭转乡村空心化趋势，为新乡贤参与乡村治理提供坚实的平台。

随着新型农业经营主体的大量出现，农业现代化的逐步完成，乡村自治的逐步完善，城乡差距的不断缩小，新乡贤的作用空间会越来越小，逐步集中于乡村慈善，乡村文化传承，乡村社会整合等政府鞭长莫及领域。并且，新乡贤参与乡村治理的重点区域也将逐步从沿海发达工业村，华南宗族村向内地分裂村，分散村转移，以有效利用新乡贤资源，实现乡村治理目标。

第五章　科技与信息下乡专题研究

　　科学技术是第一生产力，在农业经济领域也是如此，但要将农业技术由潜在的生产力转变为现实的生产力，却需要农技推广机构这个中间环节将农业技术从农业科研机构试验田推广到农民手中。传统的农技推广研究主要围绕基层农技推广机构的完善与农技推广方式创新展开，忽视农技推广客体的接受能力与接受积极性，导致研究视野较窄，缺乏系统性，难以有效指导农技推广实践。只有从大农推角度系统地推动农技推广主体、平台与客体的全面发展，形成协同效应，才能有效提高农技推广效果。要提高农技推广客体的农业技术接受能力与积极性，政府就必须加快新型农业经营主体培育，增加农业技术教育培训投入，建立系统的农民职业技术教育体系，不断提高农民综合素质和农业技术素养。

　　电子商务作为一项技术创新，深刻地改变了商业业态。农村电商的快速发展促进了农村工业化，复活了传统农村手工业，扩大了农产品销售渠道，加快了农业现代化转型，增加了农民就业与农民收入，提高了农民生活质量，缩小了沿海地区城乡差距。国内学者对农村电商发展的背景、条件、模式与动力机制，以及演化机制和作用进行了大量研究，并取得丰硕成果。但这些研究主要集中于案例研究，侧重于微观，难以为中国农村电商发展政策提供有效指导。本书主要从宏观视角对农村电商发展趋势进行分析，为政府的农村电商决策提供参考。本书认为，农村电商作为一项技术变革，无法替代根本性的制度变革，也无法改变传统的城市等级制与城乡二元体制，反而有可能被传统的城乡二元体制吸纳，影响农村电商的可持续发展。当前学者与地方政府普遍对农村电商作用过度夸大，加上政绩需要与扶贫压力，盲目上马大量农村电商项目，导致虚火过旺，拔苗助长，资源浪费严重。只有正确认识农村电商发展的现状、作用与面临的主要障碍，减少政府职能缺位、越位，使政府职能归位，减少农村电商发展障碍，为农村电商发展创造良好条件，才能实现农村电商的健康发展。

第一节　以大农推化解中国农技推广困局
——基于湖州的实践

当前中国农技推广体制落后，推广队伍结构不合理且整体素质不高，推广主体与推广方式单一，激励机制与利益联结机制缺乏，导致推广效率较低，效果欠佳，严重影响中国农业现代化转型。只有尽快化解中国农技推广困局，顺利实现产学研一体化发展，才能有效提高农业技术转化效率，加速中国农业现代化转型，助力乡村振兴目标的实现。

一、国内农技推广研究现状及其不足

鉴于农技推广对保障国家粮食安全，提高农民收入，提升农业竞争力具有重要意义，国内学者对其进行了大量研究，在取得丰硕研究成果的同时也存在较大不足，严重影响中国农技推广效率的提高。

1. 国内农技推广研究的主要成果

在总结中国农技推广体制建设与改革经验的基础上，国内学者们对中国农技推广体制存在的相关问题进行了大量研究并取得了丰硕成果。

（1）探讨了基层农技推广体系存在的主要问题。胡瑞法、孙艺夺指出政府主导的基层农技推广体系由于管理体制不顺，职能定位不清，导致行政化严重，基层农技人员经常被乡镇机构借调干非本职工作，严重降低基层农技推广机构服务能力。基层农技人员综合素质偏低，年龄偏大，学历与职称偏低，技能单一且结构不合理，学习动力不足，与科研机构联系少，进修机会少，难以胜任现代农技推广任务。政府的农技推广方式单一，以产定销，自上而下，经常与农民需要脱节。申红芳等指出由于农技推广服务不太受重视，导致农技推广经费投入严重不足，推广人员工资福利待遇低，人员流失严重，业务经费短缺。基层农技推广机构大部分还是实行大锅饭体制，激励机制不足，导致职工工作积极性普遍不高。由于体制不顺、投入不足，导致基层农技推广机构既缺乏技术推广能力也缺乏技术推广动力，难以有效履行农技推广职能。

（2）探讨了中国农技推广体系面临的新形势。黄祖辉、扈映认为随着农技推广在中国农业生产总值占比与农业劳动力占比双下降，农业地位也不断下降，导致农技推广更受忽视，农技推广投入增长缓慢。而农业龙头企业，农民合作社，农业技术协会，农资销售企业，农业生产社会化服务组织的崛起也使政府的农技推广功能被不断替代，导致政府基层农技推广体系重要性下降。农业产业结构的调整也使农技推广队伍人员结构严重失衡，难以适应农业需要。黄季焜等认为家均经营面积过小，乡村青壮年人口过度流出使乡村劳动力素质普遍下降，也影响到农技推广效果。信息技术的飞速发展，新媒体的融合与崛起为农技推广提供了新的平台，开辟了新的推广模式。

（3）依据不同标准对农技推广模式进行了分类。郑家喜、宋彪根据农技推广行为是否具有非竞争性与非排他性特征将农技推广服务分为公共品属性、准公共品属性、私人品属性三类，不同种类的农技推广服务适合于不同推广主体，可以采用不同推广模式。彭凌凤将高等院校新农村发展研究院农技推广分为试验示范基地、校地共建综合服务体系、校企专项合作以及直接服务经营主体四种模式，认为校地共建综合服务体系模式推广效果最好，但投入过大，条件要求高，非一般地区可以承担，各地应根据本地实际情况采用合适的农技推广模式。王济民等则根据农技推广的驱动力不同将中国农技推广分为政府机构主导型、社会力量主导型、市场引导型、第三方主导型四种类型；农技推广也有农技推广站模式、农技110、专家大院、科技示范园、科技特派员、科技下乡、农业龙头企业、农民合作社等多种模式。

（4）对国外农技推广模式进行了比较研究。高建梅、何得桂对高等院校主导的美国农技推广模式进行了介绍，认为中国也应重视高等院校在农技推广中的作用。孔祥智、楼栋根据农技推广服务供给主体的不同将国外农技推广模式大致分为政府农口部门主导的农技推广体系，非政府组织推动的农技推广体系，私人农技推广体系，专业化农技推广体系，大学为基础的农技推广体系，其他形式的农技推广体系等六种，并对农技推广体系的政策环境进行了分析。沈费伟基于协同治理理论对美国高等院校主导的农技推广模式，英国市场龙头企业主导的农技推广模式，法国公司部门合作的农技推广模式，日本农民合作协会主导的农技推广模式，荷兰政府部门机构主导的农技推广模式进行了比较研究，提出了符合中国国情的多元农技推广模式。

（5）对国内农技推广制度改革进行了评价。王甲云、贺雪峰等对湖北省"以钱养事"的基层农技推广体制改革进行了评价。王甲云、陈诗波认为以钱养事改革加强了基层农技推广机构的公益职能，精简了机构冗员，提高了基层农技推广人员的工作积极性与农户满意度，利大于弊。贺雪峰则认为基层公共服务无法标准化，难以建立完全市场，因此无法有效考评，离开财政支持与体制内考评机制，依靠市场提供必然导致农技推广出现网破、线断、人散结局，使公共服务短缺，弊大于利。宋明顺、张华以浙江农业标准化为例，指出农业标准化有利于农技推广与知识传播。廖祖君对成都构建多元化农技推广体系的新农推模式进行了总结。孙武学对西北农林科技大学围绕区域主导产业在产业核心区建立试验站的西农模式进行了经验总结。王济民等则对当前中国存在的14种主要农技推广模式进行了分析评价。

2. 国内农技推广研究存在的不足

尽管国内农技推广研究已取得较多成果，但由于研究视野依然局限于小农推范围，导致研究系统性不足，以物为本，缺乏利益联结机制，难以化解中国农技推广困局。总起来看，当前国内的农技推广研究存在以下四点不足：

（1）对农技推广对象缺乏应有关注。农技推广的对象是农业经营主体，农业经营主体的素质与学习积极性对农技推广能否成功起到决定作用，忽视农业经营主体的素质与学习积极性奢谈农技推广都是见物不见人，将农技推广变成为一种单纯的技术普及，必然难以成功。2016年，中国务农人员中初中及以下学历占92.5%，大专以上学历才0.9%，文化素质严重偏低，学习能力严重不足。当前中国小农户数量占农业经营主体的98%以上，户均经营面积仅6.8亩，过小的经营规模也使他们缺乏农业技术学习动力。忽视中国小农既缺乏学习能力也缺乏学习动力的现实国情，忽视新型农业经营主体的培育与职业技术教育，盲目地进行农技推广，很难达到预期效果。

（2）对非政府农技推广主体关注度不够。当前大部分农技推广研究依然以政府主导的农技推广体系为主，对其他主体主导的农技推广体系关注度不够，导致农技推广体制的官僚化问题与供需脱节问题难以解决。虽然部分研究对非政府农业经营主体在农技推广中的作用进行了肯定，呼吁构建多元农技推广服务体系，但主要关注涉农高校与农业科研院所参与农技推广，鉴于这些机构属于事业单位性质，在产、学、研利益联结机制还很不健全的当下，缺乏内在技术推广动力，其参与方式更接近政府模式。作为既是农技推广对象又是农技推广主体的新型农业经营主体农业龙头企业、农民合作社、家庭农场以及农业专业技术协会，由于规模经济的存在，标准化生产的内在要求，既有农技学习的能力与动力，也有农技推广的动力，应该是重点发展的非政府农技推广主体，但学者们对其关注度远远不够，影响到农技推广效果。

（3）忽视人的联系平台的搭建。要实现农技推广目标，就要在农技推广主体与对象之间搭建联系平台，实现二者的有机连接，它包括实体技术展示平台与人的联系平台两个平台。前者主要通过技术展示引起潜在需求者的技术学习兴趣，可以是科技示范园，技术实验站等实体技术展示平台。后者主要通过搭建人的联系平台实现信息的直接沟通、反馈，提高农业技术开发的针对性与转化效果，可以是专家大院，田间学校等人的联系平台。当然也可以直接实现农技推广专家与农民的对接，如科技110，科技特派员，科技下乡，科技入户方式，但这些运动式科技推广受到资源限制，形式主义较严重，效果有限。比较完美的农技推广平台应该包括实体技术展示平台和人的联系平台两个平台，二者相互协调能有效提高农技转化率，但这需要较大的资源投入，在普遍重工轻农的当下，地方政府更愿意进行运动式的直接农技推广，或单一的技术展示平台建设，导致农技推广效果欠佳。

（4）利益联结机制与激励机制研究不足。由于绝大部分农技推广服务属于公益性服务，因此政府与涉农高校、农业科研院所就成为农技推广主力。但无论是基层农技推广机构还是涉农院校，农业科研院所，由于其行政或事业单位性质，自身在技术推广中缺乏利益联结，因此推广动力不足，效果不佳。只有将农技推广人员的利益与农技推广效果，农技推广对象的利益联系起来，建立合理的激励机制，才能激发农技推广人员的积极性，提高农技推广效果。由于学者们对农技推广的激励机制与利益联结机制研究不足，导致农技推广体制改革政策可操作性差，效果不佳。

二、农技推广的构成要素及实现逻辑

只有系统分析当前中国农技推广面临的问题，从大农推角度全面认识农技推广的构成要素与实现逻辑，才能克服小农推研究的局限，对症下药，有效化解当前国内的农推困局，提高农技推广效果。

1. 农技推广的构成要素

农技推广主要涉及三个构成要素：

（1）推广主体。在当前中国，农技推广服务主体主要有三类：政府、市场力量、社会力量。政府主导的农技推广服务基本属于公共品，主要由基层农技推广机构进行。市场力量主导的农技推广服务基本属于私人品，主要由农民合作社、农业龙头企业、农资公司、农民专业技术协会、农业生产社会化服务组织提供。这些农技推广主体属于市场主体，技术推广具有规模经济效应，因此具有内在推广动力。社会力量主导的农技推广服务具有半公益性质，主要由涉农高校与农业科研院所进行。高校与科研院所属于事业单位既有社会服务任务也有技术实验与转化需求，因此事业单位主导的农技推广既有公益性质也有自利性质，属于半公益性服务。

（2）推广对象。当前中国农技推广的对象呈现出多元化趋势，既包括数量庞大的留守小农，也包括正在崛起的家庭农场、农民合作社、农业龙头企业、专业大户等新型农业经营主体。从中国国情现实看，老人农、兼业农比例很高，他们不仅教育水平普遍偏低，年龄偏大，且平均经营规模过小，导致大部分小农既缺乏学习能力也缺乏学习动力。新型农业经营主体经营者虽然数量较少，但素质普遍较高，经营规模较大，进取心比较强，既有学习新技术的能力也有学习新技术的动力，应该成为农技推广的主要对象，且他们的示范效应能带动小农学习农业技术。

（3）推广平台。在农技推广主体与推广对象之间应该有一个技术推广平台，将农业技术由推广主体转移到推广客体，使农业技术由潜在生产力转化为现实生产力。由于农技推广既包括有形技术推广也包括无形技术推广，仅仅以有形的实体方式存在的农技推广平台或仅仅以无形的非实体方式存在的农技推广平台都存在缺陷，难以完整地实现技术的转移。因此，一般地，农技推广平台应该包括有形的实物推广平台与无形的非实物推广平台，前者包括各种农业技术示范园，后者包括各类专家服务站，二者只是侧重点不同，都包括实物技术示范与专家指导内容。

在农技推广要素的构成中，新型农业经营主体属于一种特殊的存在，既是农技推广的主体又是农技推广的对象，特别是农民合作社与农业龙头企业，由于经营规模比较大，对产品的标准化生产要求比较高，既有主动进行农技推广的动力又有学习农业新技术的积极性。新型农业经营主体的双重特征使对它们的农技推广能够达到事半功倍的效果，既减少了农技推广成本，也提高了农技推广效率，并能够对其他小农形成示范效应，因此应该成为政府重点支持、发展对象。

2. 农技推广的实现逻辑

尽管不同国家由于国情差异采用了不同的农技推广模式，但无论哪种模式都必须同时处理好农技推广主体、对象、平台三者之间的关系，把它们看作一个整体系统推进。片面地强调某一方面而忽视其他方面会导致政策缺乏系统性，出现木桶效应，降低农技推广效果。因此，要顺利实现农技推广目标，政府就必须全面推进农技推广主体、对象与平台建设，加强政策之间的协同（见图5.1）。

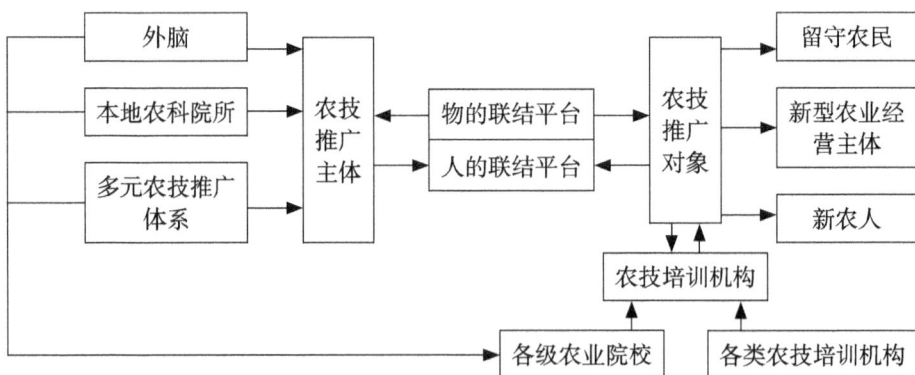

图5.1　农技推广实现逻辑图

首先，农技推广必须以人为本，提高农技推广对象的综合素质。鉴于小农既缺乏技术学习能力也缺乏技术学习动力，因此农技推广重点应是既有技术学习能力也有技术学习动力的新型农业经营主体。要提高农技推广效果，政府就应该积极培育新型农业经营主体，支持他们不断发展壮大。而要发展新型农业经营主体，乡村由于人口、资本过度流失缺乏内生发展动力，必须引进城市生产要素下乡才能补齐乡村发展短板，这就要求政府必须为城市生产要素下乡创造条件。但要留住乡村中坚农民，吸引城市生产要素下乡，仅仅消除城乡二元户籍体制，提高对新型农业经营主体发展的政策支持还远远不够，政府还应进一步推进乡村振兴战略，增加乡村基础设施建设与公共服务投入，加快农村土地制度改革，降低农地流转的交易成本与经营风险，加速耕地流转，同时解决农业生产设施用地难题，以有效改善乡村生产、生活条件，大幅缩小城乡收入、生活质量差距，使乡村宜居宜业，这样才能留住中坚农民，吸引城市生产要素下乡，不断壮大新型农业经营主体。考虑到城市生产要素下乡经营农业大部分属于跨界经营，加上农业技术迭代较快，要提高新型农业经营主体的农业经营能力，还必须对他们进行系统的农业职业技术培训，提高他们的综合能力。只有不断壮大新型农业经营主体，提高它们的综合素质，才能为农技推广的成功创造必要条件。

其次，必须构建多元化的农技推广体系，提高农技推广主体的推广能力与积极性。中国传统的农技推广服务主要由政府承担，但由于经费不足，行政化严重，激励机制缺乏，导致政府基层农技推广机构推广能力有限，推广动力不足，推广效果较差。改革开放后，随着市场化的发展，产学研一体化的内在需求使各类新兴农业经营主体、涉农高校、农业科研院所加入农技推广队伍，增强了农技推广能力，提高了农技推广效果，加速了中国农业现代化转型。政府应顺应时势，逐步构建多元化的农技推广体系，将各类农技推广主体都纳入体系之中，形成协同效应，并不断提高他们的农技推广能力与动力。对于政府基层农技推广机构，主要是根据当地产业结构重组农技推广队伍，改善他们的待遇，优化他们的专业结构，提高他们的专业水平。对于新型农业经营主体，政府应该采取各种优惠政策帮助它们发展壮大，特别是家庭农场、农民合作社、农业龙头企业的壮大，并组建各类农业专业技术协会，使它们成为农技推广的新生力量。对于涉农院校、农业科研院所、政府应鼓励它们探索新的产学研合作模式，提高它们的农技推广能力。但各类农技推广主体仅仅有推广能力还不够，还必须有推广动力，才能做好农技推广工作。政府基层农技推广机构与涉农高校、科研院所属于财政供养，政府可以通过内部考核机制，薪酬体制改革，外部利益联结机制建设激励它们的农技推广积极性，提高农技推广效果。新型农业经营主体、农资销售机构与农业生产社会化服务组织以及农业专业技术协会在农技推广中能获得收益，具有技术推广的内在动力。政府应根据这些市场主体农技推广的影响范围与效果给予外部激励，进一步提高他们的农技推广积极性，增加社会正外部性与社会福利。

最后，政府应搭建合适的农技推广平台，使农技推广主体与对象有效对接，顺利实现技术转移。鉴于政府基层农技推广体系长期受到忽视，并成为几轮政府机构改革的重灾区，很多地方出现"网破、线断、人散"局面，至今没有恢复元气，并且行政化严重，农技推广人员素质总体偏低，结构不合理，已经难以承担农业技术创新的重任，涉农高校、农业科研院所已成为中国农业技术创新的主力。但涉农高校、农业科研院所主要集中在大中城市，与农民距离遥远，双方也存在较宽的知识鸿沟，直接对接比较困难，必须搭建合适的农技推广平台才能顺利实现技术转移。农技推广平台应该包括两个，一个是有形的农业科技实验，示范，展示平台，通过有形的实物展示，将最新农业新品种、新工艺、新技术介绍给农民，实现技术推广目标，如各涉农高校、农业科研院所设立的农业技术试验站、现代农业产业示范园等。一个是无形的农技推广平台，通过这个平台，专家可以与农民进行直接对接，实现农技推广目标，如广泛存在的专家大院、农推联盟、田间学校等。这两个平台可以结合在一起存在，也可以独自存在各自发挥作用，形成互补协同关系，实现农技推广主体与对象的有效对接。

三、湖州的大农推实践

作为浙江最重要的粮食生产功能区，湖州承担了较多的粮食安全责任，但由于地处沿海发达地区，加上人多地少的资源禀赋使湖州农地租金普遍较高，传统农业附加值低，缺乏竞争力，导致农民务农积极性普遍不高，耕地抛荒、弃耕面积不断增多，不仅影响湖州粮食生产，也影响湖州城乡协调发展。只有加快农业现代化转型，大力发展现代农业，才能有效提高湖州农业竞争力、增加农业附加值与农民收入，激发湖州农民务农积极性，减少耕地资源浪费，保障湖州粮食生产，缩小湖州城乡差距。而要大力发展现代农业，农业技术推广是关键。针对传统农技推广体系存在的不足，湖州对其进行了合理扬弃，在全面整合各类农技推广要素的基础上进行了大农推实践，通过积极培育新型农业经营主体，加强农民职业技术教育，构建多元化农技推广体系，搭建合适的农技推广平台提高了农技推广效果，化解了农技推广困局，促进了湖州现代农业的发展。

1. 积极创造条件培育新型农业经营主体

鉴于新型农业经营主体是农技推广的理想对象，要提高农技推广效果，就必须大力培育新型农业经营主体。湖州为培育新型农业经营主体，一是通过两区建设完善了农业基础设施，为土地规模化经营创造了条件。两区建设是立足于浙江现实省情，在地少人多的情况下，兼顾粮食安全与农民增收的举措。粮食生产功能区主要是为完成浙江省粮食安全责任而设立，通过耕地整理合并，基础设施完善，提高耕地的粮食生产能力。现代农业产业园区通过耕地整理，基础设施建设，为现代农业产业聚集发展创造条件。两区建设完善了农业基础设施，提高了农地生产能力，使土地集中连片，有利于土地规模化经营，新型农业经营主体发展。二是通过加快土地制度改革，加速了土地流转。德清是全国土地制度改革试点县，通过加快农地确权，搭建土地产权交易平台，推进土地流转，促进了湖州新型农业经营主体发展。三是通过土地发展权交易，促进了土地规模化经营。土地发展权交易是对城乡建设用地增减挂钩政策的变通，通过耕地整理，宅基地复垦，建设用地结余指标的跨地区交易，提高耕地资源配置效率。土地发展权交易提高了农民收入，改善了农村基础设施与公共服务，促进了耕地集中与规模化流转，新型农业经营主体发展。四是通过美丽乡村建设留住中坚农民，吸引城市生产要素下乡。湖州通过美丽乡村建设，改善了乡村生产、生活条件，使乡村宜居宜业，既留住了中坚农民，也吸引了城市生产要素下乡，壮大了新型农业经营主体。五是通过补贴，各项优惠政策鼓励新型农业经营主体发展。为鼓励耕地流转，新型农业经营主体发展，湖州市政府制定了一系列优惠政策，如规定家庭农场湖羊存栏100头以上，配套种养面积100亩以上进行资源循环利用地，给予5万元奖励；在粮食生产功能区租赁耕地面积100亩且流转期限5年以上，连续2年按每亩100元标准给予粮食生产奖励。新型农业经营主体的发展壮大提高了湖州农技推广效果，使湖州农业竞争力不断增强。

2. 加强农民职业教育，提高农民素质

新型农业经营主体培育提高了农技推广效果，但无论是乡村内生的专业大户，还是城市生产要素下乡建立的新型农业经营主体，在农业技术快速迭代、产业结构不断调整及跨界经营的压力下，都需要通过加强职业教育提高综合素质，才能避免被淘汰的命运。正是基于此考虑，早在2010年，湖州市政府就和浙江大学合作在湖州职业技术学院基础上成立了全国首家开放式的农民学院。湖州农民学院整合了浙江大学湖州市南太湖农推中心、湖州职业技术学院、湖州社区大学与乡镇成校以及现代农业产学研联盟及乡镇农技推广中心等教育资源，形成农业硕士教育（浙江大学）＋高职、本科教育（湖州农民学院）＋中等职业教育（农业技术学校）＋普训式教育（农民创业大讲堂、农业实用技术培训）相结合的四位一体人才梯度培养结构。为防止培训标准不一致，培训质量参差不齐，湖州市制定了五个统一标准，即统一培训计划、统一培育教材、统一培育师资、统一过程管理、统一认定标准，实现了全市培训标准一致、培训效果一致。为防止培训脱离实际，效果不佳，湖州市根据培训产业、对象的不同采取了灵活政策，根据不同农业产业的生产特点，分产业、分阶段、分环节量身定制培训内容，根据新型职业农民培训对象的基础和条件不同，对症下药、因材施教。根据各特色主导产业的集聚区块，采用了分区域送教下乡的培训模式，让农民在"家门口"接受新型职业农民培育。通过灵活的差别化教育，湖州有效提高了职业农民教育效果，为湖州现代农业发展提供了充足的人力资本支持。在此基础上，湖州进一步总结出市县区联动推进，社会力量参与，农民自主选择专业，省市县乡专家授课，技能＋创业统筹，培训与认证结合，产业政策配套七位一体的新型职业农民培育模式，为新型职业农民培训提供了理论指导，受到农业农村部好评。湖州农民职业技术教育创新有效提高了农民综合素质与农技推广效果。

3. 加强基层农技推广体系建设，提高农技推广服务效果

农技推广服务大部分具有公益性质应由政府承担。湖州虽地处长三角核心区，都市农业与乡村旅游业比重较高，但作为浙江粮食主产区，湖州还必须保留较大面积的主粮种植，因此湖州市政府还必须承担主要的农技推广责

任。为提高农技推广服务效率，湖州市对基层农技推广机构进行了改革，并增加了资金投入。一是逐步提高基层农技推广人员素质。通过提高招聘要求，统一公开招聘，严把招聘关，防止了不合格人员进入农技队伍。通过岗位调整、分流，将年龄较大，学历偏低的农技人员分流到行政岗位，提高农技人员的专业性。通过四位一体的职业农民教育体系提高乡镇农技人员的学历、职称，并创造条件鼓励他们终身学习，不断更新知识储备。二是调整队伍结构，使其更符合产业发展需要。通过设立十大农业主导产业，成立产业联盟，将基层农技人员整合进各主导产业联盟团队，在学习中实现专业调整，同时积极引进符合湖州农业主导产业的农技人员，逐步使基层农技推广队伍结构合理化。三是理顺体制，明确农技推广人员职能。通过将农技推广人员编制、人事、工资关系上收到县市，明确农技推广人员的基本职能，有效防止了农技推广职位的行政化，避免农技推广人员不务正业，提高了农技推广效率。四是增加农技推广投入，完善激励机制。湖州已把乡镇农技人员的工资列入县、乡财政预算，享受与乡镇行政干部同等待遇，并解决了他们的养老保险、医疗统筹等问题，使基层农技推广人员士气较高，办公经费较充足。湖州还不断完善激励机制，根据产业联盟任务完成情况对农技推广人员进行合理奖罚，提高了基层农技推广人员的技术推广积极性。

4. 增强农技开发能力，构建多元化的农技推广体系

政府主导的农研机构技术开发能力有限，农技推广体系效率较低，难以满足社会需要，必须借助非政府农研资源，构建多元化的农技推广体系才能满足湖州现代农业发展需要。首先，湖州市积极借用外脑，通过与浙江大学、浙江省农科院、中国农业科学院、中国农业大学等机构合作，以技术转让、产业联盟、农推联盟与项目合作等方式积极引进外部智力资源与科技成果进行转化，为湖州现代农业发展提供高科技支撑。其次，提高新型农业经营主体的技术开发能力，鼓励它们积极推广农业新技术。规模经济与标准化生产需要使新型农业经营主体具有较大的农技开发与推广积极性，并且由于立足本地农业资源，其开发的技术更适合本地需要，更容易推广，因此，湖州市积极鼓励新型农业经营主体进行农业科技研发。截至2015年，湖州市已培育省级农业科技型企业147家，省级农业企业科技研发中心72家，长兴茶乾坤食品有限公司建立了院士工作站，湖州众旺禽业有限公司建立了农业博士后工作站，宋茗白茶有限公司还成立了浙江安吉宋茗白茶研究院。新型农业经营主体农技开发能力的提高，有效提高了湖州农业竞争力，增强了湖州农技推广综合服务能力，带动了农民致富。再次，鼓励其他社会力量参与农技推广，包括农资销售机构，农业生产社会化服务组织及农业专业技术协会等。农资销售机构通过测土配方，到田间地头诊断农作物病害，间接实现了农技推广，农业生产社会化服务也是一个农业科技展示、示范、普及的过程。农业技术协会则通过有目的的技术开发，技术推广，实现农业科技的创新与传播，进一步增强产业竞争力。其中比较有名的是长兴芦笋协会、长兴葡萄协会、安吉白茶协会，对于产业的标准化、规范化生产，产业新技术的推广都起到积极的促进作用。农技推广主体的多元化有效化解了传统农技推广的资源约束，官僚化弊端，提高了农技推广能力与效率。

5. 搭建农技推广平台，完善激励与利益联结机制

农技推广需要实现物的对接与人的对接，这就要求搭建物的对接平台与人的对接平台。为搭建农业技术实验、展示与示范平台，湖州市先后联合浙江大学、浙江农林大学创建了浙江大学长兴国家级农业高科技园、浙江南太湖农业高科技园区、浙江大学湖州蚕桑产学研创新中心、安吉现代农业科技示范园以及浙江农林大学德清农业科技园等9大科技创新服务平台，在为高校搭建科研成果实验与转化平台的同时，也为湖州培育引进良种，传播优良种植技术，推广农业标准化生产，发展精品农业提供了智力支持。为搭建农技推广服务人地对接平台，湖州市构建了1＋1＋N的现代农业产学研联盟，根据湖州市农业产业区域化情况挑选出十大农业主导产业，在市级层面组建成立了10个产业联盟，下属的3县2区也分别根据自身产业发展特点组建成立了41个分联盟。湖州围绕每一个现代农业主导产业，由高校和科研单位组建1个专家团队，加1个本地农技推广小组，若干个农业生产经营主体，形成一个农技推广团队。专家团队对市内外专家进行了资源整合，避免了单个专家的技术局限，能够提供全产业链技术支持。推广小组对基层农业技术人员进行了整合，提高了人力资源利用效率，也使专家技术转化渠道更为畅通，打通了技术推广瓶颈。农业经营主体的增加使技术推广惠及面更广，既提高了技术推广效果，也防止了技术进步利益被少数企业垄断。这一新的农技推广模式打破了农科教、产学研相互割裂的局面，将科研、推广、生产应用三

个环节紧密结合，保证了新技术、新成果能够快速到达农民手中。为提高专家团队的工作积极性，湖州市制定了专家团队工作制度，分别为外来专家和本地专家制定了清晰的考核与奖励办法。到年底，产业联盟就年度工作情况做出汇报，联盟理事会进行综合打分，根据考核结果进行奖罚。同时，通过创新利益联结机制，鼓励专家以技术入股，技术服务能力入股等方式实现利益共享，风险分担，建立利益共同体，激发了专家技术创新与转化的积极性。

四、湖州大农推的实践效果及经验借鉴

湖州大农推有效化解了湖州农技推广困局，为农业插上腾飞的翅膀。2013年，湖州成为继无锡之后第二个基本实现农业现代化的地级市国家农业示范区，2013年以来湖州连续七年农业现代化水平位居浙江全省第一，2020年湖州城乡收入比为1.66∶1，低于浙江省的1.96∶1，更远低于全国的2.56∶1，城乡和谐发展。大农推也改善了湖州农业产业结构，提高了湖州农业竞争力，长兴的葡萄产业、芦笋产业、苗木产业，安吉的白茶产业、竹木产业、乡村旅游业，德清的淡水渔业、珍珠产业、莫干山民宿业，南浔的淡水渔业、精品水果业，吴兴的蔬菜产业、湖羊产业、太湖蟹产业都逐步由小到大，形成了规模，打出了品牌，具有较大市场竞争力，成为湖州农业的支柱产业，增加了湖州农民收入。大农推对新型农业经营主体培育的重视也使湖州新型农业经营主体发展迅速，到2019年，湖州经工商注册的家庭农场有1890家、农民专业合作社有1960家、农业龙头企业有1589个。全市累计培育新型职业农民11155名，农创客261名。考虑到湖州人口刚过300万，城市化率接近70%的现实，湖州新型职业农民培训与新型农业经营主体培育效果非常明显，为湖州现代农业发展提供了有力支持。

大农推也提高了湖州整体农业技术开发能力。通过引进外脑，壮大市级科研机构农业科技开发能力，鼓励农业企业开展农业科技开发，湖州逐步形成多元化，多层次的农业技术开发平台。这些平台既包括与各重点涉农高校，科研院所联合建立的综合性农业科技研发平台，如与浙江大学联合建立的浙江大学湖州南太湖现代农业技术合作推广中心，浙江大学长兴农业高科技园区，浙江农林大学德清农业科技园等。也包括根据本地主导产业，由本

地农业科研机构主导的科技创新平台，包括湖州蚕桑科技创新服务平台，罗氏沼虾遗传育种中心，湖州湖羊研究所等。还包括各农业企业、社会力量等非政府机构建立的农业技术开发平台，包括安吉宋茗白茶研究所、长兴蜜蜂研究所等。农业技术开发体系的不断完善与技术开发能力的不断增强，为湖州现代农业发展提供了源源不断的动力。

湖州大农推实践有效提高了农技推广效率，壮大了新型农业经营主体队伍，提高了湖州农业科技创新能力，加快了湖州农业现代化转型，缩小了湖州城乡收入差距，助力了湖州美丽乡村建设，成效显著，其经验值得各地学习借鉴。（1）系统推进，以人为本。与过去只重视政府基层农技推广体系建设不同，湖州大农推更重视多元农技推广体系构建，农技推广主体、平台、对象的系统推进。与过去农技推广过于强调基础设施建设与农技推广队伍建设不同，湖州大农推更重视作为农技推广对象的农业经营主体综合素质、学习能力的提高。（2）搭建合适的农技推广平台，提高农技转化效率。传统的农技推广由于缺乏合适的技术转化平台，导致供需严重脱节，效率很低。只有搭建合适的农技推广平台，实现农技推广主体与对象之间的有效对接、沟通，才能使农业技术适合农民需要并被农技推广对象有效接收转化为现实生产力。（3）借用外脑，整合资源，提高农业科技创新能力。普通地市农业科技开发能力有限，难以满足本地农业发展需求，政府应围绕主导产业积极借用外脑，将外地专家队伍与本地农技推广队伍整合起来建立农技推广团队，增加本地农业技术供给。政府也应积极借助外部资源增加本地农业科研机构，新型农业经营主体的农业技术开发能力，从根本上提高本地农业科技创新能力。（4）建立完善的激励机制与利益联结机制。对于经营性农技推广主体，市场会激励它们。对于纯公益性农技推主体，需要制定合理的激励机制鼓励它们履行自己职责。对于半公益性农技推广主体，一方面，应充分发挥市场作用，通过利益连接机制实现农技推广者与接受者利益共享、风险分担；另一方面，政府应制定合理的激励机制鼓励它们积极履行自己职责。只有针对不同性质的农技推广主体制定不同激励政策，才能有效调动他们的积极性，提高农技推广效果。

当然，湖州属于沿海发达地区，农业产业结构比较特殊，湖州模式的具体措施不一定适合其他地区，但其系统推进的大农推理念却具有普适性。各地应根据本地农业资源禀赋，产业结构特征制定合理的农技推广政策，系统推进农业技术推广主体、平台、对象的发展，实现政策之间的协同，以有效化解本地农推困局，提高农技推广效果，加速本地农业的现代化转型。

第二节　中国农村电商健康发展还需厘清五大问题

农村电商由于创业成本低，交易成本节约，规模经济明显，具有较大竞争优势，成为农村经济发展的重要引擎。到2020年，中国农村网络零售额已达1.79万亿元，同比增长8.9%。农村电商的快速发展对于乡村经济、社会发展，农民收入增加、就业机会增多、生活水平提高，城乡差距缩小、生产要素流动，内需扩大都有正面作用。但农村电商的快速发展也使一些地方政府官员、学者头脑发热，对农村电商作用过度夸大，导致农村电商发展政策盲目性较大，虚火过旺，造成资源的严重浪费。只有正确认识农村电商的作用及其局限性，对其进行合理定位，制定合理的农村电商发展战略，不断改善农村电商发展条件，才能减少农村电商发展政策的盲目性，实现农村电商的健康发展。

一、正确认识农村电商上行与下行的关系

农村电商主要包括两部分内容，工业品下行与农产品上行。政府官员与学者们谈论的农村电商主要指农产品上行，因为它对增加农民收入，加速农业现代化，缓解老人农业、乡村空心化问题意义重大。但对于阿里巴巴、京东、苏宁易购等几大网商来说，他们谈论的农村电商主要指工业品下行，因为工业品标准化水平高，易于储存，不易腐烂，比较容易下行，存在较大市场空间与利润空间，这些才是企业最关注的问题。从理论上讲，工业品下行与农产品上行应该相互促进，一方面，工业品顺利下行扩大了市场规模，增加了城市居民收入，提高了城市居民购买力，有利于农产品上行。电商减少了中间流通环节的层层加价，降低了工业品销售价格，节省了农民支出，提高了农民真实购买力。工业品下行也减少了农村假冒伪劣商品的销售，提高

了农民生活质量。另一方面，农产品顺利上行能够解决农产品卖难问题，扩大农产品生产，增加农民收入与购买力。农产品上行也减少农产品中间流通环节，节省了流通时间，节约了市民开支，使城市居民吃到更多新鲜农产品，提高了市民生活质量。因此，工业品上行与农产品下行是相互促进的关系，使城乡居民普遍受益。在农村电商发展过程中还出现了农村工业品上行这种新情况，农村电商不仅使农村一些传统手工业焕发生机，也使农村生产成本优势凸显，产生新的产业聚集，这些聚集响应了社会新需求，通过互联网长尾效应形成新的规模经济，成为农村新的经济增长点。互联网也使沿海地区城郊块状经济重新焕发生机，通过互联网长尾效应实现市场规模的海量扩张，摆脱了原有市场局限，实现了新的经济增长。江苏睢宁县沙集镇东风村、广东揭阳市军埔村、浙江瑞安市桥头镇、山东曹县大集镇丁楼村等都是杰出代表。随着农村电商的发展，农村工业品上行规模远超农产品上行规模。

在农村电商的工业品下行、农产品上行、农村工业品上行三者中，工业品下行与农产品上行是农村电商的基本内容，具有普遍意义。农村工业品上行作为农村电商的新生势力，尽管其销售规模远高于农产品上行规模，但由于这些农村工业品电商集群除少部分是"无中生有"或在传统手工业基础上形成外，绝大部分是在原有产业基础上形成或城市产业转移基础上形成，主要聚集在东部沿海六省，影响区域有限。阿里研究院《2020中国淘宝村研究报告》显示，淘宝村数量最多的10个城市浙江省占6个，这与浙江省块状经济突出，产业集群分布较广有关，淘宝村数量排名前20的城市也全部位于东部沿海六省，2020年，东部沿海六省（浙江、广东、江苏、福建、山东、河北）共计拥有4985个淘宝村，占全国91.89%的比例，这些淘宝村除少部分经营农产品与传统手工艺品外，绝大部分经营轻工业品、日用品。并且，阿里研究院统计也显示新出现的淘宝村大部分集中于沿海淘宝村集群内部或周边，影响区域有限。随着电子商务导致的市场扩张能量逐步耗尽，各产业集群内部又会出现过度竞争，产业升级困难，利润率急剧下降等问题，部分企业会向城镇电商产业园区聚集，部分农村产业集群可能衰落。在农村电商环境逐步由蓝海向红海转变的情况下，中西部、东北地区农村由于区位劣势、基础设施不完善、人力资本匮乏、缺乏产业基础、营商环境较差，将更难产生新的工业化电商集群。因此，对于绝大部分地区来说，工业品下行与农产品上行是其主要关注目标。在这二者中，工业品下行比较容易，成为各大电商企业发展的重点，发展迅速。农产品由于上行困难发展相对较慢。2019年前三季度全国农村网络零售额已达1.2万亿元，但全国农产品网络零售额才2824.7亿元，远低于农村工业品零售额。并且，由于农产品上行条件较差，很多农产品电商企业依靠政府推动缺乏自我盈利能力，在政府培育期过后它们大多处于亏损状态。《中国电子商务市场深度研究报告》显示，国内农产品电商只有1%能够盈利，4%能够持平，其他88%略亏，7%巨亏。考虑到农产品上行困难客观存在短期难以改变，农产品销售额短期内可能难以大规模增长。工业品下行则随着农村交通，通信与互联网设施的完善，物流成本的降低，电商合作形成新规模经济，依然存在较大发展空间。因此，在短期内工业品下行应该是中国农村电商发展的主流，农产品上行应缓步推进，重点在于强根固本，否则，违背市场规律拔苗助长，只能导致虚火过旺，造成严重的资源浪费，欲速而不达。

农村电商经过10多年的发展，工业品下行路径与农产品上行路径在越来越多环节实现了资源共享，有效降低了人力资本与物流、仓储成本，实现了规模经济，推动了工业品下行与农产品上行，并且，这种双轨并行的趋势越来越明显。从短期看，工业品下行条件比较好，销售规模比较大，应该是各地农村电商发展重点。但随着中国城市化水平的继续提高，乡村人口的继续减少，工业品下行的增长空间将越来越小，发展趋缓。数据显示，2014年以来农村网络零售额规模扩大了近10倍，但增长率却呈逐年下降态势，2015年较2014年增长2.5倍，而2019年与2018年相比增长仅10.6%。相反，尽管由于客观原因农产品上行阻力较大，发展较慢，但发展空间较大，依然是电商蓝海。数据显示，2019年中国农产品网络零售额仅占全国实物商品网上零售额的4.4%，相对于每年几万亿元的全国农产品交易规模，电商所占份额很低，未来发展空间依然很大。随着中国农产品生产标准化、规模化、区域化水平的不断提高，农村基础设施与冷链物流的完善，农产品附加值的提高，农产品上行将加速。从地域来看，各地应因地制宜地发挥各自比较优势，有选择性地发展农村电商。对于东部沿海地区农村来说，应该抓住互联网平台赋能，承接中心城市产业转移，提升本地原有产业集群，大力发展农村工业，提高农民收入，促进新型城镇化。对于内地乡村，则应充分发掘本地知名地理标志产品、传统手工业品，利用电商赋能，发展当地经济。只有顺应趋势，因地制宜地发展农村电商，尊重市场规律，循序渐进地推进，才能减少电商虚火，实现农村电商的健康发展。

二、正确认识农村电商对区域经济发展的影响

根据阿里新乡村发展研究中心《中国淘宝村发展报告（2014—2018）》的研究，农村电商是"边缘人群"在"边缘区位"通过"边缘区位"发起的"边缘革命"，三重边缘属性使农村电商的发展充满张力，并迅速成为改变中国城乡经济格局的重要力量。传统商业由于生产方与需求方距离相隔遥远，信息不对称，导致信息搜寻成本过高，供需对接困难，加上物流体系不发达，使商品流通链条过长，成本过高，市场抑制，规模不经济。为实现规模经济效应，降低物流成本，获得便捷的信息，传统商业中心基本位于交通、通信便捷的大中型城市、交通枢纽。但互联网的逐步普及，交通通信设施的不断完善，物流业的快速发展逐渐减小了中心城市的信息与物流优势，降低了信息搜寻成本与市场准入门槛，互联网的长尾效应使规模经济更易形成。通信与物流条件的改善，市场准入门槛的降低使不同地区相对营商成本发生改变，导致产业空间布局变化，为相对落后地区工业化提供了机遇。资料显示，长期在山东省经济排名靠后的菏泽市充分抓住农村电商发展机遇，通过满足市场新需求，发掘民间传统手工艺，承接大城市产业转移，打造出全国最多的淘宝村，成为中国农村电商新势力，经济增长率连续多年排名山东省16地市第一、第二名，即使2020年上半年受新冠肺炎冲击，山东省经济总产值下降0.2%，菏泽市依然保持了2%的经济增长率，位居全省第一，经济韧性较强。此外，长期处于江苏省十三个地级市经济倒数的宿迁市，广东省经济欠发达的粤东城市揭阳市，河北省邢台市，也抓住农村电商机遇，孵化出大量淘宝村，提高了农村工业化水平，缩小了与周边发达城市的经济差距。有鉴于农村电商有效改变了不同地区的相对营商成本，导致产业空间布局的变化，加上产业转移理论，一些学者因此认为随着交通，通信基础设施的完善，农村电商导致的产业空间布局变化将有利于中西部省份，东北地区的工业化，缩小区域经济差距。然而，淘宝村10年来的发展区域空间分布变

化似乎并不支持这个观点，根据阿里研究院《中国淘宝村研究报告（2009—2019）》显示，2019年，淘宝村广泛分布于25个省（区、市），但大部分淘宝村分布于沿海六省市（浙江、江苏、广东、山东、河北、福建），它们共计拥有4113个淘宝村，占比达全国的95.4%，其中浙江最多，有1573个。产业虽然出现了从中心城市向周边地区的扩散，但也基本集中在几大城市群的大城市周边或城市群边缘地带，很少辐射到远离大城市周边地区，或城市群周边较远的地区。从淘宝村最多的前20个城市看，绝大部分是位于东南沿海城市群的城市，如温州、泉州、宁波、东莞、台州等制造业重镇，这些地区农村工业化水平高，产业基础雄厚，块状经济明显，商业氛围浓厚，人力资本充裕，交通便捷，信息畅通，生活成本低，产业竞争力强。互联网长尾效应使市场急剧扩张，化解了产能过剩问题，使这些地区农村工业重现生机。淘宝村前20名另外一些城市如宿迁、菏泽、揭阳，也分别处于三大城市群边缘，这些地区交通发达，基础设施完善，信息畅通，具有经商传统，草根创业基因雄厚，土地、人力成本低，利用互联网进入门槛低，生产与物流成本低优势，电子商务的长尾效应，无中生有地开发出新产业，或承接产业转移，发掘农村传统手工艺，形成新的产业集群。并且，从近些年来淘宝村发展趋势看，尽管淘宝村数量快速增加，但依然主要集中于东部沿海六省，在原有产业集群内部裂变，周边扩张，并没有向中西部，东北地区快速扩张迹象。

东部的土地价格，人工成本、生活成本上涨曾经导致部分产业有转移需要，交通不便也使部分企业有节约流通成本到消费市场附近生产的需要，导致东部劳动、资源密集型产业向中西部转移。但交通基础设施的完善，物流的发达，电子商务导致的流通环节减少、交易成本下降，长尾效应对产业集群、规模经济的促进，人力资本重要性的不断提高，又重新加强了东部优势，使西部交通成本节约优势减小，包邮区体现了东部交通与人口聚集带来的规模优势。东部产业集群的裂变与扩散，超大规模产业集群产生的内外部规模经济效应、范围经济、人力资本聚集，科研机构聚集产生的内生增长优势，足以抵消中西部土地成本、人工成本、生活成本优势。而中西部在营商环境、社会环境、公共服务水平、生活质量、行政效率等软发展环境方面相对东部都有不少差距，也导致东部产业资本去中西部，东北地区投资意愿不强。因此，近10年来爆发式增长的淘宝村，乡村工业化比较成功的地方基本集中于东部沿海地区，产业转移与新兴产业的出现也基本出现在东部地区不同区域之间，城乡之间而非其他区域，农村电商并没有缩小东西经济差距。并且，中西部地区不仅淘宝村数量少，而且销售的产品主要集中于传统地理标志农产品或传统手工艺产品，如核桃、枸杞、人参、大米、苹果、银饰、绿松石饰品、唐三彩、工艺陶瓷等，市场比较小，交易额比较低，分工比较简单，扩散效应不明显，外溢能力差，基本局限于村庄范围，难以形成较大规模产业集群，对当地经济发展促进作用有限。

由此可见，交通条件的改善，农村电商的发展并没有削弱东部地区的竞争优势，反而进一步强化东部地区规模经济优势，产业集群优势，人力资本，技术创新优势，使东部地区经济一体化水平提高，城市群内部之间，城乡之间经济差距缩小。而中西部地区，东北地区则由于投资软环境较差，物流成本节约优势减小，人力资本大量外流，缺乏产业基础与商业氛围，加上人口密度过低，交通与互联网基础设施不完善，在农村电商发展中处于劣势。因此，认为农村电商发展会缩小区域经济差距的看法在东部沿海城市群内部可能是正确的，但在东西部之间则可能是错误的，它可能会进一步扩大东西部农村发展差距。

三、正确认识农村电商对城乡关系的影响

农村电商导致淘宝村，淘宝镇大量出现，乡村传统产业集群获得新的活力，新兴产业集群茁壮成长，沿海地区农村工业化获得新的动力，小城镇建设又获得新的产业支撑。在这种情况下，部分学者又提起费孝通先生的小城镇建设命题，认为农村电商会实现农村小城镇的复兴，改变中国城市格局。

应该说，小城镇发展与乡镇企业兴衰紧密相关，乡镇企业为小城镇建设提供了经济支撑。但随着20世纪90年代中期中国短缺经济的结束，乡镇企业由于产权与管理缺陷，加上规模不经济，污染严重，技术落后，纷纷转制或被淘汰，剩下的大部分也搬到城郊工业园区。没有了产业支撑的中西部小城镇丧失就业机会，人口大量流失，消费萎缩，公共服务减少，基础设施老化，逐渐衰落。小城镇衰落使人口向一线城市，省会，沿海发达城市过度集中，导致这些城市人口过密，房价飙涨，人居环境恶化，公共服务短缺，基

础设施超载，生活成本上涨，生活质量下降，产生大量城市病。为化解大城市病，中央政府长期坚持限制大城市规模，发展中型城市，加强小城镇建设政策，力图建立比较均衡、合理的城市体系，但由于缺乏产业支撑，小城镇建设一直举步维艰。农村电商形成的淘宝镇，淘宝村集群，超大规模淘宝村集群，使小城镇重获产业支撑，重现发展机遇。但从沿海省份淘宝村，淘宝镇形成的产业基础看，这些小城镇产业基础并不牢固。第一类是原有产业基础。在产业集群发展到一定阶段后，由于市场饱和，导致产业过度竞争，遇到发展瓶颈，呈现衰退趋势，电子商务的发展开拓了新市场，缓解了需求压力，导致产业集群重新焕发生机，规模扩大，分工深化，并外溢到周边乡镇。但电子商务只是暂时缓解了需求压力，扩大了市场规模，随着需求逐渐饱和，这类产业集群又会出现过度竞争与发展瓶颈，如果不能顺利实现产业升级，最终又会陷入发展停滞。第二类是产业转移。由于交通、通信条件改善，小城镇土地与劳动力、生活成本优势凸显，原来集中于大城市的简单加工业就会转移到生产成本更低的城郊村。但这种低技术、成本敏感型加工业生产随着各地相对成本变化可能会继续转移，稳定性差，并且由于进入门槛低，很容易出现恶性竞争，导致利润率过低，出现衰退。第三类是适应市场需求兴起的新产业集群。如睢宁县沙集镇东风村形成的简易家具制造集群，这类集群兴起迅速，但由于技术简单，进入门槛低，很容易模仿，如果不能实现产业升级，恶性价格竞争可能导致产业转移或集群衰落。因此，当前东部地区小城镇由农村电商激活的农村工业化基础并不牢固，缺乏核心竞争力，容易被模仿或转移，而且面临产业升级困境，不能为小城镇建设提供牢固的产业基础，同时，由于城乡在生产要素供给、建设用地指标、产业政策、基础设施、公共服务、社会保障，生活质量等方面存在较大差距，导致东部乡村先富起来的群体纷纷到城市安家，有的将产业转移到城郊工业园，有的虽自己在农村继续经营产业，但将家人安置到城市生活、学习，出现反向留守。乡村精英的大规模外流导致小城镇人力资本、资金匮乏，社会资本销蚀，降低乡村内生发展能力，使这些小城镇产业集群升级更加困难。如果不改变当前中国不同等级城市在基础设施，公共服务，社会保障上的过大差距，小城镇精英入城，产业向中心城市产业园区聚集趋势就难以改变，农村电商激发的乡村工业化能量最终可能被上级城市吸纳，使既有的城市等级结构继续保持下去。

还有部分学者过高估计农村电商作用，对农村电商促进乡村振兴，缩小城乡发展差距的作用看法过于乐观。虽然农村电商在沿海农村短期内促进了乡村振兴，但这种振兴并不稳定，其发展成果很有可能被固有城乡结构吸纳，成为当地核心城市发展的资源。并且，随着电子商务市场扩张红利递减，沿海乡镇生产的这些简单轻工业品、日用品市场会逐渐饱和，陷入过度竞争之中，难以继续维持高速增长，利润率也会不断下降。此外，中国农村电商影响的乡村数量非常有限，阿里研究院《2020中国淘宝村研究报告》显示，到2020年，中国淘宝村数量达到5425个，只占全国行政村总数的1%，即使绝大部分集中于东部沿海地区，其比重也不会超过2%，对乡村振兴影响有限。至于广大的中西部、东北地区，淘宝村数量才341个，数量过少，并且主要从事特色农产品、传统手工艺品销售，产业规模小，分工简单，外溢效应不明显，对当地经济发展带动能力有限。考虑到中国农业小农经济依然占绝对主导地位，农业规模化、产业化、标准化水平还比较低，质量难以保证，农产品加工业、冷链物流业发展缓慢的现实，中国农产品上行困难还比较大，网络销售规模难以快速扩大。而农村土地制度改革滞后，城乡基础设施、公共服务、社会保障以及收入差距过大也导致乡村空心化进一步加剧，新型农业经营主体发展缓慢，使农业现代化发展受阻，难以为农村电商提供充足的合格农产品，更严重制约了农产品上行。因此，在短期内，农村电商对中国农村发展，城乡收入差距的缩小意义有限。

因此，农村电商虽然促进了乡村发展，但作为一种技术变革，其作用非常有限。它无法替代农村根本性的制度变革，实现农业的规模化，标准化，区域化发展。它也无法绕过中国农业发展阶段，为农产品上行提供充足的冷链物流，合格的农产品。它更无法突破中国既有的城市结构格局，城乡关系，只能嵌入已有的城乡关系之中，被固有城乡关系吸纳，受固有城乡关系制约。

四、正确认识农村电商发展中政府的作用

在农村电商发展过程中，政府的积极干预功不可没。以睢宁县沙集镇东

风村为例，在东风村电商开始裂变阶段，东风村网店数量急剧增多，网上交易额急剧增加，简易家具加工需求急剧膨胀，厂房建设、物资储存、物流建设用地短缺、交通拥堵、网速过慢、金融贷款困难等问题开始凸显，成为电商发展瓶颈。为鼓励电商发展，当地政府灵活执行土地政策，为生产厂房、仓储、物流建设提供用地，并积极筹措资金改善道路交通等基础设施，铺设宽带网络，为电商企业提供贷款担保，鼓励各类金融机构向电商贷款，打破电商发展瓶颈。随着东风村电商产业进入成熟期，电商数量扩张趋缓，产业内部同质竞争激烈，假冒伪劣问题严重。为促进电商产业更好地发展，维护电商市场秩序，各级政府对农村电商进行了积极干预。一是对农村电商进行顶层设计，完善电商产业布局。通过对农村电商产业园、物流园、孵化园的建设，对道路交通、通信等各类基础设施的重新规划与高标准建设，优化了生产要素配置，实现了规模经济，提高了产业聚集水平与生产、流通效率，改善了农村电商发展条件。二是通过成立电商协会，制定行业自律协议，对电商市场进行规范，加强行业自律，打击假冒伪劣，减少恶意竞争。通过行业合作发挥规模经济优势，以集体谈判方式协调与供应商，服务商，物流企业的关系，有效降低电商运营成本。三是积极与各类电商平台、培训机构合作，对村民进行开店指导、课程培训、技术支撑以及创业扶持，提高村民人力资本水平与网店经营能力。四是创造良好的投资环境，通过简化企业注册登记流程，减免租费等措施吸引各类电商产业人员来村创业，鼓励金融机构、物流机构、技术研发机构等相关机构到电商产业园区落户，不断完善产业生态。正是政府顺势而为，不断为电商产业的发展创造条件，才使东风村的星星之火成燎原之势，形成庞大的产业集群，成为新时期农村工业化典范。其他如广东揭阳市军埔村，江苏宿迁市颜聚镇，山东菏泽市丁楼村，杭州临安白牛村等农村电商的崛起，政府的支持也都功不可没。相对于沿海地区农村，中西部农村普遍缺乏产业基础，交通、通信设施不完善，创业氛围较差，农村精英大量流失，农村电商发展难度更大，没有政府的强力支持，这些地区农村电商发展更难成功。无论是浙江遂昌模式，吉林通化模式，甘肃成县模式，还是河南孟津平乐村模式，农村电商的成功更得益于政府的积极扶持。

农村电商"边缘"崛起的特征，典型案例的示范效应，媒体对政府作用的片面夸大，地方政府的政绩竞赛与扶贫压力，使内地政府纷纷加入农村电商发展竞赛之中，导致农村电商出现大跃进，虚火严重。他们不顾当地经济发展条件，将农村电商发展作为一项政绩工程，扶贫捷径，盲目搭建各类农村电商平台，兴建大规模的农村电商产业园、物流园，投入大量资金对农村电商进行补贴，但由于缺乏产业基础，没有适合农村电商销售的产品，农产品标准化水平低，加工程度低，质量不稳定，加上物流条件较差、成本高，互联网基础设施不完善，电商人才匮乏，导致电商平台利用率低，流量低，亏损严重，大多烂尾。虽然宿迁在江苏，菏泽在山东，丽水在浙江都属于贫困地区，但这种"贫困"是相对的，放在全国来说，它们并不贫困，经济发展水平在全国属于中等偏上。关键的是，他们都在沿海发达地区，处于大城市群周边，交通发达，互联网基础设施完善，商业氛围浓厚，居民富有创业精神。并且，即使是这些地区，淘宝村也只占行政村总数的极少数，电商扶贫辐射范围有限。至于中西部地区，淘宝村依然寥若晨星，2020年中部、西部、东北地区淘宝村数量分别为255、71和15个，比例非常低，少数几个成功案例并不具有普遍性。并且，《中国电子商务市场深度研究报告》显示，当前国内涉农交易类电商中只有1%能够盈利。可见，当前中国大部分农村农产品上行的条件还不太成熟，不宜盲目地进行农村电商开发。

从农村电商发展经验看，农村电商发展成功需要满足几个条件：（1）区位条件。区位决定了当地的交通、通信基础设施水平，物流、信息流成本与便利度。成功的农村电商村一般处于大城市周边或城市群周边，相对区位比较优越。（2）主营产品。农村电商主要经营具有成本优势的劳动密集型轻工业品与日用品，或单价较高，体积较小，重量较轻，容易储存，不易腐烂，地域特征明显的特色农产品与传统手工艺品。（3）产业基础。一般成功的农村电商集群具有一定的产业基础，或原来有产业基础但后来衰落，留下商业传统与经商人才，有利于电商创业。（4）草根创业。具有强烈创业精神，拥有现代知识和技术的乡村草根是农村电商发展的原动力，推动农村电商产业发展。（5）支持设施。交通基础设施的完善，互联网技术的普及，强大的电商平台出现是农村电商发展的物质基础。（6）政府支持。政府支持包括为农村电商发展创造良好的软、硬件条件，良好的基础设施、公共服务与市场规范为农村电商发展提供帮助。（7）创业环境。时势造英雄，电子商务创造的蓝海与低门槛、低成本电商平台准入为农村电商发展提供了良好的创业环境。行业协会虽然在农村电商发展中也起到一定作用，但中国是一个大政府国家，民间机构独立性相对有限，作用有限，学者们对其作用有些夸大，本书忽略。在农村电商发展的七个条件中，区位条件、产业基础、草根创业、政府支持其实有重合，区位条件好的乡村，基础设施一般比较完善，交通、通信发达，产业基础也比较好，商业氛围浓厚，留守精英也比较多，个人能力与创业意识也比较强。因此，沿海城市群内部乡村与周边乡村就成为农村电商发展沃土。并且，这些先发电商村创业环境比较好，当时淘宝等电商平台准入门槛低，农村电商市场还处于蓝海。对于区位优势不明显的绝大部分中西部、东北乡村来说，区位条件不好，基础设施不完善，产业基础匮乏，精英大量流失，缺乏创业精神，并且，当前各大电商平台准入门槛已经很高，农村电商市场已经进入红海，竞争激烈，创业环境已有所恶化，难度相对较大。只有少部分适合电商销售的地理标志农产品，传统手工艺品在政府的支持下获得了成功。从农村电商发展趋势看，由于创业环境变差，创业条件较差，适合电商销售的产品又较少，往往缺乏内生发展动力，广大中西部、东北地区农村电商发展依然不容乐观。在条件不具备的情况下，政府强力推动农村电商发展只能导致拔苗助长的后果，由于违背市场规律，缺乏内生发展动力，难以持久，造成稀缺发展资源的严重浪费。只有正视中西部农村发展现实，尊重市场规律，使政府职能归位，停止农村电商"大跃进"，将政府主要精力放到培育新型农业经营主体，推动农业的规模化、产业化、标准化发展，加强农村基础设施与冷链物流建设上，夯实农村电商发展基础，才能减少政府的职能错位、越位，有效配置稀缺发展资源，为农村电商大发展创造条件。

五、正确认识农村电商发展的标本关系

在农村电商两部分内容中，工业品下乡比较顺利，销售额已经比较高，主要问题在于农民居住过于分散，导致规模不经济，物流成本过高，加上农村空心化严重，年轻人大量流失，老年人消费习惯偏于保守，影响工业品下乡。但这些问题比较单纯，随着农民网购习惯的形成，人均消费量的增加，合村并居政策的推行，中心村、镇建设的推进，农村基础设施的完善，农村电商物流管理水平的提高，物流成本会稳步下降，规模经济会逐渐形成，工业品下乡将水到渠成。

农村电商发展困难比较大的主要是对乡村振兴具有直接推动作用的农产品上行。随着电商市场红海的到来，电商平台准入门槛的提高，网络交易成本的增加，市场竞争更加激烈，市场扩张更加困难，低水平同质竞争使利润越来越低，难以持久，新的产业集群生成也越来越困难，即使生成也主要出现在区位优势明显，基础设施完善，政府行政效率较高，营商环境较好，人力资本充裕，商业氛围浓厚的沿海发达地区农村，在原有农村电商产业集群内部裂变或周边生成，影响区域有限。至于传统手工艺产品集群，即使在全国也属于凤毛麟角，未来发展前景有限。因此，无论是电商催生的农村工业化还是传统手工艺复兴，对中国乡村振兴的作用范围都非常有限，考虑到中国淘宝村2020年才占中国行政村总数1%的现实，要实现其他乡村的全面振兴，还主要依靠农产品上行，这也是各地政府积极推动农产品上行的主要考虑。但要顺利实现农产品上行，还需要解决很多问题。一是农产品标准化，质量保障问题。中国小农的绝对主导地位导致农产品标准化水平过低，质量难以保障，农药使用过量、重金属超标问题严重，影响农产品上行。二是冷链物流体系建设。大部分生鲜农产品容易腐烂变质，需要冷链物流运输，数据表明，2015年欧美等发达国家农产品冷链流通率为95%，果蔬冷链流通率为98%，而中国果蔬、肉类、水产品的冷链流通率分别只有10%、26%和38%。冷链物流的缺乏不仅造成巨大经济损失，也成为农产品上行瓶颈。三是交通基础设施建设。由于内地省道、乡村公路普遍缺乏维护，建设标准较低，质量较差，影响乡村物流。高速公路收费高、油价高也加重了物流企业负担。路网规划落后，仓储设施不足也影响物流效率。四是平台打造。当前主流农村电商主要关注工业品下乡，网络平台设计比较适合工业品交易，不太适合农产品交易。五是农村电商人才缺乏。城乡差距过大导致乡村空心化严重，精英大量流失，缺乏电商经营人才，影响农村电商发展。当前大型农村电商企业主要通过订单农业，建设农产品生产基地方式解决农产品标准化、质量保障问题；通过建设自己的冷库，购买冷藏车建立自己的冷链物流体系；通过建立自己专业的生鲜农产品电子销售平台销售生鲜农产品；通过培训农村精英或委派公司员工下乡补充农村电商人才短缺；通过集中生鲜物流于人口密集的东部地区或大城市周边，节约物流成本；通过关注于高端生鲜农产品销售，获得高额利润。正是通过撇脂战略，大型农村电商公司获得不错的发展。但对于绝大部分中小型生鲜电商企业来说，它们没有实力建设规模化的农产品基地，也没有足够信用获得大规模农业订单，无法承担冷链物流成本，也难以消除消费者质量顾虑，大部分陷于亏损状态。而少数大型农村电商企业在有限地域，有限品类产品上的经营成功对于农产品上行意义有限。2016年，中国网上生鲜零售规模才914亿元，不到整体生鲜农产品交易额的2.3%，网上农产品零售额仅1589亿元，只占整体农产品交易额的2.5%，考虑到国人消费水平不断提高的现实，这个比例有些低。

　　大型农村电商通过撇脂战略实现部分农产品上行影响范围有限，难以模仿，只能是治标之举，不能从根本上解决农村电商发展障碍，只有进行根本性的农村制度改革，标本兼治，才能从源头上解决农村电商发展困境，顺利实现农产品上行目标。冷链物流体系建设具有半公共品性质，政府应该加大对冷链物流体系建设的补贴力度，这对于消费者、生产者以及农村电商都有利。交通基础设施建设也属于公共品，政府应提高交通规划水平，打通交通瓶颈，提高村道、省道建设标准，加强道路维护，保证道路质量，降低高速公路收费标准与燃油价格，增加绿色通道，降低物流成本。当然，无论是冷链物流体系建设还是交通基础设施的完善，最终取决于可以交易的农产品数量，没有足够的可交易农产品，冷链物流建设与交通基础设施建设就缺乏动力也缺乏意义。而农产品的标准化水平，质量保障水平最终取决于农业的规模化与产业化水平，农业的规模化与产业化发展又取决于新型农业经营主体的培育效果。在乡村空心化严重，老人农业、兼业农业普遍存在的情况下，农业的规模化，标准化很难实现。而要培育大量的新型农业经营主体，就必须使乡村宜居宜业，以吸引城市生产要素下乡。而要使乡村宜业，就必须加快土地制度改革，以有效减少耕地流转交易成本，降低经营风险，实现耕地的规模化，产业化经营。而要实现乡村的宜居，就必须尽快废除城乡二元户籍体制，允许城市下乡人口有条件地获得农房，实现城乡社会保障的一体化，并加快中心村、中心镇建设，美丽乡村建设，加大农村基础设施与公共服务建设投入，逐步缩小城乡基础设施、公共服务差距。宜居宜业的新农村不仅有利于新型农业经营主体的培育，也有利于吸引电商人才下乡。当然，要实现农产品的标准化生产，保证农产品质量，政府的作用也十分重要，政府通过组建行业协会，制定质量标准，打造区域公用品牌，严格市场准入，打击假冒伪劣，监督市场秩序，对农产品质量进行保障。

农村电商作为一种技术突破，难以取代制度变革，也难以替代政府的作用，只有加快农村制度变革，打造宜居、宜业的乡村，缩小城乡差距，吸引城市生产要素下乡，壮大新型农业经营主体，实现农业的规模化，产业化经营，提高农产品的标准化与质量水平，加强冷链物流与交通基础设施建设，才能解决农村电商发展障碍，加速农产品上行，助力乡村振兴目标的实现。

第六章　城市生产要素下乡带动乡村振兴的典型模式研究

　　不同地区城乡发展状况差异很大，城市生产要素发育情况，乡村资源禀赋状况，要素下乡条件不一样，导致城市生产要素与乡村发展资源的结合模式不一样，出现不同的乡村振兴模式。分析这些成功的乡村振兴模式，总结城市生产要素下乡的成功经验，对进一步提高城市生产要素下乡效果，加快乡村振兴具有重要意义。财富创造是资本、劳动、土地、技术及无形的制度、文化、社会资本等有形与无形生产要素共同作用的结果。任何生产都必须在一定的制度环境、社会环境与文化环境中进行，受环境的制约，不同的制度环境、社会环境与文化环境会形成不同的制度资本、社会资本与文化资本，对生产起制约作用，导致出现不同的生产结果。单一生产要素难以进行有效的财富创造，必须通过多元生产要素的协同合作才能实现财富的创造，过于强调某一要素在财富创造中的作用而完全忽视其他要素的作用显然不符合事实，会导致其他要素资源的短缺，影响生产力的发展。但在具体的财富创造中，由于主导性的生产要素不同导致不同的发展模式，中国各地城乡要素资源禀赋差异很大，导致不同地区的乡村振兴要素组合不一样，主导要素不一样，形成不同的乡村振兴模式。根据主导型生产要素类型的不同，我们可以将城市生产要素下乡带动乡村振兴分为政府支农资金带动型、城市工商资本下乡带动型、城市人力资本下乡带动型、城市科技下乡带动型、城市电商下乡带动型等五种主要模式。

第一节　政府支农资金下乡带动乡村振兴模式

新农村建设战略提出后，中央政府与地方政府的"三农"支出不断增加，使农村基础设施建设与公共服务能力不断提高，极大改善了农村生产、生活条件。一些乡村领导人利用新农村建设，中心村建设，合村并居政策，城乡建设用地增减挂钩政策，土地整理政策，小农水建设，美丽乡村建设，特色小镇建设政策，积极创造条件获得政府支农资金支持，成为地方政府新农村建设的样板，通过对各类项目资金的整合，迅速改变贫穷落后面貌，扭转乡村衰败趋势，成为经济强村，获得内生发展能力，逐步实现可持续发展。安吉的余村、鲁家村，长兴的北汤村都是利用政府支农资金下乡实现乡村振兴的典型代表。

一、政府支农资金下乡带动乡村振兴——以长兴北汤村为例

北汤村地处浙江省湖州市长兴县林城镇西南，村域面积近5平方公里，管辖11个自然村，共有农户737户，常住人口2300多人，耕地4466亩，水塘1500余亩。改革开放之前的北汤村因人多地少，村民辛勤耕作也难以维持温饱。改革开放后联产承包责任制虽提高了北汤村村民收入，但由于北汤村地势低洼容易遭受内涝，加上区位不佳偏处长兴西南角，交通闭塞，基础设施落后，导致农民收入增长缓慢，村民纷纷流失外面打工。到2007年北汤村村民人均年收入只有4000元，村集体收入不到3万元，成为远近闻名的贫困村。

为改变北汤村落后面貌，2007年北汤村新任村党支部书记汪海浪对北汤村基础设施进行了改造完善。四处筹集资金将村里4米宽的坑洼中心路改造成13米宽的坚硬水泥路，路两侧还规划了漂亮的绿化带，打通了村内外的交通瓶颈，方便了村内外人员与物资的流动、农产品的销售，增加了村集体与村民收入。为解决内涝，村里又筹集资金加固扩宽土斗堤，修建了4米宽, 4.8公里长的标准土斗堤。基础设施的完善与交通条件的改善增加了北汤村村民

农业收入。但如果继续传统农业模式，将农民限定在小块承包地上，农民增收也有限，只有对耕地进行流转，实现规模经营，发展现代农业，才能有效提高农民收入。因此从2007年开始，北汤村就开始进行土地流转，鼓励村干部，村民积极发展现代农业，到2009年，北汤村全村人均收入达到11741元，村集体收入达到43.98万元，三年间摘掉贫困帽，实现了北汤村经济的第一次飞跃。

北汤村经济的第二次飞跃是由湖州市美丽乡村建设推动。严格的耕地保护制度导致浙江省工业化、城市化用地严重不足，为有效协调耕地保护与城市建设用地增加问题，浙江省创造性地实施了城乡建设用地增减挂钩政策，将新农村建设，土地整理与农业现代化目标结合起来，通过将土地用途改变产生的土地增值在城乡，区域之间合理分配，实现了城乡，区域之间的平衡发展。为实现城乡建设用地增减挂钩政策目标，从2003年开始，浙江省就推动了"千村示范，万村整治"工程，先后实施了"三改一拆"，美丽乡村建设等工程，不断地对农村土地、宅基地进行整理，农村生态环境进行整治，在增加城市建设用地指标的同时，改善了乡村人居环境，农业生产条件。北汤村正是借助浙江省土地增减挂钩政策，美丽乡村建设，土地综合整治政策，精准扶贫政策的东风，实现了乡村振兴。"千村示范，万村整治""三改一拆"为北汤村基础设施建设提供了政策与资金支持，使北汤村农业基础设施，交通条件大幅改善，摘掉贫困村帽子，而美丽乡村建设，中心村建设示范，精准扶贫政策则使北汤村脱胎换骨成为富裕村。2010年，浙江省全面推动美丽乡村建设，湖州作为美丽乡村建设发源地，美丽乡村建设推动力度更大。北汤村作为湖州市20个贫困村之一，被长兴县列为92个中心村试点项目之一，并由县主要领导包村建设，成为长兴美丽乡村建设示范点。中心村建设通过集中居住，可以提高土地资源利用效率，使耕地集中连片开发，减少宅基地使用面积，增加耕地面积，改善农业生产条件，为工业化、城市化提供更多建设用地指标，促进当地经济发展，增加农民收入。北汤村中心村建设由长兴县主要领导包村，获得政府大量资金支持，加上集体，农民集资，新增建设用地指标交易筹资，总共投入5000多万元。工程于2011年4月开始动工，截至2015年已新建房屋596套，其中多层小高楼162套、连体别墅376套、商住楼58套。绿化、亮化、道路、排水管道按照城市标准建设全部配套完成，居家养老服务中心、文化礼堂、卫生社区服务站、超市和村民体育文化娱乐活动等场所一应俱全，幼儿园、超市、警务室、菜场等基础设施与公共服务完善，俨然一个现代化小城镇。中心村建设也使土地得到综合整治，耕地集中连片，基础设施完善，适合机械化，规模化耕作。在中心村建设的同时，北汤村加快土地流转，引进芦笋等新经济作物种植，逐步形成以特种水产养殖与芦笋种植为主的现代农业产业集群，到2014年，北汤村人均收入达到20805元，村集体收入194.4万元，成为富裕村。中心村建设的大量投入使北汤村脱胎换骨，生产、生活条件大幅改善，农业现代化水平不断提高，跻身湖州富裕村行列。

北汤村的第三次飞跃是大力发展乡村旅游业，逐步实现六次产业融合。2016年，北汤村又转型乡村旅游业，制定了七彩田园，枕水北汤的乡村旅游发展目标，先后引进七彩、一龙、月品、海根等休闲农业项目落户，结合平原地区的自身优势，加上丰富的水域和耕地资源，北汤村被打造成一个集农业产业、休闲娱乐、观光旅游为一体的社会主义现代化新农村。乡村旅游业的发展不仅增加了农民租金收入，为农民提供更多就业、创业机会，也进一步改善了乡村人居环境，提高了村民生活质量，使北汤村成为宜居、宜业、宜游的小康村。

从北汤村乡村振兴历程看，北汤村村支部书记汪海浪个人努力功不可没，在北汤村乡村振兴第一阶段，正是汪海浪及村委会领导的积极奔走筹资改善了北汤村的交通条件，解决了水患，为北汤村农业发展创造了较好条件，使北汤村摘掉贫困村帽子，但这只是量变。北汤村真正的质变是第二阶段土地综合整治与中心村建设5000多万资金的投入，使北汤村生产与生活条件发生了质变，为后面北汤村农业产业化，乡村旅游业的发展奠定了坚实基础。而中心村建设与土地综合整治资金主要来源于政府支农资金下乡，因此，从总体看，北汤村是政府支农资金带动乡村振兴模式的典型代表。

二、对政府支农资金下乡带动乡村振兴模式的评价

一般来说，政府主要提供基础设施与公共服务等公共产品，不直接介入具体的乡村振兴，只是为乡村振兴创造条件。但在实际的政策实施过程中，为激发各地乡村建设的积极性，无论是韩国新村运动还是中国美丽乡村建设，政府都愿意对那些建设积极性比较高，乡村建设基础比较好的村庄投入更多资源，打造示范村，以形成示范效应，促进村庄竞争，激发乡村内生发展动力。应该说，这种重点打造示范村的乡村建设政策有一定的合理性，它集中了资源，为这些先进村雪中送炭，使其具备可持续发展能力，同时鼓励了其他村的自力更生精神，激发它们建设家园的积极性。但政府支农资金示范村打造应该比较客观，经过综合评估，不应该被主观的人际关系与政绩考虑所左右，否则，仅仅因为驻村干部行政级别高而获得更多发展资源或仅仅因为官员的政绩需要对落后村注入大量资源会导致寻租与腐败，养成"等、靠、要"心理，如果资源输入村缺乏内生发展动力，还会导致大量支农资金被浪费，低效利用。并且，这种基于关系、寻租与政绩考虑形成的资源配置不均，会进一步扩大乡村之间的发展差距，加剧社会不公。因此，对政府支农资金带动的乡村振兴模式应该慎用，即使使用也要具体问题具体分析，对资源注入村庄进行客观评估，看村庄是否具有内生发展动力，是否能够对其他村庄产生正向激励作用，只有具备这两个条件才能使用这种模式。

第二节　城市工商资本下乡带动乡村振兴模式

城市工商资本下乡能够提高农村土地资源利用效率，开发农村闲置资源，改造传统农业，提高农业产业化水平，深化农业内部分工，增加农业生产社会化服务供给，延长农业产业链，实现六次产业融合，增加农业附加值、农民收入和就业机会，实现乡村振兴目标。并且，工商资本作为技术、管理、人才的载体，有利于加速城市人力资本、技术下乡，增加乡村生产要素供给。莫干山、大理、丽江民宿业的兴起都离不开城市工商资本下乡，随着乡村产业结构的不断调整，六次产业融合的不断加深，工商资本下乡对于乡村振兴的重要性越来越显著。

一、工商资本下乡带动乡村振兴——以婺源篁岭村为例

篁岭村位于婺源县东北部，赣、皖、浙三省交界处，地处石耳山脚，海拔485.9米，面积约15平方公里，2019年底有208户825人，因地处山岭，交通不便、缺水缺电、饱受地质灾害困扰，是当地有名的贫困村。在旅游开发前，留守村民人均年收入才3500元，年轻人大多外出打工，空心化严重。但篁岭拥有丰富的旅游资源，除大片徽式老宅外，还有古树、梯田以及晒秋民俗，在旅游开发前已有不少摄影家光顾篁岭拍摄晒秋农作物图片，吸引了外界广泛的关注。

2009年，为解决篁岭村地质灾害问题，保护古村落，加强乡村扶贫工作，江湾镇人民政府与栗木坑村委会积极行动，引入社会资本推动篁岭村的旅游开发。一是通过房屋产权整体置换统合旅游开发经营权。2009年，民营企业家吴向阳等人成立婺源县乡村文化发展有限公司，在县、镇两级政府协助下投资1200万元在篁岭山脚下高标准建设安置房68户，老年、单身公寓24套，对篁岭村的320名村民进行整体搬迁，以山上旧宅置换山下新宅。2013年，通过"招拍挂"方式，公司获得了全村3.3万平米建设用地使用权。在解除地质隐患，改善村民居住条件和农业生产条件基础上，实现了产权清晰、边界清楚，整体盘活了古村旅游开发经营权。二是通过老建筑异地搬迁复兴古村鼎盛期的风貌。篁岭曾屡遭战火，老建筑无人看管，无钱修缮，残损严重，行将颓灭，许村镇的"怡心堂"就是其一。2014年，婺源县乡村文化发展有限公司与许村镇政府达成协议，由公司全额出资将"怡心堂"整体搬迁至篁岭修缮保护，所有权仍归许村镇政府，公司则拥有经营使用权，从此开创了明清老建筑保护利用的"寄养"模式。通过这种方式，30多栋老建筑由异地搬迁而来，使篁岭村成为婺源古建筑密度最大的自然村落之一。三是通过原住民返迁兼业和就业实现"就地城镇化"。为厘清篁岭产权边界，民营企业投入3亿多元，通过"整体搬迁、精准返迁、产业融入"三部曲，有效地保障和改善了每一个关联方的利益。通过对篁岭村旧民居的修缮与维护，唤醒了传统手工艺"婺源三雕"，培养了新的手工艺人，为当地农民提供了就业机会。通过对梯田四季花海的打造，将抛荒的土地利用起来，增加了农民租金与劳务收入，实现了六次产业融合发展。通过对天街的开发，既传承

了非物质文化遗产，也为当地农民提供了新的就业、创业机会。四是通过打造"篁岭晒秋"品牌构筑乡土中国符号。为破解婺源乡村旅游发展受季节性制约难题，公司在景区开发伊始便提出复原和发展"篁岭晒秋"民俗，建设系列"晒秋产品"，同时打造成"中国最美文化符号"，使"篁岭晒秋图"成为中国文化符号。

篁岭景区的旅游开发成功带来巨大经济效益，据统计，2014年至2018年，篁岭景区接待游客量由22.69万人次快速上升至130万人次，增长5.73倍，年均增长率为54%。2014年营业总额为1958.1万元，2017年则升至18000万元，增长9.19倍，年均增长率为74.11%。旅游业发展也惠及当地村民，据统计，至2016年6月，篁岭村人均收入从旅游开发前的3500元提升为2.6万元；户年均收入从1.5万元提升为10.66万元，增幅巨大。工商资本下乡彻底改变了篁岭村发展轨迹，使篁岭村从一个严重空心化行将消失的贫困村转变为一个富裕、美丽的顶级旅游村，村民通过拆迁补偿，承包土地、房屋入股分红，集体资产分红，到旅游公司打工，经营民宿、餐饮，售卖旅游产品，自主创业分享旅游红利，早已摆脱贫困步入小康生活，实现了乡村振兴的宜居、宜业、宜游的目标。

二、对工商资本下乡带动乡村振兴模式的评价

工商资本由于强大的资源整合能力，动员能力，成为乡村振兴的重要力量，它能通过公司＋合作社＋农户等方式将农民有效组织起来，进行标准化生产，实现规模经济效应，延长农业产业链，增加农业附加值与农民收入。通过提供农业生产社会化服务减轻兼业农业、老人农业负担，延缓小农经济衰落，维护国家粮食安全。随着农业现代化水平的不断提高，设施农业、休闲农业、生态循环农业等对资本、技术和管理的要求越来越高，已经非小农户或一般家庭农场可以承担，而六次产业融合发展，乡村休闲、旅游、康养产业的发展，对经营者的综合素质与资本要求更高，更需要引进大量优质工商资本下乡投资才能实现。并且，相对于政府投资，工商资本由于受市场机制调节，更少盲目性，效率更高。因此，各地政府对工商资本下乡带动乡村振兴普遍持欢迎态度。但由于工商资本的逐利本性，在缺乏有效监管，农民组织性不强的情况下，很容易出现非粮化与非农化问题，并侵犯农民利益，影响国家粮食安全与稳定大局。

从比较成功的工商资本下乡带动乡村振兴的案例看，工商资本带动的乡村振兴能否持续，关键在于如何协调工商资本与当地群众之间的利益关系，建立合理的利益联结机制。凡是那些有效协调双方利益，实现比较公平分配的地方，工商资本与当地农民的关系就比较融洽，乡村振兴就可以持续，如婺源篁岭村、陕西袁家村、湖州顾渚村。相反，那些不能兼顾双方利益，导致工商资本与当地居民利益冲突激烈的地方，乡村振兴就难以持续，如丽江客栈租户与原住民之间的激烈矛盾已经严重影响丽江形象与旅游体验，对丽江旅游造成负面影响，形成双输局面。而湖州莫干山镇乡村旅游得益的不公平分配也引起当地村民不满，如果不能尽快妥善解决，可能会影响到莫干山民宿业的健康发展。因此，对于工商资本下乡，政府应加强各方的利益联结，既要反对工商资本垄断利益，也要反对当地农民随意破坏契约，使产业红利能在各方之间比较公平地分配，实现合作共赢目标。只有加强工商资本下乡的利益联结，才能实现乡村振兴的可持续发展。

第三节　城市人力资本下乡带动乡村振兴模式

在各类生产要素中，人力资本是最具能动性、创造性的生产要素，能够对其他各类生产要素进行整合，发现农业资源新用途，提高农业资源利用效率，也能够引进外部资源，增加乡村发展资源的供给，利用自己的技术资本、文化资本服务乡村，助力乡村振兴目标的实现。长兴顾渚村农家乐产业是上海一退休老医生在顾渚村居住，许多病人慕名而来进行治病康养，逐渐带动乡村民宿、农家乐发展，最后逐渐发展成为长三角著名的休闲度假民宿村。莫干山的复兴也得益于在上海工作的南非华侨高天成的一次莫干山之旅，在这次旅行中高天成发现了莫干山丰富的旅游资源，开发了高端度假民宿"洋家乐"，随着越来越多外国人的到来，越来越多高端民宿的开办，最终形成高端民宿产业集群。随着城乡生产要素流动的不断增加，越来越多城市高端人力资本下乡带动了乡村发展。

一、人力资本下乡带动乡村振兴——以长沙浔龙河村为例

浔龙河村位于湖南省长沙县果园镇，现有土地总面积11584亩，其中耕地1177亩，有13个村民小组472户1562人。村庄区位优势明显，接近长沙市三环，处在长沙县"一心三片"中经济核心区东北部，距长沙县城10分钟车程，距市区25分钟车程，距黄花国际机场25分钟车程。村内自然资源丰富，山清水秀，水系发达，三条河流交汇于此，具有典型的江南丘陵地貌特征。但长期以来，由于缺乏领路人，村里丰富的自然资源得不到有效开发，村民只能拿着金饭碗讨饭。在2009年以前，浔龙河村还是一个典型的落后农业村，90%的青年农民外出打工，村里只剩下老人和儿童，整个村子越来越衰败，日益空心化。

浔龙河村的变革发生在2009年，这一年村里的能人柳中辉回村担任村支部书记。柳中辉是浔龙河村人，很早就出外打工，经过一番奋斗成为当地知名的企业家，组建过多个知名公司，资产雄厚，富有个人魅力，人脉资源广泛，掌握现代管理知识。随着个人财富的增加，柳中辉回馈家乡的情感越来越强烈，决定回村带领村民走出一条致富路，改变家乡落后面貌，实现共同富裕。正是基于此想法，柳中辉于2009年回到浔龙河村参选村干部，随即被村民推选为村支部书记。根据浔龙村的区位优势与资源特点，柳中辉与村委会成员经过详细的调研与分析，决定通过挖掘土地潜力，引入外部资本，将浔龙河村打造成生态艺术小镇。

浔龙河特色小镇打造的第一步是利用工商资本盘活土地资源，将荒废的山林、池沼及多余的宅基地利用起来，通过城乡建设用地增减挂钩，农民集中居住对耕地进行整理，宅基地进行复耕，增加建设用地指标。为实现这个目标，柳中辉与村委会先后于2009年成立湖南浔龙河农业投资综合开发有限公司，2014年成立湖南浔龙河投资控股有限公司，随后不久，浔龙河控股与棕榈生态城镇发展股份有限公司又共同组建了湖南棕榈浔龙河生态城镇发展有限公司，使浔龙河生态艺术小镇建设有了更多的资源、资金和运营支撑。工商资本下乡为土地拆迁，农民还建房建设，基础设施建设提供了资金支持，使土地资源的流转与开发成为可能。土地非农开发的巨大盈利前景与政府支持也使更多工商资本投资浔龙河，有效补充了特色小镇打造的资源短缺

问题。除工商资本下乡参与特色小镇建设外，柳中辉也利用自己积累的人际关系、社会资本积极寻求政府支持，使浔龙河特色小镇项目成为政府多个部门的示范点。在特色小镇预算中，15亿元项目并非都由公司来投资，目前公司仅投入2亿元资金，主要用于乡村地产开发、农村生态旅游项目开发、绿色农产品基地及农产品深加工方面投入，其他投入则通过政府相关政策支持得到农、林、水、交通等各部门资金支持。除了拆迁费、住房安置费外，城市公共服务引入方面也来自政府支持。此外，在投资2亿元的乡镇生态旅游开发项目中，金井河整治被纳入水利部"农村中小河道综合治理试点"项目，超过2000亩的蔬菜种植基地被纳入湖南"菜篮子"工程。在15亿元一期投资中利用政府推进乡镇建设直接实现的投入达8亿元。通过组建农业开发公司，引进工商资本下乡参与特色小镇建设，积极寻求政府支农政策支持，柳中辉打造了浔龙河特色小镇模式，带领村民脱贫致富，成功走出了一条新农村建设新路。

在柳中辉的精心运筹下，通过激活农村沉睡的发展资源，打造发展平台筑巢引凤，引进战略投资者，整合各类工商资本与政府支农资金，逐步实现生态艺术小镇建设目标。到2018年浔龙河村已经顺利打造出生态产业、文化产业、教育产业、旅游产业与康养产业五大产业，各产业之间相互支撑，形成具有自我盈利能力的生态产业链。田园综合体的打造，乡村产业的振兴，六次产业的融合有效提高了乡村资源配置效率，实现了乡村资源的价值增值，为浔龙河村村民创造了大量就业、创业机会，提供了多元化收入来源，包括耕地流转租金，集体资产经营分红，企业参股分红，城乡建设用地增减挂钩土地增值红利，商铺、房屋出租租金，个体经营收入，务工收入，多元化收入来源使浔龙河村很快富裕起来，成为远近闻名的富裕村，村民人均收入从2009年的0.25万元增长到2018年的3.98万元，增长了14.92倍，家家住上200多平方米的三层小别墅，家庭年均收入接近20万元，村集体收入也增长了100多倍。特色小镇打造的成功使浔龙河村实现了华丽蜕变，由湖南省级贫困村之一变成湖南省富裕村之一，实现了绿水青山向金山银山的转变，成为全国知名的宜居、宜业、宜游的明星村。2017年，浔龙河村被评选为全国生态宜居示范村、全国文明村，入选农村基层治理十大创新案例，2018年，浔龙河村入选中国乡村振兴先锋榜提名，2019年，浔龙河村入选"2019年中国美丽休闲乡村"名单，成为中国乡村振兴的样板。

二、对人力资本下乡带动乡村振兴模式的评价

乡村精英大量流失，留守农民综合素质偏低使乡村发展面临严重的人力资本缺口，不仅影响现代农业发展，更影响到乡村六次产业融合，不利于乡村振兴目标的实现。在这种情况下，政府应该积极鼓励城市人力资本特别是携带大量工商资本的成功企业家下乡，这对于激活乡村沉睡资源，提高乡村资源利用效率，整合外部资源发展乡村产业，促进六次产业融合发展，增加农民就业，提高农民收入，实现乡村振兴具有重要意义。城市人力资本下乡对于新型农业经营主体、新农人、职业农民培育，农业现代化转型，乡村治理改善，社会整合加强，乡村慈善发展，乡村文化传承与革新也都具有重要意义。政府应积极创造条件，进一步改善乡村生产、生活条件，改革土地制度促进耕地流转，逐步放松宅基地流转限制，使城市人力资本能在乡村宜居、宜业。政府也应制定优惠政策鼓励城市精英下乡、新乡贤返乡，农村大学生回乡，只有这样才能为乡村振兴提供充足的人力资本支持。但在城市人力资本下乡过程中，政府也要防止部分返乡精英与基层政府官员形成利益同盟，瓜分支农资金，破坏乡村自治，成为新的利益集团。

第四节 城市科技下乡带动乡村振兴模式

在知识经济时代，科学技术逐步取代资本、土地、劳动力成为最重要的生产要素，当前，世界农业科技进步贡献率在70%～80%，其中荷兰农业科技进步贡献率已经达到97%，德国、美国农业科技进步贡献率也超过90%，发达国家农业发展主要依靠科技进步。随着中国农业现代化水平不断提高，中国农业科技进步贡献率也稳步提升，2020年已经超过60%。农业科技的广泛应用有效节约了农业生产成本，减轻了农业劳动强度，节省了农业劳动时间，提高了农业生产效率与农产品质量，增加了农业产量，使古老的农业焕发出生机。农业科技的广泛提高了农业竞争力，促进了乡村振兴，美国大规

模机械化农业，荷兰温室大棚农业，以色列滴灌技术都使这些国家农业具有强大竞争力，促进了城乡和谐发展。山东寿光蔬菜大棚技术的广泛应用，使寿光成为全国菜篮子，实现了寿光农村的振兴；我国台湾地区将菠萝品种改良为凤梨，重新复活了一个传统产业，带动了当地农村经济的发展，因此，不断增强中国农业科技开发能力，进一步完善农技推广体系，对于中国乡村振兴意义重大。

一、科技下乡带动乡村振兴——以安吉白茶为例

安吉县溪龙乡黄杜村地处天目山余脉，境内山多地少，人均耕地只有0.7亩且都是分散坡地，粮食产量低，加上区位偏僻交通不便，工业不发达，人均收入在湖州市长期垫底，属于远近闻名的贫困村，20世纪80年代人均收入才400元。为增加收入，村干部带领村民先后尝试过栽种辣椒、板栗、菊花、杨梅，但都没有富起来，没有办法，村民只能靠山吃山，通过砍伐竹林，开办小拉丝厂，小建材厂增收，导致生态破坏严重，自然灾害多发，环境持续恶化。由于安吉县是西苕溪源头，苕溪水污染严重影响太湖水质，为保护太湖，1998年，国务院对安吉发出黄牌警告，安吉被列为太湖水污染治理重点区域。大批采石场、小冶炼厂、造纸厂、化工厂、建材厂、印染厂被关停整顿，山林也被禁止砍伐，黄杜村也受到波及。靠山不能吃山，缺乏主导产业，黄杜村面临发展困境。

转机发生在1997年，这一年溪龙乡提出"在山区村种植1000亩白茶助农增收"，乡政府在各贫困村推广种植茶叶新品种白茶一号，由于是新品种，种植风险比较大，被很多村子拒绝，当时黄杜村村支部书记盛阿林带头种植白茶，以实际效益带动其他农民，使白茶产业逐步在黄杜村发展壮大，开启了黄杜村脱贫致富航程，成为白茶第一村。到2003年，村民人均年收入首次突破万元，2020年黄杜村村民经营茶园48000余亩，人均年收入超过4.9万元，家家户户都盖起了小洋房，开上了小轿车，成为远近闻名的富裕村。安吉白茶不仅富了黄杜村，也有力支持了安吉县美丽乡村建设，到2019年，安吉县白茶种植面积已达17万亩，产量为1830吨，产值26.92亿元，占全县农业总产值的1/4，为全县36万农民人均增收7400元，占农民年均收入的2/5，全产

业链从业人员达到20万人。安吉白茶产业发展的成功有效提高了安吉县农民收入，缩小了城乡收入差距，增加了农民就业机会，成为中国农业产业化新标杆，科技兴农的典范。

安吉白茶奇迹被誉为"一片叶子富了一方百姓"，这一切得益于安吉县农科院几名研究员对安吉野生白茶长期的技术攻关与政府有力的农技推广。安吉白茶古已有之，但因白茶多数只开花不结籽，其后代极易分化，极少能保持白茶母树的白化性状，因此十分稀少。20世纪80年代初，湖州市农业局在安吉县境内对茶树资源进行调查，才对天荒坪桂家场未被移栽的另一株千年白茶母树进行研究与开发。1982年，白茶短穗扦插育苗获得成功。到1997年底全县已发展安吉白茶39.3公顷。1998年初白茶品种通过了省级良种认定命名为白茶1号。从此安吉县委、县政府把发展安吉白茶农业产业化经营作为一大支柱产业来抓，并成立了领导小组，制定了发展规划，出台了扶持政策。安吉白茶的重新发现与扦插育苗成功，地方政府的积极推广使安吉白茶从无到有，逐步发展成一个几十亿元的庞大产业，有力支持了安吉美丽乡村建设与乡村振兴。

作为一种新的绿茶品种，安吉白茶能够顺利推广并取得良好的经济社会效益，离不开安吉白茶的优良品质与政府的积极推广打造。首先，安吉白茶能够被推广离不开其优良的品质，安吉白茶干茶外形形似凤羽，色泽鲜亮，富含人体所需18种氨基酸，其氨基酸含量高于普通绿茶3～4倍，能提高人体免疫力，集观赏、营养、经济价值于一体，深受消费者喜爱。其次，经济价值高，激发了茶农种植安吉白茶的积极性。高档安吉白茶的最高销售价2001年为2000元/斤，刺激了茶农种植的积极性。再次，白茶大户与龙头企业的示范带动作用。溪龙乡雅思茶厂等一批白茶专业大户和龙头企业率先在开发白茶生产中获得高额利润，形成示范效应，带动周边广大茶农迅速追随种植，加速了白茶产业的发展。最后，政府的积极鼓励与品牌打造也非常重要。1997年，安吉县委县政府相继出台一系列安吉白茶产业发展政策，按照每亩150元无偿补助鼓励农民种植白茶。安吉县委县政府还举办了多届白茶节，兴建了白茶街，制定了安吉白茶生产技术规程和产品标准，申办了安吉白茶地理标志商标，组织安吉白茶产品参加国内外各种展销及评奖活动，建设了无公害有机白茶生产基地和示范园，建立了母子商标制度，产品可追溯体系，有力地促进了安吉白茶产业的发展。

目前安吉白茶已进入六次产业融合阶段，在做强安吉白茶一产的同时全力推进安吉白茶系列产品开发，推动安吉白茶产销结合、茶旅融合，拉长安吉白茶产业链、提升安吉白茶附加值。同时，安吉白茶进行种质输出，技术输出，助力国家精准扶贫。目前，安吉县累计捐赠茶苗2200万株，覆盖湖南古丈、四川青川和贵州普安等3省5县，预计帮助6301名建档立卡户脱贫。

二、对科技下乡带动乡村振兴模式的评价

农业科技下乡能够有效提高农业生产率，增强农业竞争力，提高农民收入，助力乡村振兴目标的实现，因此，中国应尽快提高农业科技开发能力，完善农技推广体系，提高农民科技素养，进一步提高中国农业科技进步对农业发展的贡献率。首先，中国应该进一步提高农业科技开发能力。当前，中国的农业科技主要从国外引进，存在代差，特别是在一些关键性农业技术上，如种质资源开发上中国农业对国外技术依赖性较强，农业竞争力较弱。因此，要提高中国农业竞争力，在农业科技进步贡献率越来越高的今天，中国就必须提高农业科技开发能力。安吉县农科所能够开发白茶一号，并成功地进行了技术推广，是安吉白茶产业的第一号功臣。中国其他农业科研机构应该学习安吉农业科研机构，积极开发农业新品种、新技术，提高中国农业竞争力。其次，政府在农业新技术推广中应该起到积极作用，在安吉白茶一号刚刚培育成功阶段，由于种植风险还比较大，茶农种植积极性比较低，政府通过种植补贴鼓励茶农种植白茶，使安吉白茶获得发展机会。在产业发展过程中，政府积极打造品牌，进行市场营销，扩大安吉白茶市场知名度。在产业成熟阶段，政府加强安吉白茶质量与品牌管理，维护市场秩序，保护品牌价值，同时积极地对安吉白茶进行深入开发，实现六次产业融合，延长产业链，提高产品附加值。再次，应该积极培育新型农业经营主体，鼓励他们做大做强。由于规模经济的存在，新型农业经营主体抗风险能力比较强，对农业科技接受能力与积极性也比较强，有利于农业科技的推广。新型农业经营主体由于产量较大，也愿意打造自己的品牌，进行标准化生产与质量控制，有利于产业健康发展。新型农业经营主体由于资本雄厚，能够有效地进

行资源整合，不断提高产业生产效率，延长产业链，实现六次产业融合，增加产业附加值。最后，正确处理农技推广中知识产权保护与共同富裕的关系。安吉白茶一号作为新型种质，湖州市政府拥有专利，受知识产权保护，但近些年来，白茶一号种质无序外流非常严重，据专家预测，湖州以外的白茶一号种植面积是湖州市本级种植面积的10倍以上，近几年来湖州市将白茶一号茶苗作为扶贫物资向中西部多个省份赠送，并派技术人员到这些地区指导种植与管理、采收与制茶技术，导致白茶种质的进一步扩散。尽管有安吉白茶地理标志农产品品牌保护，但如此规模安吉白茶的入市，可能会冲击安吉白茶价格，影响安吉茶农利益。如何协调安吉茶农利益与其他地区茶农利益，在保障安吉茶农利益的基础上实现共同富裕，还需要进一步探讨。

第五节　电商下乡带动乡村振兴模式

随着信息技术的发展，信息作为一种无形生产要素逐渐成为最重要的生产力，推动人类进入信息时代。电子商务是信息技术在商务领域的应用，通过对资源、信息、大数据的整合，电子商务有效降低了信息搜寻成本，实现了消费者与需求者的精准对接，节约了流通成本，降低了交易成本，扩大了商品销售市场，形成新的规模经济、新的产业布局，提高了生产效率。电子商务下乡有效促进了农产品上行，到2019年，全国农产品网络零售总额已达4168.6亿元，2020年全国农产品网络零售额5750亿元，同比增长37.9%。电子商务下乡也复兴了农村传统手工艺，将河南社旗县的大鼓，云南新华村的银饰，山东菏泽的演出服，洛阳的唐三彩等传统手工艺推向全国，获得规模效应，实现了产业新生。电子商务下乡还催生了新的产业集群，如徐州沙集镇的简易家具产业集群，揭阳军埔村的服装集群，菏泽大集镇的演出服产业集群等，带动了当地经济发展。电子商务也激活了传统块状经济，使产业集群重获活力，如温州柳市的低压电器，湖州织里的童装产业，诸暨大塘镇的袜业，长尾效应导致市场规模不断扩大，解除了这些产业集群的市场约束，使他们从过度竞争中解脱出来，通过与消费者需求精准对接，逐步进化到大规模定制生产，实现了错位竞争。

电子商务下乡加速了城乡要素流动，提高了农业现代化水平，促进了农村工业化，提高了农民收入，缩小了城乡差距，带动了乡村振兴。

一、电商下乡带动乡村振兴——以睢宁县东风村为例

东风村隶属江苏省徐州市睢宁县沙集镇，面积6平方公里，现有家庭1180户，人口4849人，不具资源优势，缺乏特色产业。2008年以前，村里主要产业先后为种植业与传统养殖业，废旧塑料回收与加工业，粉丝加工业。但这些产业都没有改变东风村贫穷落后面貌，由于产业利润微薄，村民人均年收入仅2000元，多数青壮年劳动力不得不外出打工，"空心村"问题比较严重。

东风村发展转机发生在2006年5月，一个叫孙寒的80后年轻人在村里开起了第一家淘宝店，经营一些小家具饰品和挂件，每月平均净利润有2000多元，但孙寒发现淘宝上同类型网店已有1万多家，竞争非常激烈，利润空间很小，很难成为主要的生存手段，开始谋求销售新产品。2007年孙寒只身前往上海，发现宜家这种时尚简约的家具很有市场，利润空间也很可观，于是孙寒立即赶回家，与好友陈雷开始寻找木匠师傅合作仿制出宜家风格的拼装家具与韩式家具。由于产品具有简约、时尚和低价的优势，他们的家具很快脱销，第一个月销售额就达2万多元，第一年挣了30多万元。2007年5月，孙寒和陈雷分别建立了自己的家具厂，到2008年，孙寒已盈利100多万元，住上楼房买了新轿车。一批村民受到孙寒和陈雷影响开始效仿学习开起了自己的网店。2008年东风村有30多户村民开始效仿，2009—2010年，大批生产淀粉和塑料颗粒以及在外打工的村民纷纷转做家具网络销售。通过一轮又一轮的帮带，东风村的网店数量很快实现爆发式增长。2008年底，东风村共有电商近100户，2013年增长到600多家，约占全村家庭户数的60%，网店3000多家，2014年电商数量趋于稳定，年交易额超过12亿元。"东风村模式"也迅速覆盖了沙集镇，到2010年，沙集镇有1030户村民成为家具电商，网销产值超过3亿元。"东风村模式"还拉动了睢宁县2000多户居民成为家具电商，邻近的宿迁市耿车镇大众村也有100多户村民开起网店卖家具。电商的发展带动了农民就业，东风村有2000多人，外村有1000多人在东风村家具行业就

业。以前东风村2600多个劳力中有50%外出打工养家，如今大部分回来做电商，还经常遇到"用工荒"。

随着东风村网店的快速增长，产业分工不断细化，产业聚集效应凸显，规模经济吸引各类服务主体陆续入驻，逐步形成完整的产业链条。物流方面的发展最为明显，从2006年的1家增长到2014年8月仅东风村"电商一条街"就有43家物流快递服务商入驻。而融资理财服务、摄影摄像与图片处理、店铺装修与代运营、品牌推广与管理咨询、法律服务、电商培训等，也都分别有多家专业的服务提供商。到2019年，东风社区有网店1500余个，家具生产企业400多家，家具配件门市21家，家具摄影5家，木工机械门市3家，美工、淘宝运营公司9家，会计公司5家，物流、快递公司45家，板材供应商8家，形成了一个比较完整的产业链，社区家具网上销售额超30亿元。

电子商务的快速发展使东风村获得简易家具生产的成本优势，海量的消费者需求，更公平的市场竞争机会，加上电子商务发展初期准入门槛较低，营商成本低，市场竞争小，催生了东风村简易家具产业集群的发展，不仅解决了村民就业，农民增收问题，实现了乡村振兴目标，而且产生产业外溢，带动沙集镇及周边县市产业的发展，农民的就业，使小城镇重获发展动力。

二、对电商下乡带动乡村振兴模式的评价

作为一种技术创新，电子商务下乡有效促进了农村工业化，壮大了沿海乡镇块状经济，增强了小城镇建设动力，增加了农产品销售，加快了农业现代化转型，提高了农民收入，缩小了城乡差距，助力了乡村振兴。但由于城乡二元经济结构长期存在，导致农村电商产生的经济能量大部分被城市吸纳，使乡村工业化以及小城镇建设动力依然不足，城乡差距将长期存在。而土地制度改革滞后导致的新型农业经营主体发展缓慢，农业标准化生产水平较低，质量难以保证，加上政府职能缺位导致的农村交通设施建设不完善，冷链物流体系发展滞后，都严重制约农产品上行规模，估计短期内难以取得重大突破。沿海乡村产业集群虽然凭借电子商务长尾效应导致的市场扩大暂时摆脱了低水平过度竞争陷阱，但由于产业集群内部企业规模普遍过小，难以实现规模经济的内部化，在知识产权保护不力的情况下，企业创新动力不

足，随着电子商务市场扩张红利逐步耗尽，这些产业集群将会重新陷入低水平过度竞争陷阱，出现衰退。至于像东风村、军埔村这些由于成本优势出现的无中生有型产业集群，或因产业转移而形成的新产业集群，则由于集群内部成本的不断提高，过度竞争，技术简单导致外部模仿而逐步丧失竞争优势，陷入低水平过度竞争陷阱，增长速度下降，部分产业集群甚至可能出现增长停滞甚至衰落，难以为当地的工业化与城镇化提供稳定的产业基础。传统手工艺村则由于市场需求有限，发展规模普遍较小，增长潜力有限，加上产业技术简单，难以形成较复杂的产业分工，吸收的劳动力有限，增收效果有限，对当地经济带动能力有限，缺乏产业外溢效应。并且，随着电子商务平台发展目标逐渐由扩大平台规模转变为提高平台经济效率，进入门槛与成本越来越高，对小电商创业者越来越不友好。而电商市场的快速扩张也使电商市场很快从蓝海市场转变为红海市场，出现市场饱和迹象，竞争非常激烈，导致电商经营利润越来越薄。电商市场的内部竞争也使产业内部出现优胜劣汰结果，行业内部出现比较大的分化，部分垄断企业把握市场定价权，拥有品牌优势，使新进入者发展越来越困难。随着电商市场的逐步成熟，市场红利的逐步消失，电商发展障碍日益凸显，导致电商增长速度减缓，2017年全国网上零售额增长32.2%，2018年增长23.9%，2019年增长16.5%，2020年1—4月同比增长仅1.7%，扣除疫情影响因素，电商增长率总体下滑趋势明显。电商市场的变化使其带动乡村发展的动力逐渐衰减，在这种情况下，各地政府再盲目大建电商产业园，电商物流园就有些冒进，值得警惕，如果不及时制止，这种电商大跃进可能导致大量建设资源的浪费。

鉴于当前中国电商竞争激烈，市场逐渐趋于饱和，其发展遭遇到了瓶颈，影响了乡村振兴目标的实现。要进一步推动农村电商发展，政府就应该加快农村经济体制改革，释放更多改革红利，同时加强农村电商基础设施建设，强根固本，使农村电商获得新的发展动力。一是政府应该积极作为，加快农村土地制度改革，培育更多新型农业经营主体，加快农业现代化转型，提高农业生产标准化水平，加强农产品质量保障，从源头上消除农产品上行障碍。政府也应加强农村基础设施建设，增加冷链物流补贴与供给，降低农村电商物流成本。同时加强中心村、中心镇建设，实现农民居住集中，实现规模效应，降低物流成本。二是电商产业集群应该尽快解决内部低水平过度竞争问题，防止重新出现劣胜优汰结果，导致农村电商产业集群衰落。这就要求加强知识产权保护，鼓励电商企业积极创建自己的品牌，严厉打击各类假冒伪劣产品。同时鼓励企业合并做大，深化内部分工，加强企业研发能力，不断升级产业，打造自己独特的竞争优势，实现错位发展。政府也应加强电商产业集群内部产业协同，不断完善产业发展的软、硬件条件，使产业链不断深化、延伸，竞争力不断增强。只有这样，才能防止农村产业集群过快衰落、转移，使产业稳定发展，为当地农村工业化与城市化提供坚实的产业支撑。三是进一步扩大市场容量，国内市场是有限的，经过电商20多年的开发，很多细分市场已经基本饱和，由蓝海市场转变为红海，竞争激烈。但如果转变视野，把目光转向国际市场，就可以发现比国内市场更大的国际蓝海市场，因此，政府应该积极鼓励跨境电商发展，鼓励中国电商企业抢占更多国际市场，提高中国商品竞争力，增加生产者收入。只有进一步强根固本，加快农村产业集群的产业升级，不断开拓新的国际市场，才能减少农村电商发展障碍，促进农村电商健康发展，为乡村振兴提供更坚实的产业支撑。

第六节 城市生产要素下乡带动乡村振兴的经验总结

在对城市生产要素下乡带动乡村振兴实现机制进行专题研究及典型案例分析后，接下来应该对城市生产要素下乡带动乡村振兴的实现机制进行综合分析，通过将城市生产要素下乡主体，接受客体，作用环境纳入一个综合分析框架，为不同类型乡村的振兴政策选择提供理论依据。但这个研究过于宏大，影响因素过于复杂，仅仅城市生产要素下乡主体与政府支农资金下乡就包括基础设施建设投资、公共服务投资、产业发展投资、新型农业经营主体培育投资和农业补贴投资等内容。资本下乡涉及不同资本类型，不同产业类型，不同下乡模式，不同价值链环节。人力资本下乡涉及工商企业家、城归白领与城市精英、城归农村大学生以及城归新乡贤等内容。科技下乡主体包括政府基层农技推广机构、市场化农技推广机构与农业科研院所等。接受客体受区位、村庄类型、资源禀赋等因素影响，仅仅村庄类型就至少包括沿海发达的工业化村庄、华南宗族型村庄、华中原子型村庄和华北分裂型村庄等四种类型。作用环境包括文化环境、社会环境、经济环境、政治环境和营商环境等五方面，分别又分为宏观、中观、微观三层视角。因此，城市生产要素下乡带动乡村振兴实现机制理论框架构建虽义重大，但太过复杂，非一般研究平台可以建构。本书只能根据平台客观条件对城市生产要素下乡带动乡村振兴的经验进行初步总结，希望能为中国乡村振兴战略提供一些理论参考。

一、注重乡村内生发展能力的培育

城市生产要素下乡的最终目标是通过外部资源的注入提高乡村内生发展能力，实现乡村的可持续发展，政府的城市生产要素下乡政策紧紧围绕这个目标进行。只有建设宜居、宜业的新农村才能留住乡村中坚农民，防止乡村进一步空心化，吸引城市生产要素下乡创业，使农业生产后继有人。为实现这个目标，政府支农资金的绝大部分投入到乡村基础设施建设与公共服务的完善中，使乡村生产、生活条件不断改善，公共服务水平不断提高，城乡生活质量差距不断缩小。乡村振兴的主力应该是规模庞大的留守农民，但由于留守农民受教育水平普遍较低，职业技术培训不足，导致农业现代化缺乏必要的人力资本支持，必须依赖城市人力资本下乡补充。为减少乡村对外部人力资本的依赖，增加乡村人力资本供给，政府支农资金对乡村教育，职业农民培训进行了大量投资，有效提高了农民综合素质，增强了乡村造血功能。没有产业振兴乡村就缺乏就业机会，难以聚集人气，城市生产要素下乡就缺乏有效载体，乡村就缺乏可持续发展能力，因此，乡村振兴的核心是产业振兴。为实现乡村产业振兴，政府积极引导城市生产要素下乡打造产业集群，加强产业融合，实现规模经济与范围经济，为乡村振兴奠定坚实的产业基础。没有农业的现代化就没有乡村振兴，传统小农与老人农业、兼业农业难以承担农业现代化重任，只有新型农业经营主体才能承担这个重任，实现农业现代化目标。为加速农业现代化转型，政府积极引导城市生产要素下乡打造新型农业经营主体，完善农业生产社会化服务体系。农民缺乏组织性导致他们处于弱势地位，难以有效维护自己的权益，只有将农民组织起来，改变他们的弱势地位，才能有效维护他们的权益。为组织农民，政府积极引导城市生产要素下乡组建农业龙头企业，农民合作社，家庭农场，不断提高农民经济合作能力，并积极鼓励城归人员参与乡村自治，不断提高乡村自治能力。

二、积极地为城市生产要素下乡创造条件

城乡差距的高位固化，土地制度、二元户籍体制改革的滞后成为城乡生产要素自由流动的巨大障碍，严重影响城市生产要素下乡。为促进城市生产要素下乡，政府投入大量资金先后实施了美丽乡村建设与乡村振兴战略，对乡村基础设施与公共服务进行了完善，逐步缩小了城乡收入与生活质量差距，使乡村逐步变得宜居、宜业，提高了城市生产要素下乡的积极性。政府也加快了农村土地制度改革，通过不断延长农民土地承包期，加快土地确权，建设土地流转平台，允许集体建设用地直接入市，股田制，土地托管，土地银行，城乡建设用地增减挂钩等制度创新降低交易成本，加速土地流转，为城市生产要素下乡创造条件。政府还对二元户籍体制进行了改革，不断降低城市入户门槛，逐步实现城乡居民教育与社保同权，打消了城市生产要素下乡的顾虑。同时，政府不断加强法治建设，使契约得到更有效遵守，产权得到更有效保障，为城市生产要素下乡创造了良好的法制环境。缺乏有效的激励机制也是城市生产要素下乡积极性较低的重要原因，特别是对于人力资本下乡，激励机制更为重要。为吸引人力资本下乡，提高农技推广效果，政府进行了利益联结机制创新，通过吸纳优秀的工商企业家进入基层政府、政协、人大任职，为城归白领、大学生创业提供资金支持，生活补贴，为返乡新乡贤提供荣誉职位，进行旌表，为绩优农技推广人员提供奖励，有效激发了城市生产要素下乡的积极性。缺乏合适的发展平台也影响城市生产要素下乡。城市生产要素下乡发挥作用需要借助一定的平台，缺乏合适的平台，下乡城市生产要素就难以有效发挥作用，必然会影响到他们下乡的积极性。为鼓励城市生产要素下乡，各地政府为他们搭建了合适的发展平台。为鼓励资本下乡，各地纷纷建立了各类现代农业产业园区，为下乡工商资本投资提供完善的基础设施与配套服务。为鼓励科技下乡，各地纷纷建设科技示范园、专家大院，组建农推联盟，实现农业专家与农民的有效对接。为鼓励城市新乡贤下乡，各地纷纷成立了乡贤理事会或乡贤参事会，为他们发挥作

用搭建平台。

三、整合城乡生产要素打造产业集群

农业生产是一项系统工程，需要对各类农业生产要素进行有效整合，农业现代化水平越高，对农业生产要素的质量与整合要求也越高。城市生产要素下乡主要是发展现代农业，因此对农业生产要素的质量与整合要求都很高。鉴于中国乡村农业生产要素非常匮乏，质量欠佳，因此中国现代农业发展高度依赖于城市高质量生产要素的下乡及其整合。从城市生产要素下乡带动乡村振兴的实践看，那些能够很好解决资本、技术、人才要素供应并能对其进行有效整合的乡村振兴实践都比较成功。如莫干山民宿模式，不仅吸引到大量城市资本下乡，大量高端设计师参与，也吸引到大量国内外优秀管理人才加盟，最终成功打造出高端民宿产业集群。但对于很多地区的乡村振兴来说，由于城乡差距依然很大，区域劣势明显，只能依赖工商资本或政府支农资金单兵突进，缺乏优质人力资本与技术支持，导致乡村发展后劲不足，到一定阶段就遭遇人才与技术瓶颈，发展陷入停滞或衰退。即使区位优势比较明显，交通比较发达，已经初步工业化、城镇化的沿海淘宝村，很多也面临着人力资本匮乏问题，导致产业升级困难，陷入低水平竞争陷阱，出现发展瓶颈。因此，要实现乡村振兴，政府就必须一方面积极鼓励各类优质城市生产要素下乡，另一方面必须对这些优质城市生产要素进行有效整合。从成功的乡村振兴实践看，城市生产要素下乡非常重要，但产业集群打造也很重要，它能有效实现规模经济与范围经济，提高城乡下乡生产要素利用效率与产业竞争力。无论是技术下乡打造的安吉白茶模式还是能人下乡打造的浔龙河模式，抑或政府支农资金下乡打造的北汤村模式，最初都是通过农业产业化、集群化实现规模经济，然后通过产业链延伸进入农产品加工业，最后利用优良的农业生态环境发展乡村旅游业，逐步实现六次产业融合，在获得规模经济的同时实现范围经济，有效提高了农业资源利用效率与产业竞争力，获得可持续发展能力。其他的如资本下乡打造的婺源篁岭村模式，电子商务下乡打造的义乌青岩刘村模式，也都向产业链两端延伸，在实现规模经济的同时发展范围经济，以保持或加强自己的竞争优势，提高可持续发展能力。

那些没能打造出产业集群的乡村，由于缺乏规模经济与范围经济，导致资源利用效率较低，缺乏竞争力，其发展一般很难持续。

四、因地制宜地推进城市生产要素下乡

中国国土辽阔，各地乡村由于区位条件、资源禀赋、气候条件、社会结构以及文化传统差异很大导致发展条件很不一样，乡村振兴政策的制定需要因地制宜。从中国乡村振兴的实践看，那些成功实现乡村振兴目标的乡村都基本按照当地的实际情况来制定自己的发展政策，充分利用自己的发展优势，扬长避短，实现了城乡发展要素的有效整合，打造出自己独特的竞争优势。相反，那些忽视本地实际，盲目模仿的乡村振兴实践则由于脱离本地实际，导致资源整合失败，很多成为烂尾工程，造成资源的严重浪费。在因地制宜地选择好乡村振兴战略后，各地还应因地制宜地推进城市生产要素下乡。这主要体现在两个方面，一方面，不同乡村应该根据自己的资源禀赋状况，优先选择自己急需类型的城市生产要素下乡，形成资源互补。对于发达的沿海工业化村庄来说，基础设施与公共服务完善，民间资本雄厚，农业产业化水平比较高，政府应积极鼓励农业科技与人力资本下乡，为当地的工业化与农业现代化提供智力支持，同时积极鼓励新乡贤回归完善乡村治理。对于内地区位与资源禀赋较差，经济落后的空心化农业乡村，由于缺乏农业现代化的基本条件，当务之急是为农业现代化创造基本条件，政府应将支农资金向这些地区重点倾斜，完善基础设施与公共服务，并鼓励工商资本下乡进行土地整理，耕地流转，提供农业生产社会化服务，改善当地农业生产条件，发展农业产业，积聚乡村人气，为乡村振兴创造条件。对于旅游资源丰富的乡村，政府应积极鼓励工商资本下乡，人力资本下乡进行综合性旅游开发，通过产业融合实现范围经济。对于华南宗族型村庄，政府应积极鼓励新乡贤回归，为乡村发展提供资金，人才与技术支持，并提高乡村治理水平。另一方面，对于同类的乡村振兴战略，各地也应根据不同的资源禀赋状况选择不同的城市生产要素下乡方式。同样是乡村旅游开发，婺源篁岭村通过政府引进民营资本组建旅游开发公司形成整体开发模式，莫干山镇则是在外商投资带领下逐步形成多元化资本开发模式，袁家村则是在强势的村集体领导

下引进战略资本形成内生开发模式。尽管外部资本介入的方式、强度、控制力与乡村资源结合的方式各不同，但都符合当地资源禀赋与乡村组织状况，都取得了旅游业开发的成功。因此，对于城市生产要素下乡的类型及方式选择，各地应因地制宜，不能脱离本地实际盲目实践。

五、对城市生产要素下乡进行必要的监管

城市生产要素下乡对乡村振兴主要起正面作用，但任何事情都有两面性，城市生产要素下乡也不例外，如果缺乏有效监管，就可能出现负面作用。政府支农资金下乡尽管对于乡村振兴有巨大的正面作用，但如果下乡方式不当，就有可能产生负面作用，如项目制的泛滥与基层政府的政绩竞赛导致大量寻租，使政府支农政策内卷化，效率降低。因此，为确保政府支农资金有效下乡，政府一方面对项目制进行了规范，以减少项目寻租；另一方面加紧进行行政体制改革，使政府职能归位，减少政府越位对资源配置的扭曲。政府对支农资金的有效监管有效提高了支农资金利用效率，减少了政府支农资金错配，增强了乡村自主发展能力。工商资本下乡也一样，它有利于乡村产业振兴与农业现代化转型，但如果不加以规范，工商资本无序下乡会加剧非粮化、非农化问题，威胁国家粮食安全，损害农民利益，破坏生态环境，激化社会矛盾，影响社会稳定。因此，对于工商资本下乡，政府在积极鼓励的同时也应加强监管，通过制定比较严格的市场准入制度，农地流转保证金制度，生态环境、社会环境影响评估制度，将工商资本下乡的负面影响降至最低。人力资本下乡有利于补充乡村发展的人力资本缺口，为农业现代化提供人力资本支持，并为乡村治理提供主体支持，提高乡村治理水平。但作为经济人，下乡人力资本也有自利倾向，如果不进行有效监管，会出现精英俘获问题，使政府支农资金被寻租，乡村政权异化，导致农民利益受损，乡村治理恶化。因此，对于人力资本下乡，政府在积极鼓励的同时也应进行必要监管，以防止精英俘获的出现，乡村治理的退化。电子商务下乡在促进农村工业化，提高农民收入，缩小城乡差距的同时，也可能利用自己的垄断地位损害小农户电商与消费者利益，只有加强对农村电商平台的监管，鼓励市场竞争，不断削弱电商平台的垄断能力，限制它们的垄断利润，才能有效

维护小农户电商与消费者利益，实现农村电商的健康发展。此外，由于城市下乡生产要素相对分散的小农处于优势地位，可能会导致不公平分配，如果没有政府的干预与纠正，会引发社会矛盾，影响社会和谐。因此，对于城市生产要素下乡导致的分配不公政府应积极干预、纠正，以有效化解社会矛盾，实现公平分配，促进和谐发展。

第七章 城市生产要素下乡带动乡村振兴的主要障碍及消解对策

在对城市生产要素下乡带动乡村振兴的演变历程与发展趋势进行全面分析，城市生产要素下乡带动乡村振兴的实现机制与主要模式进行深入研究后，本部分将对城市生产要素下乡带动乡村振兴的主要障碍及消解对策进行全面分析，为城市生产要素顺利下乡带动乡村振兴提供理论指导。

第一节 城市生产要素下乡带动乡村振兴的主要障碍

根据前文分析可知，城市生产要素下乡是实现中国乡村振兴的必要条件，但在中国城市生产要素下乡还面临诸多障碍，这些障碍不仅阻碍城市生产要素顺利下乡，也严重降低了城市生产要素下乡的效果，使城市生产要素资源浪费严重，利用效率较低，严重影响中国乡村振兴目标的实现。

一、对工商资本长期的污名化不利于城市生产要素下乡

思想是行动的指南，部分官员与学者长期受"左"的意识形态影响，思想僵化，对一些城市生产要素的下乡持比较强烈的抵制态度，导致这些生产要素下乡阻力很大，难以顺利下乡，从而影响乡村振兴目标的实现。在所有下乡城市生产要素中，其中对工商资本下乡非议最大，因此下乡的阻力也

最大。

　　资本原罪论是部分官员与学者反对资本下乡的原因之一。除剩余价值论推导出的剥削理论外，资本原罪还体现在其掠夺性上。马克思在《资本论》中对资本原罪进行了生动的写照："资本来到世间，从头到脚，每个毛孔都滴着血和肮脏的东西"，圈地运动、殖民掠夺、血汗工厂是资本原始积累的重要手段，充满了血腥。中国的工商资本起步比较晚，产业结构比较低端，因此在改革开放初期资本的剥削率也比较高，加上工商资本的偷税漏税与产品假冒伪劣问题，野蛮生长破坏生态环境问题，市场垄断问题，钱权勾结问题等，损害国家、集体与消费者利益，导致其名声不佳。部分工商资本下乡后由于其强势地位损害农民利益，如参与强拆逼迫农民上楼，签订不平等协议压低农产品收购价格，侵占公共设施与公共资源，造成环境污染，毁约跑路等，导致工商资本被整体污名化。然而，从整体看，工商资本下乡促进了当地经济发展、农民增收与农业现代化转型，其结果利大于弊，这在沿海发达省份已经被验证。其负面作用也主要是缺乏有效监管所致，如能严格执法，加强税务征收监管，严厉打击假冒伪劣与市场垄断行为，加强知识产权保护，禁止强拆，这些问题应该可以减少甚至避免。资本相当于水，如果不加管制就会泛滥，造成危害，但如果能够有效管制，就可以灌溉土地，滋润庄稼，造福人类。将监管不力的责任全部推到资本身上，由此得出资本原罪论是以偏概全，明显不符合事实。

二、政府职能缺位、越位、错位问题影响城市生产要素下乡

　　政府与市场是资源配置的两种主要手段，市场在资源配置中起基础性作用，政府起矫正作用，二者相互补充。如果政府职能出现缺位、越位或错位，就可能出现双重失灵，导致资源配置更加扭曲，影响城市生产要素下乡。

1. 政府职能缺位影响城市生产要素下乡

　　乡村发展资源的严重不足导致乡村缺乏内生发展能力，需要吸引城市生产要素下乡才能补充乡村发展资源缺口。政府的重要职能是完善乡村基础设施与公共服务，改善乡村的生产、生活条件，吸引城市生产要素下乡。然而，由于政府职能缺位，导致中国中西部很多乡村基础设施建设落后，耕地

没有得到有效整理，公共服务提供不足，生产、生活条件依然较差，难以吸引城市生产要素下乡。

尽管新农村建设与乡村振兴战略的实施有效促进了乡村基础设施建设，改善了乡村人居环境，但广大中西部乡村由于人口分布比较分散，精英大量流出，政府的基础设施建设资金使用分散，效果有限，难以从根本上扭转乡村衰败趋势。资金匮乏也使中西部乡村耕地整理规模小，农业基础设施老化，不利于规模化，机械化耕作，二者都不利于城市生产要素下乡。与基础设施投资不足相比，中西部乡村公共服务问题更加严重。农村教育由于撤点并校导致学生上学距离过远，风险增加，加上城乡教育质量差距越来越大，催生陪读问题，使农民教育负担重新加重，导致部分乡村中小学辍学率回升。尽管乡村已经基本被新型农村合作医疗体系覆盖，但由于缴费标准越来越高使农民负担越来越重，医保管理漏洞也使虚假医疗，过度医疗广泛存在，导致农民真实医疗负担依然很重。村医大量流失也使农民就医更加困难，医疗体系的电子化加剧农民信息壁垒，进一步增加了农民就医难度。随着乡村空心化、老龄化的加剧与家庭养老制度瓦解，乡村社会养老服务缺乏及政府养老服务提供不足，加上基本养老金过低，导致乡村老人面临养老金匮乏与无人照料双重困境，使乡村养老问题有恶化的倾向。

农业生产社会化服务体系建设滞后，供给不足也严重影响农业生产，不利于城市生产要素下乡。由于市场存在失灵问题，具有滞后性、盲目性，容易造成资源浪费，需要政府及时提供准确信息，引导资源合理配置，减少市场配置资源的盲目性，提高农业资源配置效率。但农业信息提供上做的还不够，导致各地经常出现农产品过剩问题，使农民损失惨重，资源浪费严重。农业技术是现代农业发展的基础，但中国农业技术开发能力与发达国家相比差距还较大，加上农技推广体系不完善，导致农业技术贡献率低，农产品竞争力弱，农业企业难以获得必要的技术支持，发展困难。农业自然风险大，风险比较集中，范围比较广，商业保险公司不愿意承担，需要政府干预。但由于农业保险需要政府较多资金投入，在工业化优先发展战略背景下，各地政府对农业保险投入严重不足，导致农业风险依然过大，影响城市工商资本下乡投资农业的积极性。由于政府的农产品质量与安全服务提供不足，农业生产标准化水平低，质量监测体系、质量可追溯体系建设滞后，导致中国农产品质量安全问题多发，不仅严重危害人民群众身体健康，也影响到产业的健康发展，降低城市生产要素下乡经营农业的积极性。农业知识产权保护不力使假冒伪劣问题依然比较严重，导致劣币驱逐良币，也影响城市工商资本投资农业的积极性。此外，农业税费的减免以及农村集体经济空壳化也使基层政府普遍经费紧张，负债严重，没有能力承担农业基础设施管护责任，导致农业基础设施年久失修，损毁、老化严重，影响工商资本投资农业的积极性。

2. 政府职能越位影响城市生产要素下乡

政府职能越位指政府做了不该它做的事情，影响市场功能的发挥，导致资源配置失效。从当前看，政府职能越位主要表现在两个方面。一是通过对市场投资主体进行不当的补贴、奖励，改变真实的投资成本，使成本收益率发生改变，价格机制难以发挥作用，形成错误的价格信号误导投资者，导致资源配置扭曲。这在各地政府打造样板工程、政绩工程中出力不少。如东北某地特拉河镇养鹅业就是如此，在市场自由调节的情况下，农民投入有限，养殖赢利不错，政府看到产业发展机会，为打造政绩工程，鼓励更多资金投入养鹅业，对养鹅进行补贴，养鹅数量越多，补贴越高，同时提高收购价格，激励农民养鹅。政府对养鹅的成本补贴与价格支持使养鹅业成本收益发生改变，脱离市场实际，形成错误信号，导致大量资金一拥而上投入养鹅业，形成投资潮涌，使肉鹅养殖规模急剧膨胀很快超过市场需求。由于政府财政补贴压力与价格支持压力越来越大，难以承受，加上主要领导人撤换，没有兴趣继续帮别人打造政绩工程，政府停止了对养鹅业的补贴与价格支持，导致当地肉鹅市场崩盘，农民损失惨重。其实，这种以政绩打造为目标的逼农民致富行为在全国并不少见，最后由于违背市场规律大多一地鸡毛，造成资源的巨大浪费，并使当地背上沉重债务。二是直接干预要素价格，限定要素配置数量，导致价格扭曲，资源配置低效。在改革开放初期，由于意识形态束缚，对于工商业雇工有数量限制，不超过8个雇工属于个体经济，不存在剥削，超过8个就是私营经济，存在剥削。对雇工数量的限制违背市场经济规律，有削足适履之嫌，不利于中国改革开放，最终被抛弃。当前，对于家庭农场面积一些地区也限定了最高规模限制，但由于不同地区气候、种植作物种类、耕地状况差异很大，农场经营者经营能力、资本规模、技术水平、管理水平也很不同，很难用统一的规模限定，最高面积规模限定过低会使经营者丧失规模经济效益，导致规模不经济，影响家庭农场经营效果。为维护农民利益，一些地区限定了最低租金水平，导致工商资本务农成本增加，无法获得足够的土地进行规模化经营，大量土地也由于租金过高难以流转出去，造成土地资源的严重浪费。一些地区规定了过高的最低工资标准，一方面导致工商资本用工成本提高，只能减少劳动力雇佣数量；另一方面导致很多老年劳动力丧失雇佣机会，难以获得务工收入，造成劳动资源浪费。政府对生产要素价格、数量的不当限制导致资源配置扭曲，浪费严重，使供求双方出现双输结果。

3. 政府职能错位影响城市生产要素下乡

政府职能错位是指政府内部发生的职能混乱现象，即你干我的事，我干你的事，纠缠不清。在纵向上，既有上级政府对下级政府的职能越位，也有下级政府对上级政府职能越位。如在土地等资源的管理上，几乎都是下级政府和地方政府越位较严重，经常突破政策限制，使工商资本下乡非粮化、非农化问题严重，强拆与农民被上楼问题多发，损害国家与农民利益，导致工商资本污名化，从而影响工商资本下乡。而在人事、机构管理方面大都是上级政府越位较多，对下级政府人事权，财权干涉较多，管理过紧，导致基层政府缺乏必要的灵活性对资源进行有效配置，难以获得必要的权力与资源进行制度创新，从而影响城市生产要素下乡。在横向上，主要是各级政府部门职能交叉、重叠，职权划分不清，导致相互推诿，政出多门，如在2018年以前，农业农村部与工商局、市场监督管理总局三个机构在地理标志农产品认证上有些职能重叠，导致政出多门，影响到地理标志农产品的发展与保护。在条块关系上既存在上级业务主管部门超越职权干预下级政府管理事务的现象，又有下级政府超越职能干涉上级业务主管部门业务的现象，如前面所说的基层农技推广机构存在的职权不清，导致农技推广人员职能错位、不务正业问题。政府职能错位也包括政府做了自己该做的事情，但由于方法不当，导致目标异化，出现事与愿违的后果。如环境保护方面，由于养殖业污染严重，一些地方不顾实际情况，对养殖业进行一刀切地全面清理，不给予缓冲期，导致养殖者损失惨重。这种一刀切式的懒政容易加剧政策风险，影响城市生产要素下乡的积极性。

三、土地制度改革滞后影响城市生产要素下乡

土地制度改革直接影响到中国的城市化、工业化与农业现代化，是一项核心制度。然而，由于受保守的粮食安全观与小农经济思想影响，导致中国土地体制改革过于谨慎，严重滞后，使土地资源配置低效，城市化、工业化饱受建设用地短缺之苦，土地规模化、产业化发展缓慢，影响城市生产要素下乡。

当前中国的核心土地制度依然是40多年前形成的联产承包责任制（即土地所有权属于村集体所有，经营权属于农民）。作为一种土地制度，联产承包责任制有效回应了时代需求，实现了农业发展目标。首先，联产承包责任制的两权分置赋予了农民对农地的自由经营权，使农民的收益与付出直接关联，打破了人民公社的大锅饭体制，激发了农民生产积极性，使粮食产量大幅增加，维护了国家粮食安全。其次，联产承包责任制的两权分置限制了农地流转，保障了农民就业。中国人口规模庞大，工业化、城市化水平低，到1978年中国城市化率才17.9%，并且由于二元户籍体制阻隔，农民城市化门槛很高，阻力很大。中国长期的重化工业优先发展战略也使城市就业机会少，改革开放初期大量知青回城同时给政府造成沉重的就业压力，难以再承受大规模失地农民的冲击。中国两权分置的农地制度导致农民土地产权并不完整，耕地流转交易成本高、风险大，阻碍了农地流转，防止了农地过度集中，尤其是耕地的红线。而农地的集体所有权也对农地承包权、经营权形成制约，使政府牢牢把握农地的支配权，能够有效贯彻政府的农地政策与农业发展目标，防止了大规模失地农民的出现。联产承包责任制的两权分置也能够减轻改革的意识形态阻力，使联产承包责任制很快全面铺开，顺利实现制度转型。

但作为一种制度，联产承包责任制也有其时代局限性，随着中国工业化、城市化的快速发展，其局限性日益明显。首先，联产承包责任制导致的两权分置使农地产权不完整，农地流转风险较大。部分地区集体组织对承包地调整过于频繁更加剧了农地流转的不确定性，增加了农地流转风险，不利于承租人长期投资。农地产权的不完整导致农地流转缓慢，租期普遍较短，违约行为较多，不利于新型农业经营主体的发展。其次，小农经济缺乏规模

经济，合作成本过高导致农业基础设施建设困难，农业生产现代化水平低，增收能力有限，加上农业生产率增长速度普遍低于工业生产率增长速度，导致1984年后城乡收入差距又开始不断扩大，农村青壮年劳动力过度流失，小农经济衰落，老人农业蔓延。再次，新型农业经营主体发展缓慢，老人农业后继乏人导致大量耕地被抛荒、弃耕，严重威胁国家粮食安全。最后，城乡差距的高位固化，农民工的代际更替与城市化成本的不断提高导致规模庞大的半城市化人口存在，他们既难以融入城市也不愿意返回乡村，成为城乡边缘人，严重威胁社会稳定。

正是认识到联产承包责任制两权分置的局限性，中国政府提出了三权分置的改革新方案，即将原来农地承包者的承包经营权进一步分解为承包权和经营权，实现承包权和经营权并行，以更好地保护农地经营者，促进耕地流转。但作为一种制度设计，农地三权分置依然存在严重的内在冲突。这种冲突首先表现在法律上就是"集体所有权—土地承包权—土地经营权"这种三层产权结构无法实现，这是基于传统物权法理论的排他性，因为物权的排他性决定了"一物之上不可存在两个以上所有权，也不可存在两个以上种类一致、效力相同的用益物权或者担保物权"，也就是说，这三种权力不可能效力相等，而是呈现出效力递减趋势，母权力效力最大，土地承包权效力小于集体所有权，土地经营权效力又小于土地承包权，在三种权力发生冲突的时候，土地经营权应该服从土地承包权，土地承包权又必须服从于集体所有权。这样，政府企图提高土地经营权地位，赋予其与土地承包权平等权能的意图遭遇法律与逻辑障碍，难以实现。其次，这种制度设计也面临着农地的社会保障功能与财产功能的冲突，要维护农地的社会保障功能，就必须保障农地承包权，防止农地经营权侵蚀农地承包权，使留守农民、返乡农民工失去土地保障，但这会导致农地经营权得不到有效保障，影响耕地流转，土地财产功能的实现。要突出农地的财产功能，增加农民财产性收入，就必须赋予农地经营权更多权能，更多保障，削弱、限制农地承包权权能，以有效促进耕地流转，但这又会影响到农地社会保障功能的实现。因此从实质看，农地三权分置改革并没有突破联产承包责任制的基本框架，也没有解决联产承包责任制面临的目标冲突，只不过是对前期自发农地流转行为的追认、正式化，并没有太多实质性突破，无法有效保障农地经营者利益，促进耕地流转。

2020年1月1日开始实施的《中华人民共和国土地管理法（修正案）》允许集体经营性建设用地直接入市，为打破城乡土地二元体制提供了法律依据，实现了集体土地与国有土地的同地同权，增加了城乡建设用地指标。但这个姗姗来迟的土地制度改革已经象征意义大于实际意义，因为集体经营性建设用地主要存在于沿海特别是苏南乡镇企业发达地区，随着乡镇企业大规模衰落与改制，部分集体经营性建设用地被闲置。内地乡村由于缺乏工业基础，也缺乏资本积累与人力资本支持，乡镇企业很少，因此集体经营性建设用地很少，直接入市对当地经济发展影响有限。并且，随着多年来政府对农村集体经营性建设用地的征收出让，城乡建设用地增减挂钩政策的实施，沿海地区集体经营性建设用地基本被利用完，缺乏可以入市的集体经营性建设用地资源。因此，集体经营性建设用地直接入市制度由于制定过晚、影响区域有限、意义有限，难以缓解城市化，工业化建设用地短缺问题。农村宅基地改革也是一样，由于农村宅基地流转只允许在农村内部流转，不允许城市居民参与，只允许在村域集体范围内流转，不允许超越村域集体范围流转，虽然沿海部分发达地区扩大了农村宅基地流转范围，允许在县域范围内进行流转。但由于农民基本都有宅基地，村域、县域内部流转宅基地需求少，且市场有限，价格低。而真正想流转宅基地的城市下乡人员，却没有资格购买宅基地，只能租赁农房，无恒产者无恒心，导致他们缺乏扎根农村的长远打算。宅基地改革并没有大幅提高土地资源利用效率，也没有解决城市下乡人员居者有其屋问题，影响到城市生产要素下乡的积极性。严格的基本农田保护制度，加上城乡建设用地指标分配对城市化、工业化的偏爱，导致农业设施建设用地指标严重短缺，也影响到城市生产要素下乡投资农业的积极性。

四、乡村教育落后影响城市生产要素下乡

人力资本短缺是乡村发展的瓶颈，也是城市生产要素下乡面临的主要障碍。乡村人力资本短缺除精英过度流失造成外，乡村教育水平较低也是重要原因，它使农民受教育水平与综合素质普遍偏低，难以满足现代农业发展的需要。

首先，乡村基础教育质量偏低影响乡村人力资本生成，撤点并校政策使

农民教育负担加重，农村辍学率上升，二者都影响乡村教育效果。尽管随着新农村建设与乡村振兴战略的推进，乡村义务教育投入不断增加使城乡人均教育投资差距不断缩小，乡村中小学基础设施不断完善。但由于城乡、区域、城市之间收入差距不断扩大，导致乡村师资流失严重，特别是经济落后地区的乡镇中小学教师流失更加严重，加上师资引进困难，缺乏新鲜血液补充，使这些地区师资青黄不接，老化严重。一些贫困乡镇主要依靠学历偏低，年龄偏大的转正民办教师支撑，他们普遍没有能力开设艺术、音乐、体育、信息等素质教育课程，即使基础课程也由于知识结构与教学方法陈旧，只能照本宣科，这种教学模式难以激发学生的学习兴趣，也无法开拓学生的视野。加上部分教师缺乏责任心，对学生管理松懈，导致乡村小学教育质量普遍滑坡。师资的大量流失与教师责任心的普遍下降使城乡教育质量差距不断扩大，许多县中沦陷，多年没有学生考上清华、北大等重点大学，即使是曾经名声显赫的黄冈高中，也因为被武汉、深圳、南京等重点中学挖走优秀师资，竞争力不断下降。而21世纪初为应对乡村空心化、地方财政紧张行实施的撤点并校政策虽然提高了教育资源利用效率，实现了教育的规模经济，节约了政府教育经费支出，但却也增加了农民教育负担，导致农村辍学率上升。撤点并校导致学生上学距离大幅延长，增加路途风险与上学时间，影响教学质量，增加了家长交通支出，占用了家长劳动时间。为减少路途风险与上学时间，节省家长时间，很多乡镇中小学实行了寄宿制，这又无形中增加了家长的住宿费，伙食费支出，也不利于孩子身心健康成长。随着城乡中小学教育质量差距不断扩大，越来越多家长主动或被迫到城镇陪读，形成庞大的临时教育移民群体，不仅增加农民教育负担，也影响家庭和谐，加剧了乡村衰败。城乡教育质量差距扩大导致精英高校农民子弟录取比例不断下降，使农民阶层跃升越来越困难。资料显示，从20世纪90年代到2010年，北京大学乡村学生生源从三成降到一成，清华大学乡村生源仅占17%，远低于农民户籍人口比例，即使是中国农业大学，2011年农村生源数量也低于三成，仅占28.26%。教育阶层流动功能的弱化与农村大学生就业困境导致乡村读书无用论思想盛行，进一步推高农村辍学率，使中国农民平均受教育水平提高缓慢，难以满足现代农业发展需要。根据国家统计局第六次人口统计，在农村劳动力中，初中及以下文化程度的占87.8%，高中及中专文化程度的占

11.7%，大专以上文化程度的只占0.52%。而在美国农民中，高中以下教育程度的只占7%，高中毕业或专科教育程度的占68%，大学毕业或以上程度的占25%。以色列农民中大学以上学历的甚至高达47%。没有现代农民就没有现代农业，农民受教育程度偏低严重影响城市生产要素下乡。

其次，职业技术教育落后也影响到乡村人力资本培育，不利于城市生产要素下乡。长期的官本位思想导致国民普遍存在"劳心者治人，劳力者治于人"的陈腐观念，歧视体力劳动，对职业技术教育比较排斥。尽管大学生就业难问题年甚一年，高级蓝领工人收入普遍高于普通白领收入，但很多农民依然不愿意子女接受职业技术教育，导致职业技术学院招生长期困难，人力资源得不到有效开发，结构性失业问题非常严重。职业技术教育不发达必然导致熟练技术工人短缺，使现代农业发展缺乏人力资本支持，影响城市生产要素下乡。职业技术教育体系自身存在的很多问题也影响职业技术教育效果，使技术人才培育质量难以达到预期目标。一些职业技术教育机构出现功能异化，逐步向普通教育靠拢，注重学历教育与应试能力，逐步成为本科教育的预科班，偏离职业教育初衷。一些职业教育机构教材陈旧、知识老化，师资结构不合理，教学水平也较低，理论与实践以及教育与社会严重脱节，难以适应社会需要。政府部门推动的职业农民教育、农民工职业技术培训，由于行政主导，导致教育经费寻租普遍，形式主义较为严重，难以实现政府职业农民培训与农民工职业技术培训目标。职业教育理念与教育方法以及培训手段的落后导致乡村人力资源开发效果不佳，难以为城市生产要素下乡提供充足的人力资本支持，不利于城市生产要素下乡。

最后，乡村教育落后也使农民综合素质偏低，不利于城市生产要素下乡。由于整体受教育水平较低，导致农民法治意识、产权意识淡漠，缺乏契约精神，使城乡下乡工商资本产权难以得到有效保障，也难以通过法律手段维护自己的合法权益，经常面临农民撕毁合约的风险，造成投资损失，影响城市下乡人员的积极性。由于整体受教育水平较低，导致农民思想保守，家长制、封建迷信、重男轻女思想依然浓厚，酗酒、抽烟、赌博等恶习在农村依然普遍存在，家庭卫生状况与个人卫生习惯以及语言习惯较差，使城市下乡人员往往不愿意与他们深入交流。加上部分农民小农意识较强，红眼病、排外观也比较严重，更影响城乡人员广泛交流，不利于城市生产要素下乡。

五、利益联结机制缺乏影响城市生产要素下乡

城市生产要素下乡虽然能够有效增加乡村发展资源，助力乡村振兴，但由于缺乏利益联结机制，导致乡村发展利益分配不均，影响城市生产要素下乡。只有尽快建立合理的城市生产要素下乡利益联结机制，实现乡村发展利益的公平分配，才能有效激发城市生产要素下乡的积极性。在五类主要的下乡城市生产要素中，政府支农资金具有公益性，主要为改善农村基础设施与公共服务提供资助，农民是最大受益者，基本不存在利益冲突。但其他四类下乡城市生产要素，提供主体主要是个人或企业，都有一定利益诉求，在下乡过程中与农民利益、公共利益之间可能存在冲突，如果不能建立有效的利益联结机制，满足他们的利益诉求，就可能引发社会冲突，影响城市生产要素下乡的积极性。

在工商资本下乡中，农民由于乡村空心化与基层政权悬浮化组织性普遍较差，在与工商资本的利益博弈中处于弱势地位，在缺乏利益联结机制的情况下，农民利益经常受到损害。在一些地方，工商资本与地方政府合谋，通过强拆与逼迫农民上楼获得大量土地增值收益，通过强制性土地流转侵犯农民利益。在农业产业化过程中，一些下乡工商资本利用自己的市场优势地位逼迫农民签订不公平合同，损害农民利益，在遭遇农业风险的时候向农民转嫁风险，毁约跑路，或拒绝收购、故意压低收购价格。还有些下乡工商资本蓄意占用农村公共资源与农村公共设施，污染农村公共环境，损害农民利益。部分下乡工商资本对农民利益的损害导致舆论反弹，严重恶化了工商资本下乡的社会环境。一些农民则由于利益受损得不到补偿使用弱者的反抗，对工商资本生产设施进行破坏，攻击投资人，使当地投资环境恶化，也影响工商资本下乡积极性。下乡工商资本与农民之间缺乏利益联结机制导致双方利益都受损，投资环境恶化，出现双输结果。在电子商务下乡过程中，也存在着垄断电商平台与小农户电商之间的利益冲突，在缺乏合理的利益联结机制的情况下，电商平台经常利用自己的垄断地位对小农户电商进行压榨，不断提高电商平台准入门槛，增加保证金额和平台技术服务费用，实行竞价排名，逐步将很多小农户电商排斥出电商平台，并通过不公平竞争将剩下的小农户电商边缘化。电商平台的垄断导致小农户电商发展陷入困境，利益严重

受损，不仅影响到农村工业化、农民就业以及农民增收，也影响到精准扶贫成果的巩固与乡村振兴目标的实现。只有尽快打破电商平台垄断，在电商平台与小农户电商之间建立合理的利益联结机制，才能实现双赢，助力乡村振兴目标的实现。

在农业科技下乡过程中，市场化比较充分的各类农技推广主体与农技推广成果之间存在较强的利益联结，因此农技推广积极性较高。但农业属于战略性产业，农业技术具有一定的公共品性质，因此政府的基层农技推广机构在农技推广中居于主导地位，其积极性对农技推广效果影响最大。然而，由于基层农技推广机构属于事业单位，与农技推广成果之间缺乏直接的利益联结，加上农技推广效果考核比较困难，导致政府农技推广人员技术推广积极性普遍不高。农业科研院所是农业技术开发与推广的主力军，但由于体制约束，加上农业技术转化平台缺乏，与农技推广成果之间缺乏利益联结，导致他们的农技推广积极性也普遍不高。只有在农技推广人员与农技推广成果之间建立有效的利益联结机制，才能充分激发基层农技推广人员与农业科研院所研究人员的农技推广积极性，提高农技推广效果。在人力资本下乡中，由于对不同类型城市人力资本下乡需求缺乏正确认识，导致政府的人力资本引进政策效果有限。城市下乡工商企业家很多出身于农村，通过多年的城市打拼已获得事业成功，积累了大量资本，他们的物质需求基本满足，但对社会承认的需求却非常强烈。农业投资属于高风险区，他们投资家乡不仅仅是为利润，更多的是为社会承认。当前地方政府常规的招商引资政策依然以单一的物质激励为主，对他们的吸引力不大，难以有效激发他们下乡积极性。对于城归白领与农村大学生来说，他们回归乡村不仅仅有物质需求，也有自我实现与生活方式追求，他们是未来中国家庭农场与特色农业的主力军。但由于他们资本量普遍比较小，经常被地方政府忽视，难以获得政府政策支持，并且，当前的农村土地政策也使他们的生活理想难以实现，这些都影响他们下乡积极性。对于城归的新乡贤来说，他们回归乡村既有田园生活梦想，也有造福桑梓留名后世的精神追求，但当前农村宅基地制度使他们的田园梦难以实现，民间自治组织边缘化使他们缺乏发挥作用的平台，传统旌表制度的衰落也使他们的声誉追求难以实现，这些都影响他们下乡的积极性。只有针对不同类型城市下乡人力资本制定不同的利益联结机制，才能充分调动他们下乡的积极性。

六、金融体制改革滞后影响城市生产要素下乡

农业生产的特殊性加上金融体制改革滞后使农业经营主体融资难，严重影响中国农业现代化转型，城市生产要素下乡的积极性。

农业生产融资难的根本症结在于农业融资的高成本性与高风险性。由于农业生产过于分散，规模普遍偏小，单次贷款数额过少，贷款稳定性、持续性差，缺乏规模效应，导致银行贷款成本过高，缺乏贷款积极性。农业生产的高风险性，长周期性导致农业生产面临的自然风险与市场风险比较大，农民消费信息、资产信息收集困难也使农民信用较低，借贷双方信息严重不对称，容易出现逆向选择与道德风险问题，加上农民抵押品少且缺乏变现市场，导致银行贷款风险比较大，不愿意向农业融资。土地制度改革进一步将土地产权分为土地所有权、土地承包权、土地使用权，鼓励农业企业将土地使用权进行抵押贷款，然而，由于土地产权三权分置之间存在内在的权力冲突，在土地承包权与使用权，土地所有权与使用权发生冲突的时候，政府为国家粮食安全或社会稳定经常压制土地使用权的行使，导致银行权益受损。因此，除政府担保外，银行对农企的土地使用权抵押贷款非常谨慎，轻易不接受土地使用权担保贷款。至于农产品、农业生产设施抵押贷款，则由于农产品面临的自然风险与市场风险比较大，农业生产设施缺乏成熟的资产交易市场，难以出清，使金融机构缺乏接受积极性，融资困难。而农村担保体系的不完善，进一步增加了农业融资困难。在农民信用较低，缺乏抵押品的情况下，合适的担保制度能够有效分散金融风险，提高金融机构的融资积极性，但农村缺乏合格的担保人。普通村民自身信用有限且由于信息不对称，很难作为合格的担保人，基层政府则由于财源枯竭，依赖上级政府财政转移支付才能维持正常运转，中西部乡镇普遍债务沉重，信用比较低，也缺乏担保资格。尤努斯大获成功的农民集体联保制度在中国文化氛围内很难成功，推广困难。因此，对于农业经营主体来说，信用贷款、抵押贷款、担保贷款、联保贷款都比较困难。

政府对金融体系的过度干预导致金融抑制。农业融资的高成本，高风险

特征使商业性金融机构不愿意向农业贷款，为解决农业融资难问题，政府对金融市场进行了干预。一是通过成立政策性银行，给予这些银行优惠政策以及财政补贴，让这些银行承担国家农业农村发展项目融资。最大的农业政策性银行是中国农业发展银行，它的成立对于确保国家粮棉等主要农产品的流通供应，加快农业产业化和农村基础设施建设，改善农村生产、生活条件，对农业进行综合开发具有重要意义。二是通过利息补贴、其他优惠政策以及政府担保鼓励商业银行向农业贷款。中国农业银行主要承担国家战略性农业项目融资，没有精力顾及数量众多的中小农业经营主体融资，需要其他正规商业银行向它们融资，农村信用合作社、村镇银行则承担了这些任务。但它们的融资离不开信贷补贴与优惠利率的政策扶持，也摆脱不掉各级政府的行政意图，其金融资源配置过程充斥着行政色彩，严重制约了农村信用社等机构的运行效率。政府对金融配置的过度干预导致金融资源配置效率较低，为保证政府政策性金融机构的利益，政府对存贷款利率进行了限定，一方面减轻了金融市场竞争压力，另一方面固定利率使价格信号失去作用，不利于金融资源的合理配置。政策性金融也加剧道德风险，使金融机构对贷款对象的资质、信用审查放松，导致金融机构呆账、坏账增加，金融资源错配，政府财政负担加重。为保证低效的政策性金融机构的生存，政府加强了对金融市场的垄断与监管，严格限制非政府金融机构，非正规金融机构的成立，并提高了准入条件，加强了监管。政府对金融市场的垄断与过度干预一方面导致金融抑制，使农村金融供给严重不足；另一方面又导致金融资源配置低效，使金融资源严重浪费。这些都影响城市生产要素下乡，不利于新型农业经营主体发展。

此外，当前中国农业融资还主要依靠银行，小贷公司等直接金融机构融资，通过企业上市，发行企业债权等间接金融方式融资的比例与渠道太少，农业保险与农产品期货发展还不充分，农业生产风险还不能有效对冲，农村信用体系建设滞后，资产市场建设不完善也都影响农业融资。

第二节　城市生产要素下乡带动乡村振兴主要障碍的消解对策

在全面分析城市生产要素下乡带动乡村振兴面临的主要障碍后，政府相关部门就可以对症下药地采取有效措施消解这些障碍，为城市生产要素下乡创造良好环境，以有效推动城市生产要素下乡带动乡村实现振兴目标。

一、解除对工商资本下乡的污名化

只有进一步解放思想，突破保守的意识形态束缚，正确地看待城市生产要素下乡问题，才能有效减少城市生产要素下乡的阻力，增加乡村发展的资源供给。工商资本作为各类城市生产要素下乡的主要载体，对乡村振兴的作用非常重要，只有尽快解除对工商资本的污名化，才能有效促进城市生产要素顺利下乡。

当前，国内对资本的污名化一是强调资本的超强剥削，然而，40多年的改革开放实践证明，资本与劳动在我国现代市场经济下并不是水火不容的，相反，通过资本投入，带动了劳动等其他生产诸要素，解决了工人的就业，工人的生活水平有了保障，收入得到相应提高，而资本也从其经济活动中有所获利。事实也证明，那种资本与劳动的零和思维逐渐丧失市场，越来越多的人认识到工人与资本之间更多的是合作关系、互利关系与双赢关系。二是强调资本对工人利益的侵犯，如违反劳动法、拖欠工资等，这主要是政府相关部门不作为、工会保护不力造成的，只要政府及相关部门积极作为，依法保证劳动者的利益，就能做到资本和劳动的和谐共赢。三是强调资本家收入更高。这与资本家投入更多有关，出资者要承担巨大的市场风险，付出更多的管理精力，投资巨额的资本，因此他们有理由获得更多的报酬。四是认为资本家存在原罪。改革开放初期，由于市场不完善，双轨制普遍存在，加上税制不完善，乱收费问题严重，导致市场比较混乱，偷税漏税、投机倒把、假冒伪劣问题比较多，但这主要是体制问题与管理问题，随着市场化转型的完成、税制的规范化、乱收费的减少、市场监管的加强，偷税漏税、假冒伪劣问题大大减少。五是认为资本家挖国家墙角。在国有企业、集体企业私有化过程中，确实存在权钱勾结与交易现象，但这主要也是程序不透明，企业职工权力缺乏，监管部门失职所造成，常言道"苍蝇不叮无缝蛋"。并且，从结果看，让资产从低效的国有企业转移到私营企业，从长远看一定程度上能够提高资源利用效率，增加就业、税收收入，减少国家补贴支出，社会福利支出，利远大于弊。六是认为资本下乡会导致非粮化、非农化，影响国家粮食安全，侵犯农民利益，破坏生态环境。但这主要更是政府监管不力造成，只要建立严格的准入制度，环评制度与押金制度，加强对农民利益的保护，就可以有效减少资本的负面作用，充分利用工商资本下乡的积极作用加快新型农业经营主体培育与农业现代化转型，促进小农经济与现代农业的有机衔接，增加农民就业机会，提高农民收入，增强国家粮食安全保障能力。因此，资本既不存在原罪问题，也没有挖社会主义墙脚，而是生产力发展的功臣。只要对资本进行有效监管，就能趋利避害，充分发挥资本的积极作用。政府应该加强舆论宣传，逐步化解社会对工商资本的污名化偏见，为城市生产要素下乡创造良好的社会环境。

二、对政府职能进行归位，减少政府职能错位

政府职能的严重缺位、越位与错位导致新型农业经营主体发展条件较差，农业资源配置低效，投资风险增大，严重影响城市生产要素下乡。只有尽快对政府职能进行归位，减少政府职能越位与错位，才能有效改善新型农业经营主体发展环境，提高农业资源配置效率，降低农业投资风险，吸引城市生产要素下乡。

1. 对政府职能进行合理归位

乡村基础设施与公共服务的不完善阻碍了城市生产要素下乡，影响了新型农业经营主体发展，只有进一步增加政府对乡村基础设施与公共服务的投入，不断改善乡村生产、生活条件，使乡村变得更加宜居、宜业，才能有效吸引更多城市生产要素下乡，加快新型农业经营主体发展。

　　首先，政府应该加强农业基础设施建设，进一步改善农业生产条件。中国丘陵山区县耕地面积4668.60万公顷占全国的34.62%，播种面积5673.10万公顷占全国的34.20%。其中茶园面积占全国的93.39%，果园面积占全国的62.28%，马铃薯播种面积占全国的78.58%，甘蔗播种面积占全国的62.78%，油菜籽播种面积占全国的57.53%，水稻播种面积占全国的39.60%，蔬菜播种面积占全国的37.29%。2018年，中国丘陵山区县常住农村人口29810万人，占全国农村人口的52.85%。丘陵山区耕地的有效利用对于保障国家粮食安全，增加农民收入，缓解城市化压力具有重要意义。然而，由于对这些地区基础设施投资不足，导致耕地缺乏整理，地块过于细碎，坡度较大，水利设施不完善，机械化发展滞后，只能依赖人力、畜力进行传统耕作，生产效率低下。随着农业劳动机会成本的不断提高，乡村老龄化加剧，耕地抛荒、弃耕面积不断扩大，根据学者徐莉的调查，早在2010年重庆地区耕地抛荒率就已经达到30%。随着城镇化继续推进，丘陵山区农业劳动力老龄化情况会更加严重，加上农业机械化发展滞后使农业生产后继无人、地块抛荒、农业凋敝问题将更加严重，半城市化人口规模进一步膨胀，威胁国家粮食安全与社会稳定。要使丘陵地区耕地得到有效利用，当地农民获得足够收入，政府就必须增加基础设施建设投入，对耕地进行有效整理，使耕地坡度降低，地块平直，集中连片，水利设施、机耕道配套设施完善，适合机械化、规模化耕作。鉴于丘陵地区政府财力普遍不足，耕地整理欠账太多，没有能力进行大规模的耕地整理，中央政府应该减少高铁等面子工程投资，大幅增加这些功在当代，利在千秋的农业基础设施建设投资，并通过超长期承包合同、租赁合同鼓励工商资本参与农业基础设施建设。只有大幅增加中国农业基础设施建设投资，不断改善农业生产条件，提高农业机械化水平，才能有效吸引城市生产要素下乡，促进新型农业经营主体发展，实现农村产业振兴，夯实国家粮食安全基础。

　　其次，政府应该增加农村基础设施建设与公共服务投资，进一步改善农民生活条件。考虑到中国乡村人口过于分散，空心化严重，中国城市化还处于加速阶段，很多乡村必然衰败的现实，普惠性地进行乡村基础设施建设成本过高，缺乏规模经济，资源利用效率低，浪费严重。政府应该对乡村进行分类，将人口向中小城市、中心镇、中心村聚集，合理地进行合村并居，以实现基础设施建设与公共服务的规模经济。在中心村、中心镇附近，政府应该配套建设产业园区，可以是工业产业园区，也可以是现代农业产业园区，以实现农民就近就业。同时，对中心村、中心镇应该超前规划基础设施与公共服务，使水、电、路、网、气建设配套，全面解决农厕改造，垃圾清运，环境维护问题，建设文、体、娱乐等公共活动场所，不断美化村容村貌，同时配备优质幼儿园、小学，兴建养老院，配备医务所等公共服务设施，逐步提高农民社会保障水平，不断缩小城乡社会保障、福利差距，这样才能使乡村更加宜居，吸引城市生产要素下乡。

最后，政府应该进一步完善农业生产公共服务，改善农村创业环境。政府应该提供及时的市场供求信息与价格信息，对市场需求与供给进行预测，减少农业生产的盲目性，减轻农民损失。由于信息搜集与分析成本高，外部性强，私人农业经营主体不愿承担，加上政府在信息搜集与分析上具有便利性，因此政府应该承担这些公共服务。政府也应提高农技推广效率，改革基层农技推广机构，引进激励机制，提高基层农技推广机构工作效率。政府还应积极构建多元化的农技推广体系，鼓励新型农业经营主体，农业科研院所、高校涉农研究人员，农资销售机构，社会公益组织参与农技推广，不断提高农业技术社会化服务能力。政府也应该进一步完善农业防疫体系，增加农业防疫投入，完善农业保险，增加农业保险种类，提高农业保险赔付率，以有效降低农业经营风险，减轻农民损失。农产品质量事故具有很大的负外部性，可以重创一个产业，但农产品质量监控具有较强公共性使其成为政府的重要责任，政府应该提高农产品质量检测人员素质，适当增加检测人员数量，更新检测设备，改进检测手段，增强检测人员社会责任感，不断提高农产品质量检测能力，以确保农产品质量安全。鉴于品牌是企业付出大量人力、物力建立起来的质量与声誉标识，假冒伪劣产品严重破坏这些企业声誉，损害企业利益，政府应该加大知识产权保护力度，严厉打击假冒伪劣行为，实现市场公平竞争，以有效维护企业与消费者利益，促进市场健康发展。区域公用品牌，地理标志品牌作为公共品牌影响力越来越大，但由于具有较大外部性，企业打造积极性不高，政府应该主动承担其品牌营销与保护责任，积极打造区域公用品牌，为乡村振兴夯实产业基础。此外，农业生产基础设施，农村生活基础设施由于其公共品性质，农民缺乏维护的积极性，容易损毁，政府也应该承担起责任，加强基础设施维护，以有效保障乡村基础设施的有效运行。只有进一步完善农业生产公共服务，才能为城市生产要素下乡创造良好的投资环境。

2. 减少政府越位

政府与市场作为资源配置的两种主要手段，各有其适宜领域，在公共品供给领域，政府资源配置效率较高，但在私人品供给领域，市场资源配置效率较高，由于私人品供给是资源配置主流，市场应该在资源配置中起基础性作用。市场与政府只有各司其位，有效合作，才能实现资源的有效配置，政府职能缺位会使市场严重失灵，政府职能越位会使扭曲资源配置，二者都导致资源配置效率下降。只有使政府合理归位，才能有效提高资源配置效率。

要减少乡村发展中的政府越位，就必须减少政府的非市场行为，将政府行为限定在公共产品提供与市场监管领域。如在项目承包中，严厉禁止政府部门或政府下属单位承包项目，防止政府既当运动员又当裁判员，以加强项目承包的竞争性与公平性，提高项目实施的透明度，强化项目的社会监管，减少金权勾结，提高政府项目资源配置效率。在农业产业化过程中，也应该严厉禁止政府直接参与产业打造，由于政府缺乏市场调研，长官意志现象比较严重，很多产业打造不是基于经济考量而是政绩考量，导致产业发展忽视市场需求，本地区情，最后成为烂尾工程，劳民伤财且留下一堆债务。在新型农业经营主体培育中，也应该加强政府自律，减少政府的不当补贴，防止新型农业经营主体大跃进名不符实，出现精英俘获，导致支农政策内卷化。并且，对于不符合条件的农业龙头企业、农民合作社、家庭农场的补贴会造成劣胜优汰，影响真正的新型农业经营主体发展。在农业产业打造中，地方政府也应该少作为，让市场在资源配置中起基础性作用，部分地方政府忽视本地资源禀赋，产业发展条件，盲目打造区域公用品牌，拔苗助长，导致欲速不达后果，效果不佳，造成资源的严重浪费。部分地方政府为政绩工程需要，将大量资源叠加于某些贫困村，打造田园综合体，但由于本地缺乏旅游资源，也没有开发潜力，人工打造的田园综合体缺乏持续发展能力，最终烂尾，造成支农资源的严重浪费。一些地方政府为打造产业亮点，通过补贴，价格保护扭曲生产成本与市场价格，使产业盲目发展形成政绩，但由于违背市场规律，导致政府财政负担过重，产业缺乏真实的竞争力，等领导换届，政府补贴与价格保护停止，整个产业很快崩溃，造成农业资源的严重浪费。只有严格限定政府职能，减少政府对真实生产成本与收益的扭曲，让市场在资源配置中发挥基础性作用，才能减少农业资源浪费，提高农业资源配置效率。

要减少乡村建设中的政府越位，还必须限制政府对生产要素价格、数量的限制，让市场在生产要素配置中起基础性作用。由于不懂经济规律，一些地方政府好心办坏事，不仅降低资源配置效率，也损害了农民利益。如部分地方政府规定了比较高的农民工最低工资，目的是保护农民利益，使农民获得比较高的报酬，但由于农村青壮年大量流失，留守农民大多老弱病残，在城市劳动力市场丧失竞争力，只能在农村寻找兼业机会。农业的非标准化生产为这些低生产率的留守农民创造了就业机会，他们也愿意接受低于政府规定的最低工资标准。农业企业也愿意低价雇佣这些边缘劳动力做一些低劳动强度的农活。但由于政府的最低工资标准导致这些留守农民失去工作机会，农业企业难以获得充足的劳动力供给，造成双输结果。还有部分地方政府规定了较高的最低耕地流转租金，目的是保护农民利益，但由于耕地质量，区位，基础设施配套不同，生产力差异很大，导致部分边际土地难以流转出去，不仅影响土地承包者连片生产，增加农业经营成本，导致耕地资源浪费，也使边际土地拥有者丧失租金收入，最后造成多输结果。更有部分地区忽视产业差异、地形差异、气候差异，对家庭农场进行了一刀切的经营规模限制，导致家庭农场丧失规模经济，成本居高不下，失去竞争力。因此，要提高土地资源利用效率，吸引城市生产要素下乡，就必须严格限制政府对农业生产要素自由流动的限制，充分发挥市场机制作用。

3. 减少政府职能的错位

要提高政府行政效率，减少决策失误，防止政府职能错位，就必须厘清不同层级政府，同一层级政府不同部门、条块之间的权责关系，使政府职能有效归位。首先，在纵向上，应该对不同层级政府，上级部门与下级部门之间的职责进行厘清，使各自的职责更为明确，减少政府职能越位。当前，不同层级政府之间越位问题比较严重，特别是中央集权进一步强化后，上级政府对下级政府管得比较死，如土地利用规划，由于上级政府对基层实际情况缺乏了解，导致制定的规划经常脱离实际，影响土地资源的有效利用，不利于城市生产要素下乡。中央政府应该适当放权，让下级政府有更多的土地规划权力，使土地规划更符合地方实际，提高土地资源利用效率。其次，在横向上，应该对同级政府不同部门的职能进行厘清，以有效减少职能重叠，交叉，划分不清的情况，减少政出多门，相互推诿扯皮的情况。当前农村基础设施建设滞后的主要原因在于政出多门，资源分散，责任推诿，农业农村部的成立有利于整合资源，减少责任推诿问题，提高行政效率。工商总局，质量总局与食药总局合并为市场监管总局，也有效减少了政出多门，相互推诿问题，有效加强了市场监督效果。再次，在条块关系上，既存在条条对块块，即上级业务主管部门超越职权干预下级政府管理事务的现象，又有下级政府超越职能干涉上级业务主管部门业务的现象。如基层农技推广机构，长期以来受基层政府越权管理，导致基层农业技术人员行政事务过多，不务正业，农技推广精力不足，业务能力下降，影响农技推广效果。政府应该将农技推广人员的人事管理权限上收，由上级农技推广部门管理，使农技推广人员能集中精力于农技推广。此外，政府职能错位还表现在虽然在做正确的事情，但由于方法错误，导致效果大打折扣，如一刀切的环保政策与防疫政策，都使农民损失惨重。要防止政府职能错位，就必须优化决策机制，使决策过程更为民主化、科学化，加强与决策对象的沟通、互动，使决策更符合实际。只有加快行政体制改革，减少政府职能错位，使权责在不同层级政府、不同政府部门、条块之间合理配置，才能有效提高政府行政效率与决策质量，优化城市生产要素下乡的投资环境。

三、加快农村土地制度改革，扩大农地经营规模

在土地制度改革中，农地制度改革是其核心，但中国特殊的国情使农地承担多重发展目标，并且这些目标之间存在内在冲突，导致中国农地制度改革进退维谷，长期停滞不前。作为后发国家，中国的农业现代化面临着完全不同的发展环境，肩负着不同的发展任务。中国人口密度高，农业人口比例过高且规模庞大，在二战后世界各国移民政策不断收紧的情况下，已无法通过向海外大规模移民转移过剩农业人口，在中国工业化、城市化水平较低且社会保障体系不完善，保障水平较低的情况下，为维护社会稳定，农地成为

中国农民最后的社会保障和农村过剩人口的就业蓄水池。中国庞大的人口规模，耕地资源短缺的现实国情也决定了粮食安全问题不容轻视。中国人均耕地面积不到世界平均水平的1/2，且耕地质量较差，水热资源分布不合理，耕地中丘陵山地占国土面积的43%，这些地区耕地缺乏整理，基础设施不完善，不适合机械化、规模化耕作，导致农业生产率低，耕地抛荒、弃耕严重。随着中国人均消费水平的不断提高，人口规模的继续膨胀，中国粮食自给率不断降低，到2015年按热量计算的粮食自给率已经降到86%，低于90%的安全线。考虑到世界粮食市场每年粮食交易量不到中国年均消费量50%的现实，中国必须保持较高的粮食自给率。中国城乡差距不断扩大导致乡村人口过度流失，空心化严重，动摇农业根本。要防止乡村空心化问题继续恶化，就必须留住一部分中坚农民，而要留住中坚农民，就必须提高他们的收入，缩小城乡收入差距。因此，现阶段中国农业发展必须兼顾农民就业、粮食安全与农民增收三重目标，农地制度设计就是为实现这三重目标服务。

然而，中国农业发展三重目标之间却存在严重的内在冲突，很难兼顾。首先，农民就业与农民增收之间存在内在冲突，要保证大量剩余农民的就业，为返乡、失业农民工保留就业机会，就必须坚持小农经济体制，导致无法有效提高务农农民收入。而要有效提高务农农民收入，就必须加快耕地流转，扩大他们的农业经营规模，但这必然会冲击小农经济体制，使部分返乡、失业农民工失去农业就业保障。其次，农民增收与粮食安全之间也存在内在冲突。要提高农民收入，就必须提高农业生产效率，允许农民改变耕地用途，用于更高利润的农产品生产，这必然影响到粮食安全。而要维护粮食安全，就必须对农地用途进行严格管制，禁止基本农田改变用途，只允许进行主粮种植，这又必然影响农民增收。再次，农民就业与粮食安全之间也存在内在冲突。要保障返乡、失业农民工的农业就业机会，就必须维护小农经济体制，导致城乡收入差距不断扩大，农村青壮年农民过度流失，耕地抛荒、弃耕增多，威胁国家粮食安全。而要维护国家粮食安全，就必须实行严格的耕地用途管制，导致农民收入过低，耕地抛荒、弃耕严重，现代农业发展缓慢，不仅难以维护国家粮食安全，也减少了农业就业机会。中国特殊的国情决定了农业发展很难兼顾三重目标，必须有所取舍。从中国社会现实看，稳定是中国社会最大共识，只有稳定才能发展，因此稳定成为中国农业发展的最重要目标。在农业发展的三重目标中，农民就业与粮食安全直接关系到社会稳定，其重要性高于农民增收，在农民就业与粮食安全这两个目标中，由于粮食安全标准具有一定弹性，也可以通过进口缓解，农民就业则具有刚性，大规模农民失业会直接威胁社会稳定，因此农民就业目标优先于粮食安全目标。当三个目标发生冲突时，农民就业目标处于第一优先序，其次才是粮食安全目标，最后才考虑农民增收目标。中国农地制度设计与改革也基本体现了这种目标序。

在农地产权制度改革难以有效突破的情况下，各地绕过农地产权改革红线进行了农地制度改革创新，这些创新包括：（1）综合性农地制度改革，即利用城乡建设用地增减挂钩政策，扩大土地发展权交易范围，使耕地整理结余指标，宅基地复垦指标，基本农田保护指标，耕地代补指标在不同区域之间进行交易，在确保耕地总量不减少，质量不下降的情况下，实现资源的优化配置，整体社会福利的帕累托改进。城乡建设用地增减挂钩为城市化、工业化提供了紧缺的建设用地指标，促进了城市化、工业化，通过耕地整理，宅基地复垦改善了农业生产条件，加速了农业现代化，土地发展权交易增加了农民收入，推动了美丽乡村建设，缩小了城乡、区域经济差距。（2）通过面积扩张实现规模经济的农地制度改革创新。这种改革思路希望通过第三方力量介入来降低交易成本，减少违约风险，延长租期，加快农地流转速度，实现农地规模化经营。主要措施包括两田制、股田制、反租倒包、土地银行等模式，这些模式由政府或社会资本第三方出资对耕地进行整理，对基础设施进行完善，解除了承租者追加投资的后顾之忧与耕地流转障碍，实现了规模经济，为新型农业经营主体发展创造了条件。（3）通过分工深化实现规模经济的农地制度改革创新。这种改革反对过于激进的农地流转与土地集中，主张尽量保留小农经济，通过经营模式改革实现小农户与现代农业的有机衔接，实现规模经济。主要包括公司＋合作社＋农户的农业龙头企业带动，耕地托管，农业生产社会化服务组织发展等模式。这种模式通过进一步深化农业分工，完善农业生产社会化服务体系实现农业生产的规模经济，降低了农业生产强度，节省了农业劳动时间，为小农经济与老人农业提供支持，延缓了小农经济的衰落，防止了耕地的过度抛荒、弃耕。应该说，这三种模式各有利弊，适合不同的地区，各地应该根据本地实际情况灵活采取不同的农地制度改革模式。

随着经济新常态的到来，国际贸易保护主义的抬头，中国经济增速可能会继续下滑，城市化速度会逐步放缓，估计在相当长一段时期内，中国农村人口规模依然会很庞大，半城市化人口规模会进一步膨胀。随着中国经济与世界经济联系日益紧密，中国经济波动性会增大，农民工就业稳定性会下降，在农村社会保障还不完善的情况下，土地依然需要承担农民部分就业功能。随着中国工业化、城市化的继续发展，中国农地总面积会进一步减少，小农经济会进一步衰落，耕地抛荒、弃耕面积可能会进一步增加，加上全球环境气候的恶化，与西方国家意识形态分歧的加深，都使中国粮食安全问题更加严峻。鉴于未来很长一段时期内中国农民社会保障依然很不健全，农民就业依然很不稳定，中国的粮食安全问题依然严峻，因此在未来很长一段时期内，中国农业发展的主要目标应该依然是维护农民就业，保障国家粮食安全，中国农地制度改革应紧紧围绕这两个目标设计。这就决定了在未来很长一段时期内，联产承包责任制这种基本农地制度还必须坚持，各地应该根据本地情况在不触动基本农地产权制度的基础上，因地制宜地进行农地制度创新，逐步扩大农业经营规模，深化农业内部分工，不断推进农业现代化。政府也应该积极创造条件加快农民城市化，提高农民社会保障水平，增加农地整理投入，为农地制度改革，新型农业经营主体发展创造条件。

在集体建设用地改革上政府取得了突破，允许集体经营性建设用地直接入市，与国有土地同价同权，但这种滞后的改革象征意义大于实际意义，因为经过多年的政府征地，城乡建设用地增减挂钩政策，农村集体经营性建设用地已所剩无几。农村宅基地虽然也属于农村集体建设用地，但由于其民生属性，政府对其流动管理依然非常严格，这既不利于农民财产权的实现，也不利于城市生产要素下乡长期投资。政府应该根据具体情况，在严格限定条件的情况下，允许农村宅基地在城乡特定人群之间交易，在积累经验的基础上逐渐扩大交易范围，放松交易管制，在确保居者有其屋的前提下实现农村宅基地的有序流转，提高农村宅基地资源的利用效率。对于农业设施建设用地，政府也不应该一刀切，而是应该具体问题具体分析，在全面评估的基础上，允许新型农业经营主体获得必要的农业设施建设用地指标，为现代农业发展，农村六次产业融合发展创造条件。

四、补齐农村教育短板，提高农民综合素质

乡村人力资本短缺，综合素质偏低影响现代农业发展，降低城市生产要素下乡积极性，只有尽快增加乡村人力资源供给，提高农民综合素质，才能为乡村发展提供充足的人力资本支持，加快农业现代化转型。而要有效补充乡村人力资本缺口，提高农民综合素质，就需要从三个方面入手。

1. 吸引城市人力资本下乡，实现城乡人力资源双向流动，优化城乡人力资源配置。由于城乡收入差距、生活品质差距较大，导致乡村精英长期单向流出，留守农民基本由"386199部队"组成。随着农村中小学的撤点并校，加上农民工工资的大幅上涨，乡村儿童也大部分跟随父母到打工地读书，或由父母、祖父母陪读城镇，导致乡村青年妇女、儿童也越来越少，剩下的主要是老人，以及少数专业大户，部分身体残疾或智商偏低的村民在家务农，个别青壮年因照顾家人被迫短期滞留农村，没有太多精力与兴趣务农。因此，在范围广大的中西部乡村，除极少数精明强干的专业大户外，剩下的主要是老人和综合素质偏低的弱势农民务农，导致乡村人力资源极端匮乏，不要说现代农业，就是小农经济也因为劳动力不足而面临解休，耕地抛荒、弃耕面积越来越大。要补充乡村人力资源缺口，传统的观点是吸引农民工返乡，但恰恰是这部分人，大部分由于教育水平有限、能力有限，社会资本、资金匮乏，难以胜任现代农业，在城市务工更具比较优势，收入更高，他们流动到城市务工是理性选择。除部分在城市积累了资金、社会资本，提高了管理能力，学习到新技术的农民企业家，农村大学生适合返乡外，政府更应该鼓励城市中产阶级、白领、企业家、新农人、新乡贤返乡，他们更有能力发展现代农业、创意农业、乡村旅游业、农产品加工业。随着现代农业、乡村休闲旅游业对资金、技术、管理能力、营销能力、融资能力要求越来越高，吸引城市高端人才下乡已经成为趋势，这符合城乡人力资源各自的比较优势，有利于人力资源的优化配置。韩国的"归农·归村"计划，日本的"青年务农计划"，都积极鼓励城市青年投身农业，缓解老人农业压力。美国农民职业开放，农业人口多元化，很多新农民没有农业背景，使美国农业获得源源不断的人力资本支持，保持强大的竞争力。

2. 改善农村基础教育布局，提高农村基础教育质量。经过"普九"努

力，新农村建设与乡村振兴战略的推进，中国城乡基础教育生均支出差距不断缩小，乡村中小学基础设施建设水平与城市中小学的差距也不断缩小。但随着农业税费的减免，地方政府财力紧张，加上乡村空心化加剧，乡村中小学生源锐减，为节省财政开支，实现教育的规模经济，各地进行了大规模的撤点并校，使农村中小学生上学距离过远，陪读问题普遍化，增加了农民家庭教育负担，导致部分地区乡村辍学率重新升高。要降低乡村辍学率，政府就应该尽快解决乡村学生上学难问题，减少农民家庭教育负担。这就要求政府谨慎推进撤点并校，不能仅仅考虑财政负担，更要以人为本，根据学生上学的实际情况重新分布教学点，尽量保留必要的小规模教学点，方便学生上学。对于确实需要合并的学校，政府应该尽量提供优质的校车服务，改善住宿学生的住宿、餐饮条件，关心学生的心理健康。农民城镇陪读的另外一个原因是乡村中小学教师年龄普遍偏大，学历普遍比较低，导致教育质量与城市差距越来越大。要提高乡村中小学师资质量，一种观点是学习日本模式，让教师在城乡之间轮岗，这种观点貌似公平，但可行性不高。日本城乡差距小，中国城乡差距大，让城市教师抛家弃子到农村轮岗，来回奔波，既不人道也不合理，怨声载道的教师也难以搞好教学，并且影响社会和谐。因此，要搞好乡村教学，政府一方面要正视城乡差距的现实，积极改善乡村教师的生活条件，提高乡村教师的待遇，给予他们更多的发展机会，并且规定中小学教师职称评聘、职务升迁，都必须至少有三年乡村教学经历，只有在乡村教学优秀的教师，满足服务年限后才能调动到城镇。只有这样，才能源源不断地吸引毕业大学生参与乡村教育，激发他们教育积极性，提高乡村教育质量。

3. 提高农业职业技术教育质量。由于留守农民受教育水平普遍较低，城市下乡人员大部分属于跨界经营，农业技术进步日新月异，如果不加强农民的职业教育，留守农民与新农人就很难适应现代农业发展，容易被市场淘汰。正是认识到对农民继续教育的重要性，政府制定了职业农民培训计划，但由于对农民职业教育投入不足，职业教育体系缺乏系统性，形式化严重，理论与现实脱节，导致职业农民培育效果较差。因此，要有效提高农民职业教育效果，政府就必须增加农民职业教育投入，提供更多的农民职业技术教育供给，聘用更多的农民职业教育教师，增添更多的农民职业教育设施，开发更多的农民职业教育项目，满足农民职业教育需求。政府也应该对各类农民职业技术教育资源进行整合，建立多层次的职业技术教育体系，同时根据农业专业化分工需求，不断优化农民职业教育的专业结构，使农民职业教育体系系统化，有效满足农民的职业教育需要。在此基础上，政府应该进一步提高农民职业技术教育的质量，严把质量关。这就要求进一步优化师资，邀请更多具有实践经验的农业工程师、园艺师、农业专家、农业经理人员参与农民职业技术教育，使农民职业技术教育更接地气。提高农民职业技术教育质量也要求改变教育方法，增加更多的实践环节，建立更多的农民职业技术教育实践基地，让农民在实践中学习新知识，使理论与实践有效结合。提高农民职业技术教育质量也要求改革教材，使教材能够不断更新，紧跟农业科学技术发展前沿，满足农民最新的知识需求。提高农民职业技术教育质量还要求严把出口关，对于没有达到毕业要求的培训人员，相关培训机构不能随意颁发职业证书，只有达到毕业要求，职业教育结构才能颁发相关职业证书，职业教育管理部门应该对证书颁发加强监管，以保证证书的含金量。当然，所有的农民职业教育技术培训都需要人来进行，要激发他们的教育积极性，还必须建立有效的激励与惩罚机制，对于那些教育效果昂著的职业技术教育机构与人员，政府应该进行合理奖励，对于那些教育效果较差的职业技术教育机构及人员，政府应该进行必要的督促，惩罚，对于少数骗取国家农民职业技术教育培训的机构，政府应该将他们列入黑名单，撤销其培训资格，并追究他们的法律责任。

五、加快城市生产要素下乡的利益联结机制建设

利益联结机制缺失导致城市生产要素下乡阻力巨大，积极性不高，只有尽快建立合理的利益联结机制，有效化解各方利益冲突，满足各方利益需求，才能有效减少城市生产要素下乡阻力，提高城市生产要素下乡积极性，实现可持续发展。

首先，必须加强下乡工商资本与农民的利益联结。下乡工商资本与农民之间由于力量不对称存在严重的利益冲突，如果不能妥善解决，双方矛盾的累积会形成群体性事件，影响社会稳定大局，恶化投资环境，不利于地方经

济的可持续发展。因此，要实现可持续发展，资本和农民之间就必须建立利益联结，实现利益共享。这一方面要求加强农民的组织性，通过进一步完善村民自治，建立农民合作社，在政治上与经济上把农民有效组织起来，增强农民与资本的谈判实力，有效维护农民利益。另一方面政府应该积极介入，有效化解双方矛盾，制定合作共赢的分配机制，实现可持续发展。一般来说，由于乡村空心化加剧，精英大量流失，使乡村自治普遍流于形式，农民合作困难比较大，分散的农民在与资本的博弈中经常处于劣势，只能不断地进行弱者的反抗，导致双输结果。在这种背景下，政府应该将双方召集在一起进行谈判，鼓励农民以土地等资源入股分红，农业企业适当提高土地租金，优先雇佣本地村民，商业设施优先租赁本地村民，根据企业盈利情况对村民进行利益分享，优先收购本地村民农产品，签订长期购销合同等，最终将企业利益与农民利益捆绑在一起，形成利益共同体。只有这样，才能有效化解双方矛盾，实现可持续发展。一般来说，资本下乡能够为农民带来农产品收益、租金收入、股份分红、工资收入、就业机会、基础设施改善、利益补偿等好处，并且工商资本下乡会形成示范效应，带动当地农民创业致富。大规模的工商资本下乡投资会改善当地投资环境，形成范围经济，为当地农民创造更多发展机会。虽然农民一般处于弱势地位，但他们也是机会主义者，经常破坏契约，缩短租期，导致资本投资损失惨重。因此，政府也应该保障工商资本利益，保证契约的有效执行，优化投资环境。只有有效保证双方利益，建立资本与农民的利益共同体，才能有效化解双方矛盾，实现可持续发展。

其次，必须建立农技推广人员与农技推广成果之间的利益联结。当前农技推广积极性最高的是农业龙头企业、农民合作社、农资销售机构。由于规模经济的存在，农业龙头企业、农民合作社能够将技术推广的外部性内部化，覆盖农业技术引进成本而有余，因此农技推广积极性很高。农资销售机构推广农业技术能够增加农资销售量，增加的销售收入也足以覆盖农技推广成本而有余，因此他们的农技推广积极性也很高。要有效提高政府与涉农高校、农业科研院所农业技术人员的农技推广积极性，就必须改变这些农技推广人员的收益预期，激发他们的技术推广积极性。从政府角度看，就是要创新激励机制，引进竞争机制，让农技推广人员竞争技术推广岗位，让老百姓决定最终聘用人选，这样就会对基层农技推广人员形成竞争压力，迫使他们积极地进行农技推广。同时建立比较科学客观的考核机制，对考核优秀的农技推广人员发放高额奖金，优先职务晋升，并在涉农院校，科研院所设置专门的农技推广职称评审绿色通道，鼓励农业科研人员积极投身农技推广事业。从市场角度看，就是要建立农技推广人员与农民之间的利益联结机制，一种是股权激励，农业科技人员可以以农业技术入股，与公司风险共担，利益共享。一种是利润分红，根据技术采用后公司利润增长情况提取固定比例的利润作为农业科技人员的奖励。还有一种是收费服务，根据技术服务的范围，频率收取相应的费用。通过将农业科技人员与农业企业利益捆绑在一起，双方建立利益联结，能有效提高农业科技人员技术服务的积极性。

再次，必须根据城市下乡人力资本需求差异制定合适的利益联结机制。当前，城市下乡人力资本主要分为三类，一类是在城市奋斗比较成功、拥有大量资本、人脉广泛且综合能力比较强的企业家。一类是城市白领、中产阶级和拥有一定知识的农民工、农村大学生，由于发现农村投资机会，或喜欢乡村环境而下乡、返乡。还有一类是在城市工作比较成功的政府部门、企事业单位人员，退休后由于桑梓情怀，愿意返乡服务乡村。对于第一类城市下乡人力资本，由于这类人力资本拥有较大的社会能量，较多的资本积累，较强的管理能力，能够有效改变当地产业业态，实现乡村振兴，应该是政府重点引进对象。一般来说，这类人才物质需求已经基本满足，更需要社会认同，政府应给予他们政治身份与社会荣誉，将他们纳入人大、政协系统，吸收进基层政府，让他们主持乡贤理事会、管理农业合作社，向他们颁发各类荣誉奖章，激发他们建设乡村的积极性。当然，对于这类能量过大的城市下乡人力资本，政府也要适当管控，防止其与基层政府官员勾结分利支农资金，形成精英俘获，损害群众利益。对于第二类城市下乡人力资本，虽然作为个体他们能量没有第一类大，但相对于传统农民，他们有文化、懂技术，能合作，思维开放，有一定的资本积累，具有创业精神，并且数量多，是乡村振兴的基本盘与新农人主体，也是农业产业结构调整与现代农业发展的主力。政府应该积极引导，为他们创业提供方便，鼓励土地向他们流转，完善农业基础设施，提供农业补贴，税收优惠，将支农资金向他们倾斜，有效解决他们发展设施农业，休闲农业的设施建设用地问题，逐步把他们培育成新型职业农民，让他们承担农业转型重任。对于第三类城市下乡人力资本，由于这些城归新乡贤普遍具有一定的社会资本、文化资本、物质资本积累，能够争取支农项目落地，进行招商引资，投资当地农业，参与乡贤理事会、参事会完善乡村治理，将城市文明输入乡村移风易俗，整理乡村文化实现文化传承，利用乡贤身份化解社会矛盾加强社会整合，捐赠资金资助乡村教育、养老与基础设施建设，因此，是乡村振兴的重要资源。政府应该为他们返乡定居创造条件，可以学习城市人才房方式在集体建设用地上建造高规格住宅让他们终身居住，并成立乡贤理事会、参事会平台让他们发挥余热，建设乡贤馆激励他们造福桑梓。

最后，必须在农村电商平台与小农户电商之间建立合理的利益联结机制，让农村电商发展红利更多地惠及小农户电商。规模经济的存在使电商平台出现垄断化趋势，导致电商平台与小农户电商之间的力量非常不平衡，电商平台经常利用自己的优势地位提高平台进入门槛，增加技术服务费用，导致很多小农户电商利益受损，发展机会减少。要改变小农户电商的弱势地位，一方面，可以通过成立农村电商协会等合作组织将小农户电商组织起来，提高他们的市场地位，增强他们与各大电商平台讨价还价的能力，维护自己的利益。另一方面，政府应该积极采取措施，打击电商平台垄断，鼓励电商平台之间的良性竞争，使小农户电商有更多选择，获得更多市场准入机会，降低电商服务成本。鉴于电子商务具有自然垄断特征，平台规模越大成本越低，政府可以考虑出资控股头部电商平台，在所有权与经营权分离的基础上实现电商红利的公平分配，不断扩大小农户电商的市场准入机会，降低小农户电商的技术服务费用。政府还可以自己投资建立公益性的电商服务平台，通过招标方式委托电商团队经营，实现公益扶贫目标，在提高政府服务效率的基础上使更多农村人口享受电商发展红利。

六、加快金融体制改革，解决农业经营主体融资难问题

在现代社会，金融是经济的血液，各类资源依赖金融进行流动，通过价格机制进行有效配置，因此，金融市场是否完善直接影响到各类生产要素的流动，资源配置的效率。当前，中国农村金融市场存在着基础设施不完善，

金融抑制严重，金融创新不足问题，导致农业经营主体融资难问题长期难以得到解决，影响到新型农业经营主体的健康发展，农业现代化的转型。因此，要为城市生产要素下乡创造良好的发展环境，加快新型农业经营主体发展，就必须加快金融体制创新，完善金融基础设施，减少金融抑制，解决农业经营主体融资难问题。

首先，应该进一步加强金融体系基础设施建设。随着国有银行现代企业制度改革的不断推进，银行的市场化意识不断增强，乡村地区由于人口分散，单笔存款，贷款额度小且频率低，信用体系不完善，也缺乏合适的抵押品，可靠的担保者，使乡村金融业务成本高、风险大，呆账、坏账比例高，利润低，导致国有银行纷纷退出乡村业务，乡村网点不断减少，中西部县城以下的乡镇已经很少能看到国有银行的网点。为解决国有银行退出后的乡村金融真空，政府先后组建了农村信用合作社，村镇银行，但由于乡村金融固有的成本高，风险大特点依然存在，这些中小金融机构也将主要网点放在贷款成本低，风险小的城市地区，成为乡村金融的抽水机，导致乡村融资难问题依然难以解决。然而，随着互联网金融的发展，网贷的遍地开花，金融机构对实物的银行网点，自动取款机，人员的投资大幅减少，导致乡村金融的成本降低。政府应该充分利用互联网金融优势，完善农村互联网设备，加快金融系统骨干网，数据中心建设，简化、完善网贷手续程序，加强网络金融安全保护体系建设，不断降低农村金融业务成本与风险。与农村互联网金融体系建设相对应，政府还应该加强农村信用体系建设，充分利用互联网大数据优势，充分收集、完善农民的信用信息，对农民信用进行分级，根据不同分级进行有差别授信，积极解决农民信用收集中存在的主要问题，实现不同银行之间信用信息的交流共享，最终实现农民信用信息在全国金融机构间的互联互通。同时，加强对农民的信用宣传，增强农民的信用意识，对失信农民依法处理其资产，将其列入信用黑名单，限制其享受公共服务的权力，增加失信农民的信用违约成本。此外，政府也应该加强资产市场建设，农民贷款难的一个重要原因就是农民的资产难以有效估价，也难以有效出清，因此，要缓解农民贷款难问题，就必须从源头上解决问题，加强资产市场建设。这就要求建立具有公信力的资产评估机构，能够对农民不同资产进行有效评估，为银行贷款提供依据。同时建立完善的资产交易市场，如建立完善的农村房屋、宅基地交易市场，农村土地使用权交易市场，小规模农产品期权、期货交易市场，农业生产设施二手交易市场等，这既能够为农民抵押资产评估提供价格参考，也能够加速农民抵押资产出清，解除金融机构抵押贷款的后顾之忧，提高它们农贷的积极性。

其次，应该进一步减少金融抑制，增加农村金融供给。中国农村金融供给不足是农民贷款难的重要原因，而农村金融供给不足除农村金融自身存在的成本高，风险大原因导致外，也与政府过度的金融管制有关。为保证低效的国有金融机构的生存，政府对金融市场进行了严格管制，严格限制私营金融机构的成立，对私营金融机构业务进行严格限制，导致国有金融机构的垄断，金融市场供不应求，利率较高，乡村金融由于成本高利润低难以获得国有金融机构青睐，导致乡村金融需求得不到满足。只有进一步扩大金融市场开放，允许更多外资金融机构，私营金融机构进入中国金融市场，放开更多的金融业务，才能打破国有金融机构的垄断地位，促进市场竞争，降低融资成本，加速金融创新，增加农村金融的供给。政府也应该逐步放开对金融市场利率的管制，由固定利率逐步过渡到浮动利率，最终让金融企业自由决定利率，逐步实现利率的市场化，通过价格机制调节资金的配置，提高资金配置效率。在进一步开放金融市场的同时，政府也应该加强金融监管能力，对金融企业的经营进行有效监管，使金融机构合规、合法经营，有效防范金融风险。此外，政府也应该减少对金融市场的不当干预，提高资金利用效率，如精准扶贫过程中对贫困农民的小额贷款，鼓励贫困农民创业，其实创业对能力的要求比较高，创业的成功率也比较低，贫困农民普遍缺乏创业能力，最终结果是贫困农民创业失败较多，资金回收困难，部分农民还欠下债务，导致资源配置效率较低。为避免贫困农民创业失败影响精准扶贫目标，一些地方政府改变了小额贷款策略，将小额贷款集中以股份方式入股当地扶贫企业或农业龙头企业，让贫困农民直接分红。但由于这些企业资金并不缺乏，投资机会有限，市场容量有限，大量扶贫资金的加入并没有扩大企业生产规模，同比例增加利润，导致企业利润率下降，背上沉重的扶贫包袱，意见很大，扶贫资金也没有得到充分利用，使用效率较低。因此，要增加农村金融供给，提高资金利用效率，关键的是要进一步开放金融市场，促进竞争，减少金融抑制。

最后，加快金融创新，实现普惠金融。农村金融的要点就在于降低融资成本，减少金融风险。信息技术的发展，自动化技术的进步，大数据的广泛应用，有效减少了信息不对称，降低了融资成本与融资风险。政府应该利用互联网革命，加快金融市场创新。互联网革命有效降低了金融机构的规模优势，使信息获得更加容易，减少了时空阻隔，为小额贷款公司的兴起创造了条件，政府应该在加强监管的基础上，允许它们合法竞争，以填补大型金融机构留下的融资盲区，刺激它们加快金融改革步伐，提高金融机构整体效率。政府也应该扩大农业企业间接融资渠道，让更多农业企业获得股市融资机会，能够发行企业债权，减轻它们的资金压力。政府还应该鼓励更多金融机构参与农业保险市场，设计更多的保险项目，分担农业企业的经营风险，同时大力发展农业期货，使更多品种的农产品进入期货市场，对冲农产品价格波动风险，使农民获得比较稳定的收入，维护农民利益。在具体的农村金融创新方面，孟加拉国的尤努斯博士创造的格莱珉银行取得了巨大的成功，通过向贫困妇女发放小额贷款支持她们创业，改善了孟加拉国妇女与农村状况。然而，格莱珉银行内嵌于孟加拉国的群体主义文化中，通过群体内部相互担保保证了较低的违约率，中国农村人口大量流失，家族主义式微，熟人社会瓦解，群体内部相互担保效果有限，因此格莱珉模式在中国难以推广。另外一种创新是以李昌平为代表的内置金融理论，主张在村社内部成立内置金融合作社，坚持"入社自愿，退社自由，封闭运行，内部循环，入股分红，自负盈亏，民主管理，集体决策"的原则，通过内部挖潜，解决农村资金短缺问题。内置金融合作社有效利用农村熟人社会关系，解决了信息不对称问题，盘活了农村土地、宅基地等资源，降低了信息搜寻成本与要素交易成本，缓解了农民融资难问题。但内置金融要求比较规范的管理，防止出现非法集资与高利贷，也要防止熟人社会的人情贷，关系贷，权力贷导致的呆账、坏账过多，使资金合作社难以为继。内置金融还要求乡村有旺盛的创业需求，大部分内地乡村经济凋敝，创业机会少，需求不多，导致内置金融合作需求不足，即使有需求也基本集中在结婚、建房、购买大件消费品上，不能增加农民收入，导致违约风险比较大。因此，内置金融主要出现在经济比较发达的沿海乡村。另外，部分发达地区也在探索政府、银行与保险公司联合放贷模式，政府提供担保资金，银行提供贷款，保险公司进行贷款保险，在多重审查，加强审核的基础上共担贷款风险，提高银行放贷意愿。从发展趋势看，随着信息技术的不断发展，农村信用体系建设的不断完善，农村信用贷款将更有据可凭，获得较大发展，而农村资本市场的不断完善，也使更多的农村产权可以进行贷款抵押，使抵押贷款更加容易，资产证券化的发展也加快了农村资产的流动性，加快了银行资产出清速度，增强了金融机构发放抵押贷款的积极性。而信息技术催生的网络金融，由于监管不严，征信缺乏成为高利贷与非法集资温床，乱象丛生引发金融风险发展受阻，但随着政府监管的到位，银行信用体系的完善，大数据技术的进步，风控能力的增强，网络金融会逐步正规化、法制化、合规化，并由于其低成本、便利性、包容性特征迎来较大发展。

参考文献

［1］阿里新乡村研究中心.2014—2018年中国淘宝村发展报告［O/L］.http://www.199it.com/archives/809662.html.

［2］阿里研究院.1%的改变——2020中国淘宝村研究报告［O/L］.http://www.199it.com/archives/1138233.html.

［3］阿里研究院.2009—2019中国淘宝村研究报告［O/L］.http://www.199it.com/archives/935385.html.

［4］阿里研究院.2016年中国淘宝村研究报告［O/L］.http://www.199it.com/archives/531557.html

［5］阿里研究院.2018年中国淘宝村研究报告［O/L］.http://www.199it.com/archives/794058.html.

［6］安永军.低保瞄准的精准化与农村低保治理转型——基于鄂东W村的实地调研［J］.社会保障研究，2017（6）:60-66.

［7］安永军.规则软化与农村低保目标偏移［J］.北京社会科学,2018（9）:110-118.

［8］安永军.政权"悬浮"、小农经营体系解体与资本下乡——兼论资本下乡对乡村治理的影响［J］.南京农业大学学报（社会科学版），2018（1）:33-40.

［9］白艳，赖建红.安吉白茶产业发展四十年［J］.茶叶，2020（3）:164-165.

［10］毕于建，姜继玉."合村并点"后新型农村社区建设的现状与对策［J］.高等函授学报（哲学社会科学版），2011（8）:17-20.

［11］蔡禾,等.乡贤理事会:村庄社会治理的新探索——来自粤西Y市D村的地方经验［J］.学海，2016（3）:46-54.

［12］蔡青荣."强拆"现象背后的法治隐忧［J］.河北学刊,2012（1）:140-145.

［13］曹俊杰.资本下乡的双重效应及对负面影响的矫正路径［J］.中州学刊，2018（6）:38-43.

［14］曾亿武,等.淘宝村形成过程研究:以东风村与军埔村为例［J］.经济地理，2015（12）:90-97.

［15］曾亿武,郭红东.农产品淘宝村形成机理:一个多案例研究［J］.农业经济问题，2016（4）:39-48.

［16］陈航英.干涸的机井:资本下乡与水资源摄取——以宁夏南部黄高县蔬菜产业为例［J］.开放时代，2019（3）:150-168.

［17］陈雷.农村电商发展的瓶颈与破局［J］.人民论坛，2020（10）:72-73.

［18］陈婉婷.农村民间慈善的发展及其运作机制研究——以福建东南沿海金村为例［J］.北京社会科学，2016（3）: 120-128.

［19］陈文琼，刘建平.论农村低保救助扩大化及其执行困境［J］.中国行政管理，2017（2）:85-90.

［20］陈文琼.富人治村与不完整乡镇政权的自我削弱——项目进村背景下华北平原村级治理重构的经验启示［J］.中国农村观察，2020（1）:29-43.

［21］陈义媛.资本下乡的社会困境与化解策略——资本对村庄社会资源的动员［J］.中国农村经济，2019（8）:128-144.

［22］程玉龙.安吉白茶的历史渊源及栽培现状［J］.茶叶通讯,2007(3):26-27.

［23］仇叶，贺雪峰.泛福利化:农村低保制度的政策目标偏移及其解释［J］.政治学研究，2017（3）:63-74.

［24］崔红志.新型职业农民培育的现状与思考［J］.农村经济,2017（9）:1-7.

［25］党国英.村庄合并不能搞过了头［J］.乡镇论坛，2010（20）:12.

［26］党国英.关于乡村振兴的若干重大导向性问题［J］.社会科学战线，2019（2）:172-180.

［27］党国英.乡村振兴的真正难题及其破解之策［J］.国家治理,2019(3):54-59.

［28］丁峰.毛竹"涨价"竹林增效的横溪坞模式［N］.安吉新闻数字报，2018-7-27.

［29］杜春林，张新文.从制度安排到实际运作:项目制的生存逻辑与两难处境［J］.南京农业大学学报（社会科学版），2015（1）:82-88.

［30］杜鹏.县域视角下典型治理的成因与限度——以广西B县项目制实践为例［J］.南京农业大学学报（社会科学版），2017（4）:37-47

［31］方中权.中心村建设：西部大开发中的切入点［J］.华中师范大学学报（社会科学版），2005（3）:59-62.

［32］冯猛.项目制下的"政府—农民"共事行为分析——基于东北特拉河镇的长时段观察［J］.南京农业大学学报（社会科学版），2015（5）:1-12.

［33］高秉雄，陈国申.西方基层政府的合并浪潮及对我国的启示［J］.社会主义研究，2006（2）:96-100.

［34］高帆.乡村振兴战略中的产业兴旺:提出逻辑与政策选择［J］.南京社会科学，2019（2）:9-18.

［35］高建梅，何得桂.大学在美国农技推广体系中的功能及其借鉴［J］.科技管理研究，2013（1）:111-114.

［36］高灵芝，杨洪斌，王亚南.山东两县合村并居及农村社区建设情况调查［J］.中国发展，2011（3）:53-60.

［37］高小枚，傅如良.正式制度对慈善组织发展的影响研究［J］.贵州社会科学，2018（9）:92-98.

［38］耿羽，郗永勤.精准扶贫与乡贤治理的互塑机制——以湖南L村为例［J］.中国行政管理，2017（4）:77-82.

［39］管珊.农业经营模式创新与演化的多重逻辑——基于土地托管模式的分析［J］.南京农业大学学报（社会科学版），2019（2）:123-130.

［40］郭庆海.小农户：属性、类型、经营状态及其与现代农业衔接［J］.农业经济问题，2018（6）:25-37.

［41］韩庆铃.小农户与农业社会化服务的衔接困境——以山东省M县土地托管为例［J］.南京农业大学学报（社会科学版），2019（2）:20-27.

［42］贺雪峰，印子."小农经济"与农业现代化的路径选择——兼评农业现代化的激进主义［J］.政治经济学评论，2015（2）:45-65.

［43］贺雪峰.合村并组遗患无穷［J］.调研世界，2005（11）:2.

［44］贺雪峰.论农地经营的规模——以安徽繁昌调研为基础的讨论［J］.南京农业大学学报（社会科学版），2011（2）:6-14.

［45］贺雪峰.农村低保实践中存在的若干问题［J］.广东社会科学，2017（3）:173-180.

［46］贺雪峰.农技推广不可"以钱养事"［J］.探索与争鸣，2012（11）:18-19.

［47］贺雪峰.农民行动逻辑与乡村治理的区域差异［J］.开放时代，2007

（1）:105-121.

［48］贺雪峰.实施乡村振兴战略要防止的几种倾向［J］.中国农业大学学报（社会科学版），2018（3）:111-116.

［49］贺雪峰.重新认识小农经济［J］.中国老区建设，2014（11）:13-14.

［50］洪文艺,等."篁岭样本"的探索与启示［J］.时代主人,2016（11）:20-22.

［51］侯宝之.山东地市半年报,GDP增速菏泽缘何"拔"头筹［O/L］.https://xw.qq.com/amphtml/20200729A07Q3K00.

［52］侯国栋.农村金融二元体制惯性及其资本抑制机理研究［J］.经济社会体制比较，2017（1）:119-126.

［53］侯江华.资本下乡:农民的视角——基于全国214个村3203位农户的调查［J］.华中农业大学学报（社会科学版），2015（1）:81-87.

［54］胡瑞法,孙艺夺.农技推广体系的困境摆脱与策应［J］.改革，2018（2）:89-99.

［55］胡延松.破解我国农民融资困难的政策路径［J］.调研世界，2010（6）:19-21.

［56］黄季焜,等.基层农技推广体系30年发展与改革:政策评估和建议［J］.农业技术经济，2009（1）:4-11.

［57］黄宗智,龚为纲.高原."项目化"的运作机制和效果是"合理化"吗［J］.开放时代，2014（5）:143-159.

［58］黄宗智.农业合作化路径选择的两大盲点:东亚合作化历史经验的启示［J］.开放时代，2015（5）:18-35.

［59］黄宗智.中国的隐形农业革命（1980—2020）——一个历史和比较的视野［J］.开放时代，2016（2）:11-35.

［60］黄祖辉,扈映.乡镇农技推广机构职能弱化问题透视——以浙江省为例［J］.中国软科学，2005（8）:63-69.

［61］季中扬,胡燕.当代乡村文化建设中乡贤文化自觉与践行路径［J］.江苏社会科学，2016（2）:171-176.

［62］冀云阳,付文林.项目制治理模式与地方政府债务扩张［J］.财经研究，2018（10）:38-52.

［63］姜方炳."乡贤回归":城乡循环修复与精英结构再造——以改革开放40年城乡关系变迁为分析背景［J］.浙江社会科学，2018（10）:71-78.

［64］姜长云.关于实施乡村振兴战略的若干重大战略问题探讨［J］.经济纵横，2019（1）:10-18.

［65］焦必方，孙彬彬.日本现代农村建设研究［M］.上海:复旦大学出版社，2009：32-33.

［66］焦长权，周飞舟."资本下乡"与村庄的再造［J］.中国社会科学，2016（1）:100-116

［67］焦长权.从分税制到项目制:制度演进与组织机制［J］.社会，2019（6）:121-148.

［68］孔令君.浙江长兴"上海村"养老争夺战［N］.解放日报，2015-10-14.

［69］孔祥智，楼栋.农技推广的国际比较、时态举证与中国对策［J］.改革，2012（1）:12-23.

［70］寇浩宁."政治化执行"：村干部与农村低保办理的实践逻辑［J］.中共福建省委党校学报，2017（1）:59-67.

［71］郎友兴，等.新乡贤与农村治理的有效性——基于浙江省德清县洛舍镇东衡村的经验［J］.中共浙江省委党校学报，2017（4）:16-24.

［72］李锋.农村公共产品项目制供给的"内卷化"及其矫正［J］.农村经济，2016（6）:8-12.

［73］李宽.规范失序与价值解体：村庄语境下农村低保研究——以鄂东北S村为例［J］.晋阳学刊，2012（3）:48-53.

［74］李俏，金星.资本下乡与环境危机:农民应对行为策略及其困境——基于湖南汨罗市S村的实地调研［J］.现代经济探讨，108-115.

［75］李逸波，等.中日比较视角下的日本职业农民培育体系研究与借鉴［J］.世界农业，2016（5）:186-193.

［76］李毅，龚丁.日本和韩国农民职业教育对中国新型职业农民培育的启示［J］.世界农业，2016（10）：59-64.

［77］李迎生，李泉然，袁小平.福利治理、政策执行与社会政策目标定位——基于N村低保的考察［J］.社会学研究，2017（6）:44-69.

［78］李迎生，李泉然.农村低保申请家庭经济状况核查制度运行现状与完善之策——以H省Y县为例［J］.社会科学研究，2015（3）:106-114

［79］李云新，阮皓雅.资本下乡与乡村精英再造［J］.华南农业大学学报（社会科学版），2018（5）:117-125.

［80］李云新，袁洋.项目制运行过程中"示范"断裂现象及其启示［J］.华中科技大学学报（社会科学版），2015（5）:62-70.

［81］李在山.商务部:前三季度全国农村网络零售额达1.2万亿元同比增长7.8%［O/L］.http://finance.eastmoney.com/a/202011021685876861.html.

［82］李祖佩，钟涨宝.项目制实践与基层治理结构——基于中国南部B县的调查分析［J］.中国农村经济，2016（8）:2-14.

［83］李祖佩.项目制的基层解构及其研究拓展——基于某县涉农项目运作的实证分析［J］.开放时代，2015（2）:123-132.

［84］廖祖君.基层农技推广体系创新的"成都模式"研究［J］.农村经济，2011（11）:101-103.

［85］林盛有.安吉白茶产业发展的现状与对策［J］.茶叶,2004（3）:143-145.

［86］刘爱华.旅游扶贫与贫困治理的"篁岭模式"［J］.社会治理，2020（12）:81-84.

［87］刘国信.农村电商繁荣背后有隐忧［O/L］.https://news.163.com/16/1118/09/C654LLQR00014SEH.html.

［88］刘景景.美国农业补贴政策演进与农民收入变化研究［J］.亚太经济，2018（6）:70-77.

［89］刘奇.由"被上楼"到"被规模"［J］.中国发展观察,2012（10）:45-48.

［90］刘同山，孔祥智.小农户与现代农业发展有机衔接:意愿、实践与建议［J］.农村经济，2019（2）:1-8.

［91］刘同山，李竣.论中国小农户的前景与出路［J］.中州学刊，2017（11）:47-51.

［92］刘魏,等.工商资本下乡、要素配置与农业生产效率［J］.农业技术经济，2018（9）:4-19.

［93］刘亚军，储新民.中国"淘宝村"的产业演化研究［J］.中国软科学，2017（2）:29-36.

［94］刘亚军.互联网条件下的自发式包容性增长——基于一个"淘宝村"的纵向案例研究［J］.社会科学，2017（10）:46-60.

［95］刘玉成，熊红军.我国工商资本下乡研究:文献梳理与问题讨论［J］.西部论坛，2015（11）:1-9.

［96］楼健，胡太平.淘宝村实时城市化与新型城镇化实践［J］.学术研究，

2018（5）:58-62.

［97］陆建伟，徐海圣，陆萍.1＋1＋1:农技推广模式的创新实践与理论思考［M］.杭州:浙江大学出版社，2017：92，37，75，129，88.

［98］马光川，林聚任.新型城镇化背景下合村并居的困境与未来［J］.学习与探索，2013（10）:31-36.

［99］马明，梁智慧，闵海燕.新型职业农民培育问题思考［J］.农业经济，2018（8）:70-71.

［100］梅燕，蒋雨清.乡村振兴背景下农村电商产业集聚与区域经济协同发展机制——基于产业集群生命周期理论的多案例研究［J］.中国农村经济，2020（6）:56-74.

［101］牛坤玉，等.乡村振兴战略研究进展及未来发展前瞻［J］.新疆师范大学学报（哲学社会科学版），2020（1）:48-62.

［102］牛山敬二.日本农业与农村的现状及危机［J］.中国农史，2012（1）:73-87.

［103］欧阳爱琼.孝丰镇横溪坞村：打造乡村康养目的地［N］.安吉新闻数字报，2017-9-30.

［104］潘伟强.中国农村电商蓬勃发展下的冷思考［J］.农业经济，2018（11）:139-140.

［105］彭凌风.农业科技推广模式的创新探索——新农村发展研究院服务农业科技推广的模式比较［J］.农村经济，2017（2）:104-109.

［106］钱念孙.乡贤文化为什么与我们渐行渐远［J］.学术界，2016（3）:38-44.

［107］乔金亮.农产品电商的"风"会往那里吹［J］.农村·农业·农民（B版），2016（8）: 9-10.

［108］渠敬东.项目制:一种新的国家治理体制［J］.中国社会科学，2012（5）:113-130.

［109］饶静，"项目制"下节水农业建设困境研究——以河北省Z市高效节水农技推广为例［J］.农业经济问题，2017（1）:83-90.

［110］任萌."合村并居"渊然及成因解析［J］.黑龙江教育学院学报，2012（1）:193-194.

［111］阮文彪.小农户和现代农业有机衔接——经验证据、突出矛盾与路径选择［J］.中国农村观察，2019（1）:15-32.

［112］申端峰，李丹.要素融合:新时代乡村产业振兴的路径创新——以长沙浔龙河村为例［J］.新疆农垦经济，2019（8）:10-17.

［113］申端峰."新乡绅治理"模式的政经逻辑［J］.人民论坛,2009(2):38-39.

［114］申红芳等.基层农技推广人员的考核激励机制与其推广行为和推广绩效——基于全国14个省42个县的数据［J］.中国农村观察，2012（1）:65-79.

［115］沈费伟.农业科技推广服务多元协同模式研究——发达国家经验及对中国的启示［J］.经济体制改革，2019（6）:172-178.

［116］生延超，刘晴.都市近郊传统村落旅游嬗变过程中人地关系的演化——以浔龙河村为例［J］.旅游学刊，2021（3）:95-108.

［117］史晋原.项目制治理的边界变迁与异质性——四个农业农村项目的多案例比较［J］.社会学研究，2019（5）:69-93.

［118］宋明顺，张华.从农技推广到知识传播:农业标准化作用的新视角——以浙江省农业标准化为例［J］.农业经济问题，2014（1）:37-42.

［119］宋宜清.中国需要新乡绅吗?［J］.观察与思考，2010（5）:13-18.

［120］宋忠伟.慈善组织参与社会救助的困境及对策［J］.人民论坛，2018（10）:84-85.

［121］孙东升，孔凡丕，陈学渊.小农户与现代农业衔接的经验、启示与建议［J］.农业经济问题，2019（4）:46-50.

［122］孙敏.乡贤理事会的组织特征及其治理机制——基于清远市农村乡贤理事会的考察［J］.湖南农业大学学报，2016（6）：49-55.

［123］孙武学.围绕区域主导产业建立试验站探索现代农业科技推广新路径［J］.农业经济问题，2013（4）:4-9.

［124］覃杨庆.国外新型职业农民培训的经验与合理借鉴研究［J］.农村经济与科技，2018（8）:225.

［125］唐皇凤，冷笑非.村庄合并的政治、社会后果分析:以湖南省AH县为研究个案［J］.社会主义研究，2010（6）:91-96.

［126］陶冶，陈斌.美国个人慈善捐赠税制安排的现状、特点与启示［J］.河北大学学报（哲学社会科学版），2016（5）:32-40.

［127］田孟."合村并组"的政治逻辑与治理困境［J］.华南农业大学学报（社会科学版），2019（3）:107-119.

［128］童菊儿，严斌，汪晖.异地有偿补充耕地——土地发展权交易的浙江

模式及政策启示［J］.国际经济评论，2012（2）：140-152.

［129］涂圣伟.工商资本下乡的适宜领域及其困境摆脱［J］.改革，2014（9）:73-82.

［130］涂圣伟.工商资本下乡的适宜领域及其困境摆脱［J］.改革，2014（9）:73-82.

［131］汪春劼.义庄、善堂与社会救济——基于20世纪上半叶无锡的分析［J］.宁夏大学学报（人文社会科学版），2010（6）:93-96.

［132］汪三贵，曾小溪.从区域扶贫开发到精准扶贫——改革开放40年中国扶贫政策的演进及脱贫攻坚的难点和对策［J］.农业经济问题，2018（8）:40-50.

［133］王彩霞.工商资本下乡与农业规模化生产稳定性研究［J］.宏观经济研究，2017（11）:157-162.

［134］王海娟.项目制与农村公共产品供给"最后一公里"难题［J］.华中农业大学学报（社会科学版），2015（4）:62-67.

［135］王济民，等.我国农业科技推广体系主要模式评价［J］.农业经济问，2009（2）:48-53

［136］王甲云，陈诗波."以钱养事"农技推广体系改革成效分析——基于湖北江夏、襄阳和曾都三地的实地调研［J］.农业经济问题，2013（10）:97-103.

［137］王磊.湖州:加快培育新型职业农民［J］.政策瞭望，2016（12）:46-47.

［138］王立娜.激活乡村沉睡要素资源的实践经验与现实启示——以长沙县浔龙河村为例［J］.理论建设，2019（2）:66-71.

［139］王秋颖，赵德海.农村普惠金融供给侧改革的现实困境与破解路径［J］.现代经济探讨，2020（10）:76-81.

［140］王泉根.中国乡贤文化研究的当代形态与上虞经验［J］.中国文化研究，2011（4）:165-172.

［141］王锐.慈善捐赠的财税激励政策缺陷探究——兼论民间慈善组织面临的"四大困局"［J］.审计与经济研究，2009（3）：97-101.

［142］王卫平，黄鸿山.清代慈善组织中的国家与社会——以苏州育婴堂、普济堂、广仁堂和丰备义仓为中心［J］.社会学研究，2007（4）:51-74.

［143］王文龙.地区差异、代际更替与中国农业经营主体发展战略选择［J］.经济学家，2019（2）:82-89.

［144］王文龙.范式冲突、农业生产模式转型与资本下乡之争［J］.理论导

刊，2013（11）:13-17.

［145］王文龙.落实乡村振兴战略应厘清五大问题［J］.吉首大学学报（社会科学版），2020（2）:82-90.

［146］王文龙.农业现代化东亚模式对当前中国农业改革的启示［J］.经济学家，2015（9）:70-77.

［147］王文龙.农业现代化转型背景下老人农业定位及其政策研究［J］.经济体制改革，2016（6）: 71-77.

［148］王文龙.新乡贤与乡村治理：地区差异、治理模式选择与目标耦合［J］.农业经济问题，2018（10）:78-84.

［149］王文龙.新型农业经营主体、小农户与中国农业现代化［J］.宁夏社会科学，2019（4）:101-108.

［150］王文龙.中国农村改革应避免两种极端思维［J］.甘肃社会科学，2019（6）:136-142.

［151］王文龙.中国农村土地制度改革相关理论评述［J］.东南学术，2012（4）:19-28.

［152］王文龙.中国农地制度改革的内在逻辑、局限及未来走向［J］.现代经济探讨，2020（9）:118-124.

［153］王文龙.中国农业经营主体培育政策反思及其调整建议［J］.经济学家，2017（1）:55-61.

［154］王先明.乡绅权势消退的历史轨迹——20世纪前期的制度变迁、革命话语与乡绅权力［J］.南开学报，2009（1）:95-107.

［155］王潇，吴越.去顾渚山村养老的上海人［N］.解放日报，2014-7-22.

［156］王小军.乡村社会合村并组之隐忧［J］.学习月刊，2007（1）:31-33.

［157］王晓东.西部地区农村最低生活保障制度发展的偏差与修正［J］.经济体制改革，2011（5）:48-51.

［158］王志龙.愚斋义庄案中的政府与民间慈善组织［J］.南京社会科学，2014（9）:130-135.

［159］魏程琳.权力与关系网络中的农村低保［J］.青年研究,2014（3）:46-54.

［160］温涛，何茜.中国农村金融改革的历史方位与现实选择［J］.财经问题研究，2020（5）:3-12.

［161］吴雄妹.乡贤文化与现代乡贤治理——基于江西省乐平市乡村治理实

践分析［J］.地方治理研究，2016（3）:65-71.

　　［162］夏金梅."三农"强富美：美国乡村振兴的实践及其经验借鉴［J］.世界农业，2019年（5）:10-14.

　　［163］项继权，周长友.主体重构："新三农"问题治理的路径分析［J］.吉首大学学报（社会科学版），2017（6）:21-29.

　　［164］徐家棚，张丹.城镇化转型与中国城乡收入差距的收敛［J］.地域研究与开发，2019（1）:17-21.

　　［165］徐锦庚."合村并居"带来什么［J］.村委主任，2010（17）：:1-13.

　　［166］徐静波.为什么日本农民比城里人有钱［J］.决策探索（上），2018（6）:80-81.

　　［167］徐永光.从官到民：民间慈善体制突围［J］.中国改革，2010（7）:89-90.

　　［168］徐勇.论现代化中后期的乡村振兴［J］.社会科学研究，2019（2）:36-41.

　　［169］薛剑文.中国古代民间慈善救济事业的变迁及其作用［J］.山西大学学报（哲学社会科学版），2013（3）:96-100.

　　［170］颜德如.以新乡贤推进当代中国乡村治理［J］.理论探讨，2016（1）:17-21.

　　［171］杨华."中农"阶层：当前农村社会的中间阶层——"中国隐性农业改革"的社会学命题［J］.开放时代，2012（3）:71-87.

　　［172］杨磊.工商资本下乡的多维效应及其发生根源探析——基于湖北省y县的经验调查［J］.华中农业大学学报（社会科学版），2019（6）:106-113.

　　［173］杨善华.项目制运作方式下中西部农村社会治理的马太效应［J］.学术论坛，2017（1）:30-34.

　　［174］杨雪峰.资本下乡:为农增收还是与民争利——基于浙江嵊州S村为例［J］.公共行政评论，2017（2）:67-84.

　　［175］杨颖.政府扶持农村电商发展的有效性研究［J］.社.会科学家，2021（1）:79-89.

　　［176］姚金伟.项目制与服务型政府转型:制度演化中的异化［J］.中国行政管理，2016（9）:28-33.

　　［177］姚洋.重新认识小农经济［J］.中国合作经济，2017（8）:20-21.

　　［178］叶敬忠，贺聪志.基于小农户生产的扶贫实践与理论探索——以"巢状市场小农扶贫实验"为例［J］.中国社会科学，2019（2）:137-158.

［179］叶丽丽.莫干山:曾经一房难求的民宿行业进入洗牌期［J］.财经天下周刊，2017（13）:34-45.

［180］叶兴庆，翁凝.拖延了半个世纪的农地集中——日本小农生产向规模经营转变的艰难历程及启示［J］.中国农村经济，2018（1）:124-137.

［181］易君.乡村养老服务如何更给力［J］.人民论坛，2019（1）:88-89.

［182］于佳欣.2018年中国农村网络零售额1.37万亿元［O/L］.http://www.xinhuanet.com/2019-02/21/c_1124147457.htm

［183］于建嵘.乡村产业振兴要因地制宜［J］.人民论坛，2018（17）:64-65.

［184］余成龙，冷向明."项目制"悖论与治理问题——农村公共服务项目供给与可持续发展［J］.公共管理学报，2019（2）:147-159.

［185］余春苗，任常青.农村金融支持产业发展:脱贫攻坚经验与乡村振兴启示［J］.经济学家，2021（2）:112-119.

［186］张昊.农村低保评审乱象的成因及治理——基于定性定量混合研究方法的分析［J］.中国农村观察，2017（1）:14-28.

［187］张红宇.农业供给侧结构性改革背景下的新农人发展调查［J］.中国农村经济，2016（4）:2-11.

［188］张建美.透视"东风村模式"［J］.村委主任，2011（13）:22-25.

［189］张良."资本下乡"背景下的乡村治理公共性建构［J］.中国乡村观察，2016（3）:16-26.

［190］张林，温涛.农村金融发展的现实困境、模式创新与政策协同［J］.财经问题研究，2019（2）:53-62.

［191］张露露，任中平.乡村治理视域下现代乡贤培育和发展探讨［J］.广州大学学报，2016（8）:57-63.

［192］张天泽，张京祥.乡村增长主义:基于"乡村工业化"与"淘宝村"的比较与思考［J］.城市发展研究，2018（6）:112-119.

［193］张秀吉.农村社区化建设中的利益多元与治理——以齐河县农村合村并居为例［J］.山东社会科学，2011（2）:86-90.

［194］张兆成.论传统乡贤与现代新乡贤的内涵界定与社会功能［J］.江苏师范大学学报，2016（4）:154-160.

［195］长子中.资本下乡需防止"公司替代农户"［J］.红旗文稿，2012（4）:29-31.

［196］郑风田.迁村并居五种不良倾向剖析［J］.人民论坛,2010（30）:50-51.

［197］郑刚,等.通过互联网技术与包容性创业减贫:东风村案例［J］.科学学研究，2020（10）:1818-1827.

［198］郑家喜，宋彪.基层公益性农业科技推广的困境与对策——对湖北省的调查分析［J］.科技进步与对策，2013（12）:78-80.

［199］中国产业研究院.2020年中国粮食进口数据统计分析［O/L］.https://www.askci.com/news/data/maoyi/20210119/1052291332772.shtml.

［200］钟真.改革开放以来中国新型农业经营主体：成长、演化与走向［J］.中国人民大学学报，2018（4）：43-55.

［201］周洁红，魏珂.发达国家职业农民培育政策的演变及启示［J］.农业经济问题，2019（8）:138-144.

［202］周立."城乡中国"时代的资本下乡［J］.人民论坛,2018（28）:70-72.

［203］周其仁.土地改革半拉子工程困扰其他改革［J］.农村工作通讯，2014（15）:43.

［204］周雪光.项目制:一个"控制权"理论视角［J］.开放时代，2015（2）:82-102.

［205］周振.工商资本参与乡村振兴"跑路烂尾"之谜：基于要素配置的研究视角［J］.中国农村观察，2020（2）:34-36.

［206］朱凤凯，张凤荣.我国不同阶段合村并居模式对比及启示［J］.广东土地科学，2015（5）:19-25.

［207］朱梦冰，李实.精准扶贫重在精准识别贫困人口——农村低保政策的瞄准效果分析［J］.中国社会科学，2017（9）:90-112.

［208］祝国平，郭连强.农村金融改革的关键问题、深层原因与战略重点［J］.江汉论坛，2018（6）:46-54.